U0142811

W ittgenstein

維根斯坦 哲學導論

在可說與不可說之間

威廉·恰爾德（William Child）——著

陳常燊——譯

五南圖書出版公司 印行

For Julia

謹以此書　獻給朱麗亞

建構臺灣智識世界的思想溝通社群
——「大家觀點」系列總序

　　我們正處在一個「後真相」（Post-truth）、「政治極化」（Political polarization）的數位時代中。透過入口網站，我們能取得的資訊與知識，早已經不是可以用車載與斗量來加以估算的巨大海量。透過社群媒體，我們的世界知覺與內在情感，則早已經被大數據的演算法控制，它牽引著我們走向它想要我們走去的地方。幾乎沒有在「谷歌大神」中搜尋不到的知識，但每一次輕輕的螢幕滑動，我們的「認知偏差」（Cognitive bias）就會再一次地被加強，因為演算法早已經悄悄把我們愛看的內容放在任何能點擊選擇的頁面上，透過延長我們在螢幕上點閱、瀏覽的時間，慢慢把我們的行為模式形塑成它們所需要的樣子。有了臉書，朋友們似乎近在眼前，我們不必再恐懼孤獨、害怕沒有朋友，但每一次在臉書上按讚，我們在群體認同的同溫層中所分享的共同情緒反應與價值觀偏好，卻正在為商品促銷所需要的廣告受眾分類，提供了足夠大量的數據，無論這時所要販售的到底是物質性的貨物或觀念性的政治立場。於是，不用字句推敲、再三思索，也毋需溝通討論、往返論辯，只要按讚數上看百千，評級都在五星以上，似乎就可以篤定地認為，我們已經掌握到多數人都會贊同的意見。真相或事實本身不再是我們關注的焦點，我們的實踐行動也毋需事實認知的校準。只要相信一個信念，那麼網路上就有無數與我們信念相符的說法，為我們提供各種足資證明的事證與看起來非常合理的論述。網路訊息無從查證並無所謂，只要這些訊息足以加強信念持有者的情緒強度，能夠「抱團取暖」，那麼它就足以促使大家願意一起行動快閃。

　　WWW（World Wide Web，全球資訊網）突破任何國境與文化的邊界限制，而觸控面板則能讓指尖的點閱與按讚在上面任意滑動，這些都讓我們相信，數位時代帶來的是個人自由的絕對解放。但我們絲毫沒有察覺到，在網路上任意可選的頁面，或被我們認為足以代表客觀真實的多數贊同，其實只是透過入口網站與社群媒體在點閱與按讚中所收集到的大數據，進行演算法操縱的結果。資本主義透過它所造就的理性化牢籠，對人的存在進行全面的監控。現在，在數位時代它終於完全成功，它不僅使人的勞動異化，人的情感、情緒與意識形態，現在也都可以加工成可出售的商品，而與人本身的存在相異化。人的存在現在真正取得物的形式，「物化」也已經不再只是一個形容詞，而是對每一個人都在進行中的商品製造過程，把人轉化成物一般可以買賣的商品。數位時代對於人的奴役式操縱，卻一點都不會讓人覺得不舒服。沒有病識感，就沒有治療的動機。完全沒有痛感地役於物，同時也就去除了人想尋求治療以恢復健康的解救動機。沒有痛苦，沒有反叛，批判與革命的動能也就止息了。那些想透過審議式民主的理念，使大眾能更多地參與政策與立法討論的理想主義者，看來仍完全不敵大眾傳播媒體的意識形態操縱。這致使當前多數的公共論壇，大都只剩下各執己見的眾聲喧嘩，而不復有理性討論的空間。想放棄大眾民主，走向政治精英主義的學者大有人在，而這正給予想重溫開明專制的極權統治者，有了更強大的底氣。

　　在數位時代中出現的後真相知識情境與政治極化的發展，顯然正在一點一滴地，侵蝕著我們的理性思考與民主政治的基礎。數位時代的資訊泛濫與知識爆炸，讓我們跳過在行動中「困而學之」，與在思考中「學而知之」的思索學習過程。現代人只要輕輕一滑手機，透過入口網站，就可以馬上升級到「生而知之」這種天縱英才才有的知識程度。然而沒有經過艱難的思考過程，我們就無法錘鍊

出自己的人生智慧。一旦我們可以隨時透過行動裝置連接到儲存在雲端的知識庫，那麼長此以往，我們的頭腦將可能會一直空置在一種「有知識的無知」（De docta ignorantia）之狀態中。我們幾乎擁有所有的知識，但我們卻也腦袋空空，沒有智識。臉書等社群媒體把世界連結為一家，我們以文會友，但對於大家的動態訊息，我們除了按讚，卻已經沒有任何的溝通。即使車廂再擁擠，我們人手一機，每個人都仍雙身處在各自的資訊孤島中。問題顯然在於，數位化的知識傳播媒體，不僅已經把自身打造成可以取代人類，以自行去思考與感受的人工智慧，它更能反過來，成為形塑我們在「美麗新世界」應當如何思考與感受的「老大哥」。在數位時代中，我們雖能獲取海量的知識，但我們透過不斷思考所累積、建構起來的智識世界，卻也正在流失與逐漸空洞化中。重新為人類的智識世界建構一個可以共同思考討論的溝通社群，正是我們在數位時代中，面臨到的最大挑戰。

出路在哪裡？顯然不在科技，而在人文。自古以來，能使溝通討論的公共領域被建構出來的基礎，一直有賴於廣義的文學閱讀，特別是透過經典閱讀所形成的人文主義傳統。唯有堅持人文，才能對抗物化。在經典閱讀中，我們邀約各領域的大師，加入我們在思想中進行意義理解活動的溝通社群。閱讀經典不是坐在安樂椅上滑手機，而是每一行每一頁都有理解的難題。在不懂的疑問中，我們向作者提出問題，再從他的書中找到他會給予的答案。如果單靠我們的閱讀不能理解，那麼我們就得就教師友，共同討論。於是每個人都能在閱讀與討論之後，形成自己獨特的理解，而這是他人都無法隨意左右的真正智慧。

透過經典閱讀為智識世界的建構提供思想的溝通社群，這種人文主義的想法，其實最清楚地表達在中國儒家的思想傳統中。孟子就曾經對他的弟子萬章說：「一鄉之善士，斯友一鄉之善士；一

國之善士，斯友一國之善士；天下之善士，斯友天下之善士。以友天下之善士為未足，又尚論古之人。頌其詩，讀其書，不知其人，可乎？是以論其世也。是尚友也。」（《孟子‧萬章下》）透過閱讀大師的經典（頌其詩、讀其書），我們不僅能與全球的學者交流（友天下之善士），更能尚友古人，與那些在人類文明的歷史上，貢獻最為卓著的思想家對談。透過經典閱讀，我們將古往今來的大家都納入到我們思想的溝通社群中。透過以大師、善士作為我們的溝通的夥伴，我們即能在「尚友」的經典閱讀中，走向「以友輔仁」、「里仁為美」的良序社會整合。

　　雖然在數位時代中，我們連以「束之高閣」來形容那些被棄置不顧的紙本書籍都已經是用詞不當了（因為它們更多地是已經被掃描儲存在「雲端」中）。跟隨報紙等平面媒體走向消亡的腳步，紙本書籍除了藉助文化工業所製造的通俗作品仍能一息尚存在外，紙本書籍（特別是學術性書籍）幾乎已經逐漸小眾到只能採用「隨需印刷」（Print on Demand）的地步。在如此不利的環境下，五南出版社繼出版「經典名著文庫」、「經典哲學名著導讀」與「大家身影」等系列後，持續規劃出版「大家觀點」系列。在我看來，這些系列，將足以提供臺灣讀者在數位時代，透過經典閱讀所形成的思想溝通社群，來重建公眾的智識世界。每一本思想經典都對人類文明歷史的發展影響巨大，但經典所承載的知識量極為龐大，我們因而在「經典名著文庫」之外，需要「經典哲學名著導讀」來協助我們理解經典的內容。經典不是憑空出現的，正如黑格爾在《法哲學原理》序言中所說的：「就個體而言，每個人本來都是他時代的產兒；那麼，哲學也就是被把握在思想中的它的時代。」經典是重要思想家用學說概念來掌握他那個時代的創造性表現，我們因而需要對思想家的個人傳記（「大家身影」）與他的思想發展歷程（「大家觀點」）有所理解，才能更好地在我們的思想溝通社群中，透過

經典閱讀，與這些思想大家展開更為深入的對話討論。這些系列，正好符合孟子要求經典閱讀，應達到「頌其詩，讀其書，不知其人，可乎？是以論其世也」之「知人論世」的要求。

　　臺灣在過去一、二十年來的教育改革中，受到美國哈佛大學通識教育的啟發，也非常重視在大學通識教育中的經典閱讀課程。只不過經典閱讀的難度相當大，它更經常要求進行跨領域的涉獵，以致我們發現，即使在學院中專設課程，經典閱讀仍常收效有限，更遑論透過經典閱讀，即能為廣大的公眾提供一個能建構智識世界的思想溝通社群。但現今，五南出版社在經典名著之外，更出版了「經典導讀」、「大家身影」與「大家觀點」等系列叢書，這將可以大大減少我們與經典名著的距離，從而得以把思想家當成我們可以聚在一起共同討論的朋友。想像我們能透過《亞里斯多德哲學導論》的背景理解，來與亞里斯多德對談他的《形上學》與《尼各馬可倫理學》，或透過亞當・史密斯的傳記與思想導論，來理解他從《道德情感論》發展到《國富論》的思想觀點與歷程，這對我們理解我們置身所在的世界情境，將有多大的幫助。「大家觀點」系列的出版，因而完整了經典閱讀所需要的最後一塊拼圖。這對大學通識教育與公眾智識等人文素養的培養與深化，都將極有裨益。

　　在數位時代，人文素養更顯重要。臺灣的出版界能有此眼光與魄力，我非常樂見其成，因而不揣淺陋，特為之序。

林遠澤

國立政治大學哲學系特聘教授

台灣哲學學會會長

序於 2022 年 9 月

推薦序

東吳大學人文社會學院院長、哲學系特聘教授　米建國

維根斯坦是一位傳奇，他的著作更是充滿著經典。

維根斯坦是 20 世紀以來最具魅力的哲學家，他的作品也是當代最具影響力的哲學著作。

「對於可說的，就要清清楚楚的說；而對於不可說的，就要保持沉默。」

「想像一個語言，就是想像一種生活形式。」

這兩句話是大家耳熟能詳的名言，分別代表維根斯坦前期著作《邏輯哲學論叢》（*Tractatus Logico-philosophicus*，以下簡稱《論叢》）與後期著作《哲學研究》（*Philosophische Untersuchungen*）的哲學風格與態度。

維根斯坦的作品十分豐富，討論與介紹維根斯坦的著作更是層出不窮。在眾多環繞著有關維根斯坦的文獻之中，哪些是值得推薦的作品，哪些是可以傳世的著作，沒有公認的定論，也沒有絕對的權威。但是，對一位沒有太多哲學背景，又想進入維根斯坦哲學世界一窺究竟的初學者而言，恰爾德（William Child）所著的《維根斯坦哲學導論》（*Wittgenstein*，由 Routledge 出版社發行）一書，可以稱得上是一本值得依賴的入門讀本。如此論斷與評價的說法，並不表示此書是一本容易輕鬆閱讀的書籍，也不代表這本專書不具備學術的價值與哲學的深度。這本《維根斯坦哲學導論》不僅文字

寫作清晰、內容涵蓋充實完整,更重要的是,作者恰爾德展現了一位傳統英國牛津大學學者在寫作時所具備的嚴謹風格,能夠把維根斯坦幾個重要的思想方法、哲學立場與理論議題有條不紊的加以鋪陳,並且能合理、貫通的詳細論述,這肯定是一本值得推薦的好書。

《論叢》與《哲學研究》這兩本重要的經典著作,分別代表著維根斯坦早期與後期別樹一格的哲學思想,也因此才有所謂「早期維根斯坦」與「後期維根斯坦」這個區隔與稱呼。近十幾年來,有一批自稱新維根斯坦的學者試圖提出不同於這個傳統區別的想法。其中有一部分人認為不應該把維根斯坦的哲學思想加以分期,而應該把維根斯坦一生的著作,視為一個整體,是一個連貫一致的思想成長過程,只有一個維根斯坦,而沒有「前、後期」之分。另一部分的人則認為,把維根斯坦的著作與哲學思想區分為兩期,其實是個過於粗糙的做法,而主張應該在「前、後期」之間,多加一個「中期維根斯坦」,才能正確清楚標示出維根斯坦在不同時期所發展出來不同的哲學思路與想法。本書作者恰爾德對這個問題的看法是:我們並不需要為維根斯坦的哲學清理出不同階段時期的區分,最好的做法是,試圖看待閱讀維根斯坦的每一個作品,就內在於維根斯坦自己思想發展的進程脈絡之中。早期、中期與晚期的維根斯坦,最多只能代表他一生從年輕到年長的成長學習歷程。而維根斯坦的一生,依據傳說,最後可以總結於他在 1951 年過世前所說的最後一句話:「告訴他們,我過了一個很棒的人生。」

恰爾德的《維根斯坦》一書總共包含九章:

第一章簡略介紹維根斯坦的生平及其一生著作。從 1889 年出生於奧地利維也納,到 1951 年於英國劍橋過世。恰爾德利用書信片段與親友記憶,串起了維根斯坦的一生。1911 年在英國劍橋遇見羅素,正式開啟了維根斯坦的哲學生涯;1914 年至 1919 年經歷

第一次世界大戰，並完成了早期最重要的《論叢》手稿；1919 年至 1929 年之間，一度以為自己已經解決了所有哲學問題，嘗試作為一個「普通人」；1929 年重返劍橋，開始一邊從事哲學教學，一邊撰寫哲學著作。一直到過世以前，持續創作出許多令後世既驚豔、又難解的文字與章句，《哲學研究》與《論確定性》（*On Certainty*）應該可以算是這段時間最具代表性與影響力的兩項作品。

第二章與第三章討論維根斯坦早期的作品，也就是《論叢》一書。透過語言的限制與世界的結構兩者之間的交互連結，恰爾德詳細對語言、思想與世界這三重結構進行邏輯分析，不僅論述意義的圖像理論、事實與命題的真值函數結構、邏輯命題的套套邏輯特徵，並且揭露出「世界的真實本質」與「終極實在」之間的邏輯關聯。

第四章勾勒維根斯坦早期的《論叢》與後期的《哲學研究》之間的發展連結。恰爾德一方面指出在這個階段中，維根斯坦如何批判自己早期所提出的一些想法，另一方面也醞釀後來維根斯坦對於「意義」與「使用」之間的密切連結。

第五章與第六章鋪陳後期維根斯坦的哲學，特別是在《哲學研究》一書之中幾個重要觀點與關鍵議題。其中，恰爾德特別深入探究意向性的問題、規則與規則遵循的議題、感覺與感覺語言的想法、私有語言的論證，並透過心理學哲學的脈絡，重新探索心靈與世界之間的關係。

第七章與第八章接續維根斯坦最後有關知識論、宗教與人類學的延伸討論。恰爾德在這裡聚焦於維根斯坦在世最後幾年的作品，特別是一般為大眾所忽略的一項重要著作——《論確定性》。這項後來才出版的著作，在最近逐漸被當代哲學家加以關注，是一本以知識論為焦點核心的論著，環繞著「知識」與「確定性」的概念，針對證明客觀世界與懷疑論之間的論辯，突顯其中的主要問題

意識。最後恰爾德繼續討論維根斯坦對宗教信念與人類學哲學的一些看法，還特別觸及維根斯坦對人類學家弗雷澤（James George Frazer）著名的《金枝》（*The Golden Bough*）所提出的批評。

在第九章，恰爾德為維根斯坦帶給人類文明的遺產與對後世發展的影響作出了結論。透過對維根斯坦思想與當代分析哲學發展趨勢之間所作的比較，為維根斯坦的總體哲學表現，賦予「反還原主義」、「反科學主義」、「反智識主義」與「反心靈論」這些立場與標籤。這個最後的評價只能代表恰爾德個人對維根斯坦哲學的詮釋與理解，讀者必須小心解讀，並設法做出自己明智的抉擇。

從以上對恰爾德《維根斯坦哲學導論》一書的綜合簡介，不難看出這本書是個同時包括對維根斯坦生平與著作的完整描述，也涵蓋維根斯坦思想的承傳與創新，更闡述維根斯坦哲學的問題意識與論證理路。最值得一提的是，本書作者十分貼心地在每一個章節的最後，繼續提供讀者該章節的總結概要（小結）與延伸閱讀，使有興趣的讀者，能夠獲得對維根斯坦更深入與更寬闊的接觸機會。

想要一窺維根斯坦這位偉大哲學家的初學讀者，恰爾德的《維根斯坦哲學導論》無疑是一本值得推薦的好書。

2023 年 4 月 9 日
於臺北外雙溪

CONTENTS

CONTENTS

CONTENTS

CONTENTS

致　謝

在本書寫作過程中，許多人曾以不同的方式對我鼎力相助。　xi

引領我進入維根斯坦哲學之門的是大衛・皮爾斯（David Pears），那時我還在牛津大學念書（大學和研究所）；以及哈克（P. M. S. Hacker），他擔任我關於維根斯坦哲學的學士論文指導教師；還有約翰・麥克道爾（John McDowell），為了準備我的學士論文，我跟著他學習邏輯哲學和語言哲學。他們的講授和著述對我的工作產生了深遠的影響。

我在與牛津大學及其他地方的同仁們探討維根斯坦哲學中受益匪淺，從他們對我研究成果的評論中學到了許多。需要特別致辭謝的是：阿里夫・艾邁德（Arif Ahmed）、阿尼塔・阿夫朗米德斯（Anita Avramides）、湯姆・巴德溫（Tom Baldwin）、比爾・布雷威爾（Bill Brewer）、約翰・坎普貝爾（John Campbell）、大衛・查爾斯（David Charles）、瑙米・愛蘭（Naomi Eilan）、菲利帕・福特（Philippa Foot）、伊莉莎白・弗雷克（Elizabeth Fricker）、珍・希爾（Jane Heal）、瑪麗・麥金（Marie McGinn）、安德魯・莫爾（Adrian Moore）、克里斯多夫・皮考克（Christopher Peacocke）、羅傑・斯奎爾斯（Roger Squires）、彼德・索利萬（Peter Sullivan）、阿爾貝托・沃特里尼（Alberto Voltolini）和蒂莫西・威廉森（Tim Williamson）。

大量不知名的專家檢查了對本書的建議，提供了大量有價值的回饋意見。4位不知名的讀者閱讀了本書交給出版社的完整打字稿，做了詳細的評注和建議。他們的建議對我助益極大，為本書增色不少。

我與在牛津所教過的好幾屆大學生及研究生討論過維特根斯坦

哲學。我很榮幸能夠擁有如此一以貫之的聰明和投入的學生們，在此向他們致謝。

在過去的大致 10 年時間裡，我曾經在在隆德（Lund）、北京、貝爾蒂諾羅（Bertinoro）、華盛頓（Washington DC）、莫西亞（Murcia）、坎特伯里（Canterbury）、里斯本（Lisbon）、斯特靈（Stirling）、瑞吉歐（Reggio Emilia）、聖塔克魯茲（Santa Cruz）、亞伯丁（Aberdeen）、斯德哥爾摩（Stockholm）、基希貝格（Kirchberg）、哈特菲爾德（Hatfield）、南安普敦（Southampton）這些地方的會議和研討會上做過關於維根斯坦哲學的報告或發言。我在布里斯托大學、東安吉里亞大學、諾丁漢大學、牛津大學、雷丁大學、南安普敦大學、韋爾切利大學、華威大學和約克大學舉辦過關於維根斯坦主題的演講；此外還包括都柏林三一學院、都柏林大學學院，以及布拉格捷克共和研究所。我要感謝這些事務的主辦方和參加者——他們對我投稿所提出的問題、評論以及批評同樣讓我受益匪淺。

我也要對吉麗亞·德朗、德克斯特·德朗和奧蒂利·德郎在我寫作本書期間對我的幫助和鼓勵。

我還要感謝這套叢書的主編布里安·雷特邀請我寫作本書；同時也要感謝勞特里奇出版社的托尼·布魯斯和亞當·詹森。

本書第 6 章，我使用了在我的〈記憶、表述和過去式自我知識〉一文中初次出現的材料，該文載於 *Philosophy and Phenomenological Research*, 73, 2006, pp. 54-76。我對容許我使用這些資料的期刊編輯和出版社心存感激。

感謝英國藝術和人文研究協會提供的一份脫產研究計畫獎金（Research Leave Scheme award），在任期內我完成了關於維根斯坦心靈哲學和心理學哲學的第六章。

2010 年 10 月於牛津

關於維根斯坦著作的版本說明

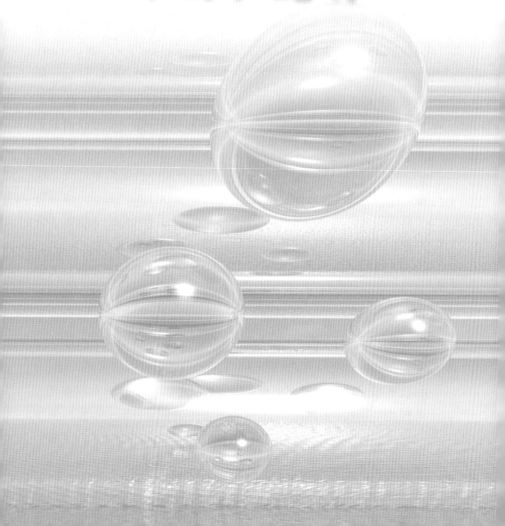

xiii 　　　在本書末尾的參考文獻中列出了維根斯坦著作的一份清單。下面的「維根斯坦著作縮寫」列出了本書正文中用到的參考文獻的縮寫。

　　　關於《邏輯哲學論叢》有兩個英文譯本。該書最初的英譯本是奧格登（C. K. Ogden）在拉姆塞（Frank Ramsey）的協助下推出的，初版於 1922 年，至今仍有重印。該書的一個新譯本是由皮爾斯（D. F. Pears）和麥吉尼斯（B. F. McGuinness）於 1961 年推出的，此後根據維根斯坦與奧格登關於第一個英譯本的通信於 1971 年對這個譯本進行了修訂。我在本書中引用的是皮爾斯和麥吉尼斯的譯本。

　　　《哲學研究》與安絲孔（G. E. M. Anscombe）的英譯本一起出版於 1953 年。這個德英對照本再版於 1958 年，三版於 2001 年。第四版出版於 2009 年，這個譯本得到了來自哈克（P. M. S. Hacker）和舒爾特（Joachim Schulte）的全面訂正和修改。該譯本是目前市面上的標準版本，我在本書中自始至終引用的都是這個新譯本。

　　　除了修訂《哲學研究》的英譯，該書第四版還重新命名了其中的兩個部分。原先稱為「哲學研究第一部分」的內容徑直改稱為「哲學研究」。不過這一部分的所有段落編碼與之前的 3 個版本是一樣的。我在引用這些段落時遵守了標準方法：比如「PI, §243」指的是《哲學研究》中的第 243 段（而在前面 3 個版本中稱為《哲學研究》第一部分 §243）；原先被稱為「《哲學研究》第二部分」的內容改稱為「心理學哲學——一些片斷」（編者作此改動的理由參見 PI, pp. xxi-xxii），編者們首次將段落編碼引用到這個部分之

xiv 中；為了便於使用，他們還標出了第一版和第二版的頁碼，xiv 這種頁碼標記法長期以來都是引用這些文獻的標準方法。我遵守了第四版中所採納的慣例。為便於讀者使用早期版本，本書為參考「心理學哲學——一些片斷」中的相關段落給出了兩種形式：第一種方式適用於第四版（比如 PPF, §111 指的是「心理學哲學——一

些片斷」中的第 111 段）；第二種方式適用於第一版和第二版（比如 PI, II xi p. 193 指的是《哲學研究》第二部分，第十一節，第 193 頁）。（至於第三版中的頁碼，則不同於第一版和第二版。關於第一版、第二版的頁碼與第三版的頁碼以及與第四版中的段落編碼之間的轉換，在 Day 和 Krebs，2010: 357-372 中可以找到一個頗有助益的對照表。）

维根斯坦著作缩寫

BB	*The Blue and Brown Books*（《藍皮書與褐皮書》）	
BT	*The Big Typescript*（《大打字稿》）	
CE	"Cause and Effect: Intuitive Awareness"（〈原因與結果：直覺意識〉）	
CV	*Culture and Value*（《文化與價值》）	
LC	*Lectures and Conversations on Aesthetics, Psychology, and Religious Belief*（《關於美學、心理學與宗教信仰的講座和談話》）	
LE	"A Lecture on Ethics"（〈關於倫理學的一次講演〉）	
LFM	*Wittgenstein's Lectures on the Foundations of Mathematics, Cambridge*, 1939（《維根斯坦 1939 年在劍橋關於數學基礎的講座》）	
LW i	*Last Writings on the Philosophy of Psychology*, Vol. I（《關於心理學哲學的最後著作》，第一卷）	
LW ii	*Last Writings on the Philosophy of Psychology*, Vol. II（《關於心理學哲學的最後著作》，第二卷）	
NB	*Notebooks* 1914-16（《筆記：1914-1916》）	
NL	"Notes on Logic"（〈關於邏輯的幾點評注〉）	
OC	*On Certainty*（《論確定性》）	
PG	*Philosophical Grammar*（《哲學語法》）	
PI	*Philosophical Investigations*（《哲學研究》）	
PO	*Philosophical Occasions*（《哲學時刻：1912-1951》）	
PR	*Philosophical Remarks*（《哲學評論》）	
RC	*Remarks of Colour*（《對顏色的評論》）	
RFGB	"Remarks on Frazer's Golden Bough"（〈對弗雷澤《金枝》的評論〉）	

RFM　*Remarks on the Foundations of Mathematics*（《關於數學基礎的評論》）

RLF　"Some Remarks on Logical Form"（〈關於邏輯形式的若干評論〉）

RPP i　*Remarks on the Philosophy of Psychology*, Vol. 1（《關於心理學哲學的評論》，第一卷）

RPP ii　*Remarks on the Philosophy of Psychology*, Vol. 2（《關於心理學哲學的評論》，第二卷）

TLP　*Tractatus Logico-Philosophicus*（《邏輯哲學論叢》）

WIC　*Wittgenstein in Cambridge: Letters and Documents* 1911-1951（《維根斯坦在劍橋：書信與文件，1911-1951》）

WLC i　*Wittgenstein's Lectures: Cambridge, 1930-32*（《維根斯坦講座：劍橋，1930-1932》）

WLC ii　*Wittgenstein's Lectures: Cambridge, 1932-35*（《維根斯坦講座：劍橋，1932-1935》）

WVC　*Ludwig Wittgenstein and the Vienna Circle: Conversations recorded by Friedrich Waismann*（《維根斯坦與維也納學圈》）

Z　*Zettel*（《字條集》）

维根斯坦年表

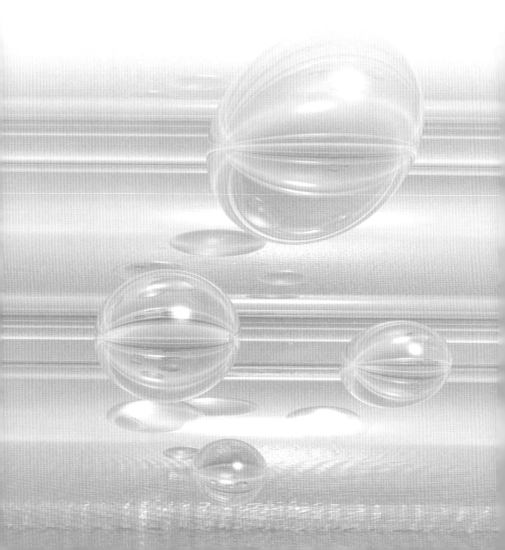

1889 4 月 26 日，維根斯坦生於維也納。

1903 在家受教育至 14 歲，進入上奧地利林茲的一所技術學校（Realschule）讀書。

1906 進入柏林夏洛特堡的一所技術學院（Technishce Hochschule）學習機械工程。

1908 在英國曼徹斯特大學註冊為研究生，學習航空學，研究風箏，設計噴氣式飛機發動機和推進器。對邏輯和數學基礎發生興趣。研讀羅素的《數學原理》。

1911 專程到德國耶拿拜訪弗雷格，討論弗雷格工作中的數學基礎問題。弗雷格建議維根斯坦跟隨羅素學習。抵達劍橋，結識羅素。

1912 先註冊為大學部學生，後成為劍橋的研究生，導師是羅素。

1913 一、父親卡爾·維根斯坦病逝，繼承一筆巨額遺產。

二、大部分時間在挪威西部郊外的小村莊斯科爾登思考邏輯和哲學問題。莫爾曾於 1914 年 3 月去斯科爾登拜訪他。

1914 — 1918 一、第一次世界大戰爆發，他作為志願者參加奧軍的一個炮兵團，在維斯杜拉河上的軍艦中服役。其後在克拉可夫的一個生產大炮的廠房工作。從 1916 年到 1918 年，跟隨部隊抵達東線，最後又打到南線。獲得了許多勇士勛章，並得到數次晉升，1918 年晉升為中尉。這段時間繼續思考哲學問題。

二、1918 年夏季，離開部隊之前完成了《邏輯哲學論叢》的手稿。

三、被義大利軍隊俘虜，關押在義大利南部蒙特·卡西諾戰俘營。

1919　一、從俘虜營獲釋，返回維也納。把他繼承的遺產分給　xviii
　　　　　四哥保羅和兩個姊姊。在海牙會見羅素，討論《邏
　　　　　輯哲學論叢》。試圖找到《邏輯哲學論叢》的出版商。

　　　　二、進入維也納的一所師範學校，接受教師培訓。

1920　一、1920 年夏天在克勞斯特紐堡的修道院裡擔任園丁。
│
1928　二、在奧地利南部系列山區小學擔任教師（先後在特拉騰
　　　　　巴赫小學、普希堡小學和奧特霍小學）。年輕的劍橋
　　　　　哲學家弗蘭克·拉姆塞到普希堡拜訪，共同討論《邏
　　　　　輯哲學論叢》。

　　　　三、1921 年《邏輯哲學論叢》德文版發表。

　　　　四、1922 年《邏輯哲學論叢》英德對照版由凱根·保羅
　　　　　出版社在英國倫敦出版，由奧格登和拉姆塞合譯。

　　　　五、1926-1928 年，為二姊瑪格麗特在維也納的昆曼街建
　　　　　造一座大宅邸。

　　　　六、1927 年與維也納哲學教授莫里茲·石里克會面。石
　　　　　里克事先與維根斯坦通信表達對《邏輯哲學論叢》
　　　　　的讚賞。開始參與石里克與維也納小組其他成員的
　　　　　會議與談話。

1929　1 月回到劍橋。7 月獲得博士學位，提交《邏輯哲學論叢》
　　　　作為博士論文。通過了羅素和莫爾主持博士論文答辯。

1930　一、擔任劍橋大學哲學系講師，獲得三一學院的研究基
│
1937　　　金。由於與他對研究基礎的相關工作，他於 1930 年
　　　　　完成了以《哲學評論》為名出版的打字稿。

　　　　二、1933 年完成《大打字稿》，其後多年一直在修訂。
　　　　　（該書的修訂版如今以《大打字稿》為名出版。打
　　　　　字稿的選本早先以《哲學語法》為名出版。）

　　　　三、1933-1934 年，在劍橋的自己班上口授《藍皮書》。

四、1935-1936 年，向兩名學生口述《褐皮書》。

五、1936-1937 年，住在自己 1914 年在挪威斯科約頓的
　　設計建造的小木屋裡，繼續寫作一部擬出版的哲學
　　著作。

1938　德國於 1938 年 3 月併吞奧地利。申請英國公民身分，
　　1939 年 6 月得到批准。回到劍橋工作，完成了《哲學研
　　究》早期版本的打字稿。劍橋大學接受出版這部著作的
　　請求；維根斯坦放棄了這個出版計畫。

1939　接替莫爾，當選為劍橋大學哲學教授；被聘為三一學院
　　的研究員。繼續擔任教授，直到 1947 年。

1941　在倫敦蓋伊醫院擔任搬運工。繼續每隔一週在劍橋大學
　　開設週末講座，寫作關於數學基礎的著作。

1943　一、在紐卡索的一個醫學研究室擔任技術員。
　｜
1944　二、在天鵝海生活，從 2 月到 10 月寫作關於遵守規則
　　和感覺語言的著作。10 月回到劍橋，恢復了教授職
　　務。繼續致力於《哲學研究》寫作。劍橋大學出版
　　社接受了與《邏輯哲學論叢》一起出版《哲學研究》
　　的新建議；維根斯坦再次打消此出版計畫。

1946　《哲學研究》第一部分定稿。

1947　辭去哲學教授職務。

1948　住在愛爾蘭。先是在威克洛郡的一處農場，然後轉到高
　　威的一處偏遠村舍居住，後來又搬到都柏林的一間旅
　　館。寫作心理學哲學。1946-1949 期間的打字稿和筆記後
　　來以《關於心理學哲學的評論》第一卷和第二卷，以及
　　《關於心理學哲學的最後著作》為名出版。完成了《心
　　理學哲學——一些片斷》（也被稱為《哲學研究》第二
　　部分）的打字稿。

1949
|
1951

一、與朋友們住在牛津、美國和劍橋。病情逐漸惡化，
　　1949 年秋天被診斷為癌症。繼續研究哲學，寫下大
　　量筆記，後來以《論確定性》、《對顏色的評論》
　　和《關於心理學哲學的最後著作》第二卷為名出版。

二、4 月 29 日在劍橋溘然長逝。葬於劍橋的聖吉爾斯公墓。

Chapter **①**

生平與著作

一、引言

路德維希・維根斯坦（Ludwig Wittgenstein），1889 年生於奧地利維也納，1951 年卒於英國劍橋。他的《邏輯哲學論叢》（*Tractatus Logico-Philosophicus*），那部篇幅不過 70 頁的 20 世紀哲學經典，完成於 1918 年。那年，維根斯坦 29 歲。之後他一度中斷哲學研究，長達 10 年時間。先到奧地利的一所鄉村小學任教，然後又以一位建築師，為他姊姊在維也納設計並建造了一幢宅第。1929 年他回到哲學領域，不久後便發表了一篇簡短的會議論文；但是他不喜歡這篇論文，在會場上講的是一個與此截然不同的主題，儘管這篇論文是為那次會議專門準備的。除了《邏輯哲學論叢》和這篇短文，維根斯坦生前再也沒有正式發表過別的東西。然而從 1929 年到 1951 年離世，他幾乎從未停止過哲學思考，寫下了數以千計的手稿、打字稿。在這 20 餘年裡的大部分時間，他都在劍橋任教。先是擔任講師，後來出任哲學教授。他多次試圖推出一部著作，用來表述自己在《邏輯哲學論叢》出版後的思想。然而他每次都對自己的嘗試很不滿意，最終未能親手發表這些思想，而是把一大堆的手稿、日記和打字稿留給了遺著執行人。在他死後，這些著作陸續得以出版。

維根斯坦的第二部主要著作《哲學研究》（*Philosophical Investigations*），作為遺著出版於 1953 年。這本著作的標準版包括兩大部分。在前 3 個版本（1953, 1958, 2001）中，它們分別被標以「《哲學研究》第一部分」和「《哲學研究》第二部分」。在該書的第四版（2009）中，則分別稱之為「哲學研究」和「心理學哲學——一些片斷」。在本書裡，我將使用該書第四版的說法。「哲學研究」部分中業已出版的文本，是維根斯坦 1937-1946 年寫作的系列研究項目的最後一部分內容。「心理學哲學——一些片斷」則

是維根斯坦在 1946-1949 這 3 年研究成果的節選。

　　1953 年後，我們看到維根斯坦親手所寫或者他人根據維根斯　　2
坦講課筆記整理而成的作品陸續出版，數量相當可觀。維根斯坦的
一些手稿和筆記被以書的形式出版，有些是他對學生們口述的，還
有些是學生們在他的課堂上所做的筆記，諸如此類。他的所有手稿
或打字稿現在都有電子版。維根斯坦原先並沒有想過要將這些資料
出版問世，其中的多數作品如今都被視為維根斯坦哲學思索進程。
然而單就其自身而言，這些著述也是極其重要的；它們啟發了《哲
學研究》中的表述的觀點，表明維根斯坦在這些話題上的思考並非
直接地在《哲學研究》中得以討論的。

　　《哲學研究》問世之後，學界普遍把維根斯坦視為兩個截然
不同甚至截然相反的哲學的發明者：《邏輯哲學論叢》所代表的前
期哲學，以及《哲學研究》所代表的後期哲學。隨著維根斯坦更多
著作的出版，以及時間的過去，維根斯坦早期與晚期作品之間的關
係，至少在兩個方面變得複雜起來。一個方面是，在《邏輯哲學論
叢》與《哲學研究》之間存在明顯的承續性，正如二者之間存在某
種斷裂性一樣。對於這種承續性和斷裂性的本性、程度以及相對重
要性，評論者們之間存在活躍而持續的爭議。第二個方面是，維根
斯坦從 1929 年到 1951 年的作品並不代表一個統一的、同質的「後
期哲學」。在他返回到哲學領域之後，《哲學研究》中呈現的觀點
逐步發展而成。在這整個過程當中也有顯著的變化。某些研究者認
為在維根斯坦哲學工作中有一個明顯的「中期」，以他在 1930 年
代早期的作品為代表。其他研究者則認為維根斯坦的最後著作——
亦即在《哲學研究》成書之後的作品——體現了頗具特色的新觀
點。我本人的觀點是，我們最好只是在結合每一本書在維根斯坦思
想發展過程中的地位這樣的背景來閱讀作品，而無須嘗試去把他的
哲學劃分為明顯的幾個階段。

二、家庭背景與早期生平

3

　　維根斯坦是家裡 8 個孩子中最小的一個；他有 4 個哥哥和 3 個姊姊。他的父親卡爾・維根斯坦（Karl Wittgenstein）是奧地利鋼鐵工業的領軍人物，奧匈帝國最富有的人之一。母親利奧波爾蒂勒內（Leopoldine）是才華橫溢的音樂家。布拉姆斯（Brahms）和馬（Mahler）這些當時知名的音樂家經常成為維根斯坦家族音樂沙龍的座上賓。這個家族中藏有大量藝術作品，其中包括克林姆（Klimt，他為維根斯坦的姊姊瑪格麗特・史東伯若繪過肖像）和羅丹（Rodin）的作品。維根斯坦的哥哥保羅是一位鋼琴演奏家，他在一戰中不幸失去了右臂，但他仍然堅持站在舞臺上。拉威爾（Ravel）和普羅高菲夫（Prokofiev）還分別特意為他譜寫了用左手彈奏的鋼琴協奏曲。維根斯坦與他的大多數家人一樣，自幼深受音樂薰陶。「對於音樂對我人生的意義，我不可能會在書裡寫隻言片語」，他曾經這樣對朋友說道：「那麼我如何能夠希望得到理解？」（Drury, 1981: 173）

　　與兄弟姊妹們一樣，維根斯坦的啟蒙教育是在家裡完成的。然而在他長到十來歲時，這一切都改變了。他們的父親為路德維希的哥哥們制訂了非常嚴酷的學習計畫，目的是讓他們為日後步入商界和工業界有所準備。但對於路德維希的兩個哥哥來說，這種嚴格管教的後果是災難性的，他們都有與父親截然不同的天賦和興趣。漢斯是個音樂天才，後來被迫逃到美國，1902 年失去連繫，明顯是自殺了。魯道夫則極具演藝天賦，但他 1904 年在柏林自殺了。部分是由於漢斯之死的緣故，兩個排行較小的兄弟，路德維希和保羅，最後受到的教育更加具有東正教色彩，1903 年被送到學校念書。其後的 3 年間，到 1906 年，路德維希都在林茲（Linz）的一所技術學校學習。1906 年到 1908 年，他在柏林的夏洛特堡一

所工程學院學習。後來他對一位朋友說：「他就是被父親培養成工程技術人才的⋯⋯可是他在這個領域既沒有才幹也沒有興趣。」（McGuinness, 1988: 93）不過，儘管他受到父親的重壓，因為父親強烈希望他們兄弟幾個必須至少有一個能夠在技術領域取得成功，他對機械的迷戀卻是純真而持久的。早在童年時期，他就製造了可以實用的縫紉機。並且，「即使在他生命的最後幾年，他也會花整天時間」到倫敦的科學博物館「去琢磨他心愛的蒸汽機」（von Wright, 1955: 4-5）。從柏林拿到文憑之後，維根斯坦轉學到曼徹斯特，註冊為曼徹斯特大學的一位研究生。他首先致力於在格洛索普的一個氣象研究中心建造和實驗風箏。後來他致力於設計一種噴射引擎，後來設計製造螺旋槳，他的設計成果於 1911 年獲得專利。

維根斯坦早年並未受過哲學方面的正規訓練。後來他說自己 4 「年輕時讀過叔本華（Schopenhauer）的《作為意志和表象的世界》（*Die Welt als Wille und Vorstellung*），第一份哲學訓練便來自叔本華的唯心主義知識論」（von Wright 1955: 6）——這是一種區分我們所看到的世界的觀點（「經驗世界」或者「作為表徵的」世界）與本原的世界（「本體世界」或者「作為意志的」世界），把世界看做其自身經由我們自己的意志經驗而通達我們的觀點。其他的早期影響包括路德維希・波爾茲曼（Ludwig Boltzmann）和海因里希・赫茲（Heinrich Hertz），他們都寫過哲學著作，也寫過科學著作。他們對思想與實在之關係的研究，在維根斯坦的《邏輯哲學論叢》中有所反映。維根斯坦對赫茲的哲學觀持同情態度，深表贊同地引用赫茲對哲學任務的評論，這個評論是，哲學並非以其自身的正面理論而前進的，而是「以一種特定擔憂消失的方式去塑造表達式」（BT: 310）。

身為研究生，在曼徹斯特學習時，維根斯坦對數學及數學基礎的興趣與日俱增。他參加這些議題的講座和研討班。認真研讀了伯

特蘭‧羅素（Bertrand Russell）的《數學原理》（*The Principles of Mathematics*）和戈特洛布‧弗列格（Gottlob Frege）的《算術基礎》（*Grundgesetze der Arithmetik*），這兩部著作的主題都是從基本的、自明的邏輯原則中得出數學。1909 年，維根斯坦對弗雷格和羅素提出的一個問題闡明了一種嘗試解答，他把這個解答寄給羅素的一個朋友。1911 年他去德國耶拿拜訪了弗雷格。弗雷格去劍橋跟隨羅素研究數學基礎問題。接下來的兩年時間裡，在維根斯坦和羅素的智力生涯中，都被證明是極其重要的。

三、1911-1919：劍橋、一戰與《邏輯哲學論叢》

1911 年 10 月維根斯坦抵達劍橋。他直接去見羅素，他對羅素產生了一個直接的印象。羅素是這樣寫的：

> 一個素不相識的德國人出現了，只能講一些簡單的英語，但是拒絕講德語。後來我才知道他在夏洛特堡學習過工程，但是從他的課程當中了解到，他身上有一種對於數理哲學的激情，現在來到劍橋，目的是聽我的課。
>
> （1911 年 10 月 18 日羅素寫給奧托蘭‧摩雷爾〔Ottoline Morrell〕的信，轉引自 Monk, 1990: 38-39；儘管羅素寫「一個素不相識的德國人」，而實際上維根斯坦是奧地利人）

第二天羅素寫道：「我那位德國朋友差點讓我招架不住，在我的課堂結束後他來到我身邊，與我辯論到晚餐時間——固執，並且剛愎自用，但是我認為他並不愚蠢。」（羅素，1911 年 10 月 19 日，轉引自 Monk, 1990: 39）4 週之後，「我那位氣勢洶洶的德國人來了，在課後與我爭論。他全副武裝，反對所有推理的襲擊。與他談話真是浪費時間。」（羅素 1911 年 11 月 16 日，轉引自 Monk, 1990: 40）

在劍橋的學期結束之後，維根斯坦尚未確定到底是留下來研究哲學呢，還是回到原來的學校繼續他的航空學專業。他向羅素尋求建議：

> 我那位德國人在哲學與航空之間徘徊不定；他今天問我，我是否認為他在哲學上毫無前途，我告訴他，我不知道，但是我認為並非如此。我要求他帶點文字資料給我，幫助我判斷這個問題。
>
> （羅素，1911 年 11 月 27 日，轉引自 Monk, 1990: 40）

後來，維根斯坦提交了聖誕節假日期間寫的一份資料給羅素。羅素看到了他是可造之才。羅素寫道，這份資料「非常好，比我那些英國學生做得還好，我肯定會鼓勵他。他也許會取得了不起的貢獻」（羅素，1912 年 1 月 23 日，轉引自 Monk, 1990: 41）。

很快，維根斯坦便註冊為大學哲學系學生，然後成了劍橋的研究生，導師是羅素。他在那裡完成了接下來的 5 個學期課程，與羅素進行密切的理智合作，直到 1913 年夏天。在這段時期，他同時也與哲學家莫爾（G. E. Moore）和經濟學家凱因斯（J. M. Keynes）等人建立了持久的友情。1913 年 1 月他的父親去世，他繼承了大筆巨額遺產。

在 1913-1914 年的大多數時間裡，他一個人住在挪威西部的一個偏遠小村莊裡，研究哲學，發展自己在劍橋所開始的觀點。莫爾在 1914 年春天到挪威去看望他；維根斯坦向他口述了反映自己新思想的筆記。他希望這份筆記可以成為自己與羅素交流的一個手段。

1914 年 8 月，第一次世界大戰爆發。由於健康因素，維根斯坦被免除了服兵役的義務：他因為疝氣做過不止一次手術。但是他身上那種強烈的責任感，他那種理當與其他人一同承受苦難的堅定

信念，使他成為奧匈帝國軍隊的一位志願兵。正如他的姊姊赫密娜（Hermine）所指出，「他所關注的並不僅僅是保衛國家，而是……他感覺到一種強烈的願望，讓自己去承擔一些艱難的任務，從事一些純粹智力勞動之外的工作」（Hermine Wittgenstein, 1981:3）。在戰爭開始階段，他以志願者參加奧軍的一個炮兵團，在維斯杜拉河上的軍艦上服役。其後在克拉可夫的一個生產大炮的廠房工作。在那裡，他的技術才能得到認可，被授予軍官身分。在 1916 到 1918 年期間，他在東線服役，後來在南線服役，在艱苦和危險的環境下，先是擔任炮兵觀察員，隨後擔任軍官。他因英勇獲得了多枚勛章，最後晉升為中尉軍階。

在戰火紛飛的年代裡，維根斯坦從未停止過哲學思考。戰爭前兩年他隨身攜帶的哲學筆記，後來以《筆記：1914-1916》（*Notebooks* 1914-1916）為名出版。這些筆記表明他仍然在刻苦鑽研邏輯和語言問題，先前在劍橋以及後來在挪威就一直思考這些問題。他對這些問題的評論逐漸地與他對諸如善與惡、生與死、生命的意義、神祕事物這些問題的思考串連起來。維根斯坦在這些年的筆記裡最為持續關注的評論是倫理問題和自殺問題：「如果自殺是允許的，那麼就沒什麼不被允許了……或者，甚至自殺本身就既不是善的也不是惡的嗎？」（NB: 91，1917 年 1 月 10 日）他之前也經常思考自殺問題，1912 年就告訴過一個朋友，他「為自己從來沒有膽量殺死自己的而倍感羞恥」（McGuinness, 1988: 93）。在戰爭期間，有一次他試圖自殺，這時恰好叔父出現，救了他（McGuinness, 1988: 264）。1920 年，他寫信給一位朋友說：「我持續不斷地思索著結束自己的生命，這個想法會時不時地在我腦海中浮現。」（Engelmann, 1967: 33）

1918 年 8 月離開部隊時，維根斯坦完成了《邏輯哲學論叢》的定稿。戰爭快結束時，當他成為俘虜入獄時隨身帶著這本書的打

字稿，在戰俘營拘留期間，他想方設法將這部書稿寄到羅素手中。
他一直被關在義大利的卡西諾戰俘營裡，直到 1919 年 8 月。

四、1919-1928：隱居

當他戰後從戰俘營獲釋時，維根斯坦回到了維也納。有 3 件
事情他馬上得去做：想辦法出版《邏輯哲學論叢》；把他的財產處
理掉；尋找一份讓自己為之忠誠獻身並且值得為之獻身的人生寄
託。他現在不想繼續從事哲學研究。他認為，在《邏輯哲學論叢》
中，該說的話都已經說過了，哲學上不再有事情可做了。正如他在
這本書的〈導論〉中所指出的：「我相信自己發現了，在所有本質
方面，問題已經最終得以解決。」（TLP：引言第 4 頁）在寫給羅
素的一封信裡，他同樣持這種立場：「我相信我已經最終解決了我
們的問題。這麼說聽起來很自負，但我的確堅信這一點。」（1919
年 3 月 13 日，WIC: 89）5 年後，1924 年，他寫信給凱因斯：

> 你在信中問我，你能否做些事情，讓我有可能回到科學研究中
> 來。我的回答是：不。在那些領域已經沒有事情可做了，因為
> 我自己不再懷有朝著那個方面行動的任何強大的內在動力。
> 凡是我不得不說的話，我都說過了，因此思想之泉已經乾枯
> 了。這麼說聽起來很奇怪，但事實便是如此。
>
> （1924 年 7 月 4 日，WIC: 153）

要為《邏輯哲學論叢》找到一家出版商，最後證明是困難重
重。這本書難以給人帶來驚喜，因為它行文極其簡潔，保持了極具
個性的寫作風格，也沒有過於遷就讀者的接受能力。維根斯坦自己
就曾經警告羅素，「沒有一個事先的解釋，即使羅素也未必能夠
理解，因為這本書是以非常簡短的評論寫成的」（1919 年 7 月 13

日，WIC: 89）。並且，他也意識到：「這當然意味著沒有人能夠理解它，儘管我相信，它像水晶那麼清晰。」（同上）《邏輯哲學論叢》被多家出版商拒絕了，直到有一天，有一家出版商答應推出這本書，但前提是請羅素寫一個導論，解釋維根斯坦這本書的基本觀點和重要性。然而，當維根斯坦讀了羅素寫的導論後，他意識到出版計畫將成為泡影。他是這麼寫信給羅素說的：「當我看到這份導論的德文譯本時，我難以忍受讓它與我的書一起付印。這份導論譯文全然失去了你高雅、精練的英文風格，變得相當膚淺，讓人誤會重重。」（1920 年 5 月 6 日，WIC: 119）基於這個原因，維根斯坦放棄了出版這本書的努力：

> 我的著作要麼屬於第一流，要麼不屬於第一流。如果屬於後面那種情況（這種可能性較大），我自己也會很慶幸自己沒能將它付印。如果屬於第一種情況，那麼它在 20 年之後付印、一百年之後付印乃至再晚些時間付印，這些都是無關緊要的。
>
> （1920 年 5 月 6 日，WIC: 120）

這件事情的最終結果是，《邏輯哲學論叢》1921 年在德國出版（發表在《自然哲學年鑑》該年的最後一期上），1922 年在英國出版（附上了該書的英譯本及羅素的導論）。這本書出版後立即獲得回響。凱因斯 1924 年向維根斯坦報告說，《邏輯哲學論叢》「自從問世以來占據了劍橋大學所有的關於基本原理的討論」（1924 年 3 月 29 日，WIC: 151）。在同一年裡，德國哲學家莫里茲・石利克（Moritz Schlick）從維也納寫信給維根斯坦：

> 這裡有一批人 —— 我自己也在其中 —— 堅信你的基本觀點的重要性和正確性。他們有一種強烈的願望，為了讓你的觀點更加

廣為人知而盡一份自己的力量。

（WVC: 13）

維根斯坦從戰爭中回來後決定放棄父親 6 年前給他留下的巨額遺產。他從戰爭中活下來了，但他仍然持續感覺到，對他來說生活在奢侈和富足之中是一大錯誤；他相信自己應當與其他人一樣承受苦難，他想透過自己的雙手養活自己。他把自己繼承的所有遺產都安排給了幾個姊姊和他在戰爭中倖免於難的哥哥保羅（他的第四個哥哥克爾特，一位騎兵軍官，在戰爭後期一槍結束了自己的生命）── 他堅持將財產不可撤銷地轉移給他們，一點也不要保留在他名下。

1919-1920 年，維根斯坦參加教師培訓。他需要收入來源。他被教學吸引住了，認為教書育人是一份誠實的職業，他在一定程度以一種理想主義的辦法對待這份事業，渴望改善學生們的心靈。他發現奧地利山區小學的教師生涯是考驗自己個性的一種方式。1920 年他取得教師資格，接下來的 6 年時間裡，他在下奧地利的 3 所山區小學擔任教師。他從最好的學生那裡取得了卓越的成果，與這些學生建立了良好的、快樂的關係。但是他在那些不那麼聰明的孩子或者那些被他脅迫著學習的孩子們身上並不那麼成功；他發現這些孩子非常讓人心灰意冷。另外他發現自己很難忍受那些村民們。1921 年，他寫信給羅素：

我仍然在特拉騰巴赫小學，就像往常一樣被可憎和粗鄙圍繞著。我知道一般的凡夫俗子們活著並沒有太大意義，但是他們在這裡比其他人們更加一無是處、沒有責任感⋯⋯我在這裡甚至無法與其他老師相處得很好。

（1921 年 10 月 23 日，WIC: 126）

1922 年，他又這樣寫道：

最近一段時間我感到非常壓抑……並不是因爲我發現在小學教書令人厭惡，事實上正好相反。我的難處在於，我不得不在這樣一個到處都是十足毫無希望的人組成的村莊裡擔任教師。在這個地方，我連一個可以理性對話的人都找不到。

（1922 年某月某日，WIC: 132）

1926 年，他辭去了教師職務，回到了維也納。

從 1926 年到 1928 年，維根斯坦居住在維也納，在那裡他投身於為他姊姊瑪格麗特設計和建造一座宅邸——這是他與建築學家保羅・恩格曼（Paul Engelmann）合作的一個項目。他與恩格曼相識於 1916 年，兩人建立起密切的友誼。這座房子現在作為保加利亞大使館的文化處，仍然保存得非常完好，它簡簡單單，毫無裝飾。維根斯坦在這項工作的每個方面，都展示了自己的完美主義個性和對細節的注意。他的姊姊赫密娜這樣寫道：

10　　路德維希以最完美的比例設計了每一扇窗、每一扇門、每一個窗桿和暖氣機，這些東西都設計得非常精確，甚至都可以作爲精密儀器使用了。然後他以不可妥協的活力堅持下來，因而每一件事情實際上都製造得同樣的精準。我現在還能聽到鎖匠問他對鑰匙孔的要求「告訴我，工程師先生，釐米的誤差對你眞的那麼重要嗎？」在他沒有說完這句話時，就聽到了高聲而有力的回答「是的」，這差點讓鎖匠退縮了。是的，路德維希對於比例就是有這麼一種敏銳的感覺，對他來說，半釐米也是相當要緊的。在細節方面花費再多的時間和金錢也是物有所值的。

（Hermine Wittgenstein, 1981: 7）

接著她又指出：

> 路德維希對於精確測量的苛刻的最強證據也許是這一個事
> 實，為了讓房子完成以後更便於清潔，他決定把像大廳那樣的
> 房間的天花板提高到 3 公分。他的本能直覺是絕對準確的，並
> 且想到了就一定要去實現。
>
> 　　　　　　　　　　　　（Hermine Wittgenstein, 1981: 9）

　　值得注意的是，在維也納的 3 年時間裡，維根斯坦對於哲學研
究的熱情逐步得到重新點燃。1924 年 12 月，石里克寫信給他，熱
切地期望見到這位《邏輯哲學論叢》的作者。他們最終於 1927 年
初在維也納會面了。維根斯坦開始與石里克及那個圈子的其他哲
學家會面，這些哲學家後來組成了邏輯實證主義的維也納學圈，
其中包括福列德里奇・魏斯曼（Friedrich Waismann）、魯道夫・
卡納普（Rodulf Carnap）、赫伯特・費格爾（Herbert Feigl）和瑪
莉亞・卡斯培爾（Maria Kasper）。他們之間的會見與談話持續進
行到 1928 年底維根斯坦離開維也納去劍橋。不過，在那之後的若
干年內，在假期裡，維根斯坦也繼續與維也納學圈的成員們會面。
魏斯曼對他們後期談話的筆記，後來以《維根斯坦與維也納學圈》
（*Wittgenstein and the Vienna Circle*）為名出版，為我們提供了關於
維根斯坦在 1929-1932 年觀點發展的有趣的紀錄。

五、1929-1947：回到哲學 —— 劍橋、二戰和《哲學 　11
研究》

　　1929 年 1 月，維根斯坦回到劍橋。他開始懷念對哲學研究的
激動和興奮。他意識到，《邏輯哲學論叢》不是哲學上的最後創
作。現在他感覺到，他可以多做一些貢獻。他申請了博士學位，提

交的博士論文正是這部《邏輯哲學論叢》。博士答辯由莫爾和羅素主持，獲得通過後他於 1929 年 7 月獲得博士學位。

第二年，維根斯坦被安排到劍橋哲學系擔任講師職務；他在這個職位上一直做到 1936 年。由於羅素、莫爾和凱因斯的支持，他當選為三一學院的研究員。羅素必須為維根斯坦申請三一學院的教職寫一份報告，維根斯坦為此在 1930 年 4 月向羅素提交了一份已經完成的打字稿：這份打字稿後來以《哲學評論》（*Philosophical Remarks*）為名出版。正如《邏輯哲學論叢》一樣，這份打字稿部分地關注表徵和意義的問題。但是它與《邏輯哲學論叢》在很多重要方面有所不同——我們在第四章將會詳細討論這點。《哲學評論》的一半以上內容處理的是數學哲學中的問題：數學命題的含義、論證的本質、普遍性以及數學上的無窮大問題。在接下來的幾年，這些問題持續成為維根斯坦哲學研究中的重要組成部分。羅素以熱情洋溢的語詞來報告維根斯坦的工作：

> 維根斯坦的這份新成果中所包含的理論是新奇的、高度原創的，無疑非常重要。我不知道他說得對不對。身為一位崇尚簡明性的邏輯學家，我倒是希望這些理論是不對的。但從我讀過的部分篇章來看，由於完成之後這些成果最終能夠很容易被證明是一種全新的哲學，我相當確定他應當有機會取得最終成果。
>
> （WIC: 183）

維根斯坦很快就建立起了一種講課的模式，他在劍橋任教時一直運用這種教學模式。講座從下午 5 點進行到下午 7 點，地點通常是他在三一學院的房間裡。有人告訴我們，他的房間是這樣子的：

> 非常的簡單樸素。幾乎沒什麼擺設、繪畫，也沒有照片。牆上

是光禿禿的。在他的起居室裡擺放著兩張帆布椅子和一張簡單　12
的木椅，在他的臥室裡擺著一張帆布床。一個過時的鐵製電暖
爐擺放在起居室的中央。在窗臺上擺放著一些鮮花，房子裡放
著一、兩個花盆。屋子裡放著一個金屬保險箱，裡面存放著他
的手稿，另外還有一張他用來寫作的卡片桌。屋子總是收拾得
一塵不染，相當乾淨。

（Malcolm, 1984: 24-25）

維根斯坦的講座本身的風格也相當富有特色：

維根斯坦坐在屋子中央那張簡樸的木椅上。坐在那裡他開展著
一種可以看見的與思想的戰鬥……把這樣的會談方式稱之為
「講座」很難說是準確的，儘管維根斯坦自己這麼稱呼它。一
則是他在這樣的會談中堅持進行著原創性研究。他在以他獨自
思考問題時的方式思考著。另外就是，這樣的會談穿插著大量
的談話。維根斯坦通常把問題引向在場的各種各樣的人們，然
後對他們的答覆進行回應。通常這樣的會談主要被視為一種
對話。然而有時候，當他嘗試著把心裡的想法說出來時，會
打著一種強制的手勢，阻止任何的問題或評論。現場經常保
持沉默，有時是長時間的沉默，偶爾聽見維根斯坦輕聲低語
一兩句，其他人鴉雀無聲，專心致志地聽著……人們能夠感受
到，他們處於一個極其嚴肅、極其專注、高度理智的場合。

（Malcolm, 1984: 25）

　　從 1929 年他返回劍橋到 1951 年逝世，維根斯坦幾乎堅持不
懈地從事哲學創作。他隨身攜帶著一本筆記本，把哲學評論寫在上
面。在他其他的手稿當中，他用筆寫下了更加完整的思想。他不時

地把這些手稿中的節選內容口述給打字員。然後他會繼續仔細研究
這些打字稿，經常把一份打字稿切割成一些更小的評論片斷，重新
組織它們，修改它們，將進一步的手稿評論補充進來。一份進一
步的手稿會從一個作為結果而產生的版本口述出來。維根斯坦的
Nachlass——去世後留下的作品——包括 80 份手稿和 40 份列印稿，
其中大部分寫於 1929 年之後（更多的詳細資訊，參看 von Wright,
1993）。

13　　　維根斯坦身後出版的許多著作，都是他在 1930-1936 年擔任哲
學系講師期間動筆的。一部很重要的打字稿，後來以《大打字稿》
（The Big Typescript）為名出版，最初便是在 1933 年創作，一直修
訂至 1937 年：這本打字稿包含的範圍有語言、思想和意向，經驗
的本性，數學哲學以及哲學自身的特徵。其中部分材料的一個版
本以《哲學語法》（Philosophical Grammar）為名出版。此外，他
向學生們口述了兩部著作：《藍皮書》（The Blue Book）和《褐皮
書》（The Brown Book），前者口述於 1933-1934 年，後者口述於
1934-1935 年。《褐皮書》包含了顯然可以看出是《哲學研究》前
面大約 180 節的早期版本。而《藍皮書》，維根斯坦是這樣對羅素
描述的，它是一系列「向我們學生口述的作品，這樣他們可以將之
帶回家裡，即便不能真正讀懂，至少可以讓他們帶在身邊」（BB:
v）。這部書所處理的問題與《褐皮書》部分相同，此外還包括關
於經驗和主體性的問題。

　　　　1936 年，維根斯坦在劍橋的講座告一段落，他再一次隱退到
挪威，住在那棟他 1914 年親手建造的小木屋裡；他在那裡工作到
1937 年——期間偶爾有幾次離開。作為 1936-1937 年工作成果的打
字稿為接下來一年打下了基礎，這些打字稿後來成為《哲學研究》
最終版本的第 1-188 節。1938 年，劍橋大學出版社接受了出版維根
斯坦一本著作的建議——這本書的資料就是為這次出版準備的。在

這個階段，維特根斯坦正計畫寫一本書，從討論語言、意義和理解開始，然後透過對遵守規則話題的討論，繼續討論數學哲學中的問題。但是他很快就打消了這個計畫，他對書裡資料的編排方式，尤其對自己寫的數學哲學很不滿意。

1938 年 3 月，奧地利被德國併吞。不久之後，維根斯坦申請了英國公民身分，1939 年 6 月入籍申請得到批准。他對哥哥保羅和兩位姊姊海倫、赫敏的狀況日益擔心起來；這個家族的猶太血統使得他們在納粹當權制度下處於相當的危險境地。他參加了一場討論，這次討論使得他的家族同意把金錢轉移到德國政府銀行，以圖換取這樣一份聲明：「德國政府不會再由於維根斯坦家族的種族問題而用民法為難他們。」（轉引自 Mond, 1990: 400）

1939 年，維根斯坦當選為劍橋大學哲學教授——這個職務的前任是莫爾——同時兼任三一學院的教授研究員職位。除了 1929 年發表的那篇短文〈對邏輯形式的若干評論〉，維根斯坦返回劍橋後的 10 年間再也沒有發表任何作品，但是他仍然被看做是那個時代的最一流的哲學家，正如劍橋大學哲學教授布羅德（C. D. Broad）所說：「拒絕給予維根斯坦這一職務，就像是拒絕給予愛因斯坦物理學教席。」（轉引自 Rhees, 1981: 156）他在 1939 年開了一堂關於數學基礎的課，前來聽課的包括數學家亞蘭·圖靈（Alan Turing），這一年和接下來的幾年裡，維根斯坦的許多寫作都涉及數學哲學中的話題。1937-1944 年間的作品選本，後來以《關於數學基礎的評論》（*Remarks on the Foundations of Mathematics*）為名出版。

學院體制內的生活再也不能給維根斯坦帶來任何樂趣了。他對學院哲學的總體評價是相當低的：事實上，他積極地勸阻學生們想成為職業哲學家的勇氣。他的朋友諾曼·馬爾科姆（Norman Malcolm）引用了維根斯坦寫給他的一封信，其中談到維根斯坦對

於馬爾科姆獲得博士學位的反應：

> 祝賀你獲得博士學位。現在，希望你好好利用它！我這麼說的
> 意思是，希望你不要欺騙自己，也不要欺騙自己的學生。因
> 爲，除非我犯了嚴重錯誤，這麼說就是你所期待的。要想不
> 欺騙自己和學生是非常難以做到的，甚至也許是不可能做到
> 的。在此情況下，希望你鼓起勇氣放棄這個學位。
>
> （1940 年 6 月 22 日，Malcolm, 1984: 88）

幾個月之後，維根斯坦又在信中說：

> 我祝你好運，尤其是你在大學的工作。欺騙自己的誘惑，對你
> 來說將會無法阻擋（儘管我的意思不是說你在這個位置上會比
> 其他任何人更加經不起誘惑）。如果你在教授哲學上可以體面
> 地工作，這只是一個奇蹟。請牢記我對你說的這些話，即便你
> 把我的話都忘得一乾二淨；此外，如果你能做到的話，切勿以
> 爲我在這裡胡說八道，因爲沒有任何人會對你說這些。
>
> （1940 年 10 月 3 日，Malcolm, 1984: 89）

1939 年第二次世界大戰爆發後，維特根斯坦對學術生活的普
遍厭惡變得更加強烈。就像在 1914 年一戰時期那樣，他感到自己
渴望做一些有用的事情，就像其他的平民百姓一樣承擔起戰時的艱
難和危險。在幾次努力試圖尋找一份適合自己的戰時工作後，他被
安排成爲倫敦蓋伊醫院的一位藥劑室搬運工。這份安排是由劍橋
大學物理學欽定講座教授，也就是牛津大學哲學家吉爾伯特・賴爾
（Gilbert Ryle）的兄弟約翰・賴爾（John Ryle）所促成的。見到維
根斯坦之後，約翰・賴爾在信中這麼寫道：

我覺得很有意思，在擔任三一學院特別研究員多年之後，維根斯坦非但沒有像其他人那樣全然習慣於自己的工作，反而被這個地方的死氣沉沉所壓倒了。他對我說：「如果再待在那個地方，我覺得自己會慢慢死去。我寧願找個機會讓自己死得快點。」因此他希望自己在醫院裡的某些卑賤的職位上從事自己的戰時工作，如果必要，他將辭去自己的教席，但是他不想多談這事。他想要一份能夠讓自己樂在其中的工作。

（轉引自 Monk, 1990: 432）

在蓋伊醫院擔任搬運工時——為此他能每週獲得 28 先令——維根斯坦繼續在自己的筆記中寫作關於數學基礎的手稿。每隔一週到劍橋大學開設週末講座。他也對蓋伊醫院的「創傷休克」——外傷患者的一種常見的診斷——這個研究項目產生了興趣，但是蓋伊醫院研究員們質疑這種外傷患者是否會作為一種真實情況而存在。於是在 1942 年，這個研究項目轉移到紐卡索醫院，維根斯坦也跟著去了那家醫院，1943-1944 年間在這個職位上從事專案技術員的工作。

在 1944 年的米迦勒學期（Michaelmas Term），維根斯坦回到劍橋，繼續自己的教授職責。在接下來的兩年裡，他創作出了我們現在所看到的《哲學研究》的最終版本。這本書與他 1938 年所準備的打字稿相同的方式開篇，從討論語言和意義問題開始。不過這部書的第二部分卻是全新的，處理的是心靈哲學中的感覺語言與其他話題。1944 年，劍橋大學出版社又一次接受了出版維根斯坦哲學的建議：這次的計畫是將《邏輯哲學論叢》與維根斯坦後期思想一起推出。但是正如以前那樣，維根斯坦對自己的成果很不滿意，最終放棄了親手出版自己著作的嘗試。

1947 年，在他從戰時工作回到劍橋 3 年後，維根斯坦辭去了

16　自己的教授職位。他日益厭煩自己在劍橋的生活。他發現,不可能
將教授職務與自己想做的哲學研究結合起來。正如他在那年 8 月寫
給諾曼・馬爾科姆的信中所說:

> 我得到某處離群索居,嘗試去寫作,讓自己的作品至少部分得
> 以出版。當我在劍橋授課時,從未有能力做到這一點。我也認
> 為,撇開寫作,我也需要一個可以獨自思考而無需陪任何人說
> 話的略長空閒。
>
> (1947 年 8 月 27 日,Malcolm, 1984: 103)

　　1947 年夏天,他提交了辭職申請,年底他從教授職位上退了
下來。

六、1947-1951:最後歲月

　　從 1947 年末到 1949 年初,維根斯坦住在愛爾蘭:剛開始在威
克洛郡的一座農場,後來去了高威的一處偏遠小屋,最後寄居在都
柏林的一間旅館裡。他的身體越來越羸弱,但是他繼續埋頭於那些
1946 年以來就讓他全身心投入的哲學思考當中:思想的觀念、意
向、信念、想像、精神圖像、感覺經驗、記憶、情緒、身體意識,
諸如此類。他這些年所做的工作,構成了兩部打字稿的基礎——
這兩本打字稿後來分別以《關於心理學哲學的評論》(*Remarks on
the Philosophy of Psychology*)第一卷、第二卷和《關於心理學哲學
的最後著作》(*Last Writings on the Philosophy of Psychology*)第一
卷出版。1949 年,他口述了下一部打字稿,包括主要從來自這 3
個來源的一些評論的節選。這本打字稿後來以《心理學哲學——一
些片斷》(*Philosophy of Psychology-A Fragment*,在《哲學研究》
第一、二、三版中,也被稱為《哲學研究》第二部分)為名出版。

如果維根斯坦身體安好，可以想見他會繼續發展和修訂他的心理學哲學研究。他會傾向於發現一種將他對心理學哲學中的話題與他對數學哲學中的話題並駕齊驅地得到處理的方法。正如他在《哲學心理學——一些片斷》最後一段中寫道：「與數學相連繫的一種研究是可能的，它完全與我們對心理學的研究是可以類比的……它也許能配得上一種『數學基礎』研究的名稱。」（PPF, §372[PI, II, xiv, p. 232]）在這個時候，他聽任於這樣一件事實，即他的書不會在自己有生之年出版，並且他永遠也不能把著作的不同成分拉到一起使之成為一個能讓他滿意的統一的整體了。

維根斯坦與他的朋友們在美國、劍橋和牛津度過了他生命中的最後兩年時光。他回到維也納拜訪了自己的家人，完成了最後一次赴挪威的簡短旅行。他的身體越來越糟糕，1949年秋天的時候，被診斷出患了癌症。但是他並沒有停止哲學思考，儘管他在這裡在那裡會抱怨發現自己不可能恰當地思考，他寫出了涉獵廣泛的札記式評論。後來出版的3部著作反映了他生命中最後階段的工作。《論確定性》（*On Certainty*）處理的是知識、確定性和懷疑論的問題。這本書的一半寫於維根斯坦生命的最後6週；最後一條評論甚至是在他去世前兩天寫的。《關於顏色的評論》（*Remarks on Colour*）關注顏色的本性，主要是受到歌德的顏色理論激發而寫成的。《關於心理學哲學的最後著作》第二卷繼續反思1946-1949年就埋頭研究的心理學哲學；其中最後的3條評論來自於維根斯坦離世的前兩句。

當維根斯坦得知自己身患絕症時，他對「自己可能在醫院裡度過生命的最後日子表現出一種極度的厭惡甚至害怕」（Malcolm, 1984: 80）。他的醫生愛德華·貝文博士（Dr. Edward Bevan）熱情地邀請他到自己在劍橋的家裡作客度過生命中的最後兩個月。在維根斯坦辭世前的最後一個晚上，在失去意識之前，當他被告知朋

友們正在來看望他的路上，他說：「告訴他們，我度過了美好的一生！」1951 年 4 月 29 日，他離開了這個世界。

七、本書寫作計畫

為一位偉大哲學家的工作寫導論性著作，必定是有所取捨的。它必定會對許多在學術上引起爭論的問題輕描淡寫。我的目標是維根斯坦哲學中最重要也是最具有影響力的成分，討論他生命中每個時期的著作。我並不試圖給出一個關於他著作的學術爭論的廣泛的線索，只是標誌某些關鍵引導，這些指引提示了學界解釋維根斯坦哲學的許多意義重要的學術分歧。每一章後面的延伸閱讀建議，幫助有興趣的讀者追蹤那些爭論。下面的簡要描述為每一章的內容提供一個指引。

18

第二章和第三章處理的是維根斯坦的前期作品《邏輯哲學論叢》。第二章描述了在《邏輯哲學論叢》中獲得完善的關於語言和思想的解釋——著名的表徵的圖像論——對邏輯和分析的說明與圖像論環環相扣。第三章著重考慮的是《邏輯哲學論叢》開篇提出的形而上學評論。該章探討維根斯坦關於「存在某些不能用語言表述的事物」，但是可以「使其自身顯示」的觀點（TLP: 6. 522）。

第四章處理的是從《邏輯哲學論叢》到《哲學研究》的過渡。該章涵蓋了維根斯坦在《哲學研究》前面大概 100 個小節中對《邏輯哲學論叢》中關於語言和意義的核心學說的哲學分析方案的批判。在《邏輯哲學論叢》與維根斯坦的後期著作之間仍然存在某些重要的連續性。但是，正是他自己在《哲學研究》的前言中所說的：「自從我 16 年前重新開始從事哲學以來，我不得不認識到我寫在那第一本書裡的思想包含有嚴重的錯誤。」（PI, p. viii）馬爾科姆是這樣描述的：

> 維根斯坦頻繁地對我說《邏輯哲學論叢》的貶抑之辭，（儘
> 管）他仍然認爲這是一部重要的著作……有一次他告訴我他實
> 際上認爲，在《邏輯哲學論叢》中他業已提供了對一個觀點的完
> 美説明，而這是一個從在他後期著作看來的唯一替代性的觀點。
>
> （Malcolm, 1984: 58）

　　第五至第八章處理的是維根斯坦的後期哲學：他 1929 年回到
哲學領域之後的工作。第五章和第八章側重於《哲學研究》中所包
含的觀點——儘管這兩章內容也顯著地吸收了維根斯坦其他著作中
的觀點。第七章和第八章集中關注維根斯坦在《哲學研究》裡任何
程度內都沒有探討過的許多方面的思想。

　　第五章關注意向性和遵守規則問題。思想的意向性——其表徵
對象和事態的特性——是維根斯坦 1930 年代開始的寫作的最為關
注的核心問題：他問道，當我想要一個蘋果時，是什麼使得那就是
我想要的某個蘋果？當我期待瓊斯下午 3 點到達時，是什麼使得那
個我所期待到來的人是瓊斯，又是什麼使得我期望他所做的事情是
下午 3 點到達？在《哲學研究》及後來的著作中，這些問題得到了
著重描述。維根斯坦對遵守規則的探討在《哲學研究》中占據一個
中心位置。這個問題占據了該書的 §143-242 這些小節，在《哲學
研究》前半部對語言、意義與理解的探討與後半部對心靈哲學主題
的探討之間架起了一座橋梁。這些段落構成了後來 30 年的解釋性
爭論和哲學學理性爭論的一個核心話題。作為維根斯坦對數學哲學
的反思的領域，這些段落也是值得注意的，它們是他自己準備拿出
來出版的著作中最為可見的部分。在本書裡，我不想就維根斯坦的
數學哲學展開詳細的討論，但是對遵守規則的探討包括數學哲學研
究中占有重要地位的某些議題。

　　第六章處理心靈哲學和哲學心理學，側重於《哲學研究》和

19

《心理學哲學——一些片斷》（或《哲學研究》第二部分），但是也吸收了從 1929 年到 1930 年間前斯著作和對話，以及從 1946-1949 年間寫的其他資料。本章的第一部分內容處理的是維根斯坦對感覺和感覺語言的探討，與其他資料一起被認為是《哲學研究》中著名的私有語言論證：這個論證認為沒有一種「私有的感覺語言」——一種其語詞「指涉那些只有說話中本人能夠明白——指涉他的當下私有感覺」的語言（PI,§243）。第二部分探討維根斯坦對兩個心理學家的核心思想的回應，他們的著作特別在當時具有特別的影響力：威廉・詹姆士（William James）和沃夫岡・柯勒（Wolfgang Köhler）。

　　第七章探討《論確定性》，這是維根斯坦去世前幾個月寫下的一部關於知識和確定性的評論集。近年來，《論確定性》引起了學界的極大興趣。之所以如此，部分可以從當代哲學中關於知識和懷疑論的問題的興趣的復興中得到解釋。這本書也反映了學界們對維根斯坦後斯著作的興趣的持續增長。

　　第八章處理兩個互相連繫的話題：維根斯坦的宗教生物學和他對儀式、禮節的看法——對那些有關人類學和社會科學的看法。這些話題沒有一個在維根斯坦的著述中是非常突出的。但是他在這些話題上的看法吸引了大量的研究興趣，這些興趣來自於哲學家，也來自於其他學科的專家。我在這裡把它們算在內，是因為維根斯坦對這些話題的看法在學院哲學之外擁有一個特別的影響，特別是這些看法還可能吸引了普通讀者的注意力。

　　第 9 章反思維根斯坦的觀點對哲學以及其他領域的影響力。

八、小結

　　維根斯坦出生在一個非常富有的家庭裡，家人也大多才華橫溢。他的早年生活表明他並沒有對哲學產生特別的興趣；他在學校

裡的表現也談不上出類拔萃。他從 10 幾歲到 20 幾歲之間曾經有一段心神不寧、悶悶不樂的時期，基於此，他試圖尋找到一個能夠真正讓自己安身立命的事業。他對哲學的涉足受到他在研讀弗雷格與羅素的著作過程中所產生的對數學基礎問題的興趣激發。他從 1911年到 1913 年在劍橋的早期歲月是他的人生當中的一個關鍵階段，正是在那段時期，他專注於跟著羅素研習邏輯和語言方面的問題。維根斯坦的早期手稿《邏輯哲學論叢》，是從他在劍橋時的工作中發展起來的，當他在第一次世界大戰中當兵作戰時，他完成了這部著作，並於 1921 年得以出版。他在劍橋和維也納的哲學界產生了持久的影響，這種影響力奠定了維根斯坦身為一位最深刻的哲學家和最輝煌的思想家的聲譽。完成《邏輯哲學論叢》之後，維根斯坦從哲學中全身而退長達 10 年之久：對於哲學，他不再擁有「一種強大的內在驅動」；他的「思想之泉已經枯竭」。1929 年他又回到了哲學領域，在接下來的 18 年時間裡他的哲學生涯基本上都是在劍橋度過的，在那裡他起初當一個講師，自 1939 年起擔任哲學教授──1941-1944 年二戰期間由於參與戰時工作，中斷了幾年。在這些後期歲月裡，他放棄了前期在《邏輯哲學論叢》中的許多理論。他發展出一種關於語言和意義的新的看法，以及一種關於所能達到的哲學理解的新的觀念。他在心靈哲學和數學哲學方面寫了題材廣泛的著作。然而，在他生前這些著作無一得到出版。1947 年，他完成了《哲學研究》的寫作，正好那一年，他辭去了劍橋大學的教授職位。後來以《心理學哲學──一些片斷》（在較早的版本裡被稱為《哲學研究》第二部分）為名出版的打字稿，完成於 1949年。維特根斯坦晚年健康惡化，疾病纏身。但是他仍然在哲學研究的第一線奮戰，直到 1951 年離世。《哲學研究》在他去世之後的 1953 年得以出版，正如他在 30 年前的《邏輯哲學論叢》一樣，立即被公認為當代哲學的經典之作。從那以後，維根斯坦的許多打字

21

稿和筆記以書的形式出版。所有這些著作如今都有了電子版。

九、延伸閱讀

　　有兩部關於維根斯坦的優秀傳記；我在寫作本章時極度依賴於它們。其中一部寫到《邏輯哲學論叢》出版的時期：

McGuinness, B. (1988), *Wittgenstein*: *A Life—Young Ludwig* 1889-1921, London: Duckworh; reprinted, Harmondsworth: Penguin Book, 1990.

　　另外一本一流的傳記涵蓋了維根斯坦的一生：

Monk, R. (1990), *Wittgenstein*: *The Duty of Genius*, London: Jonathan Cape.

　　維根斯坦一生中各個階段的朋友們寫了許多關於維根斯坦的回憶錄。這些回憶錄提供了關於他的一個活靈活現的印象，表明維根斯坦對身邊的人產生了有力的影響。特別可以參看：

Malcolm, N. (1984), *Ludwig Wittgentstein*: *A Memoir*, 2nd edition, Oxford: Oxford University Press.

Englemann, P. (1967), *Letters from Ludwig Wittgenstein with a Memoir*, ed. B. Mcguinness, trans. L. Furtmüller, Oxford: Blackwell.

　　馬爾科姆的回憶錄也包括由維根斯坦其他朋友寫的簡傳：

von Wright, G. H. (1955), "Ludwig Wittgenstein: A Biographical Sketch", *Philosophical Review* 64: 527-45.

　　還有一些個人回憶錄，包括維根斯坦姊姊赫密娜的回憶，包含在下列文獻中：

Rhees, R. (ed.) (1981), *Ludwig Wittgenstein*: *Personal Recollections*, Oxford: Blackwell.

　　為給 20 世紀早期維也納的學術和文化環境及其對維根斯坦思想的影響提供一個有助益的說明，參看：

Janik, A. and Toulmin, S. (1973), *Wittgenstein's Vienna*, London: Weidenfeld and Nicolson.

維根斯坦的大量信件得以保存下來。這些信件是歷史資訊的有用源泉。它們也為我們了解維根斯坦的個性、感情、他與朋友們的關係，以及他對自己工作的看法提供了一個很好的參考。維根斯坦與羅素、莫爾、凱因斯和他在劍橋的其他朋友、同事的通信，以及他們對維根斯坦的回信方面有一部綜合的文集，參看：

B. McGuinness (ed.) (2008), *Wittgenstein in Cambridge*: *Letters and Documents* 1911-51, Oxford Blackwell.

22

恩格曼和馬爾科姆的回憶錄（見上）包括他們各自從維根斯坦那裡收到的回信。維根斯坦寫給馮‧賴特（G. H. von Wright）的信收在：

Klagge, J. and Nordmann, A. (eds.) (1993), *Ludwig Wittgenstein, Philosophical Occasions* 1912-1951, Indianapolis: Hackett Publishing Company.

維根斯坦寫給馬爾科姆和馮‧賴特的書信大多也在馬吉尼斯（McGuinness）的 *Wittgenstein in Cambridge* 一書中了。

了解維根斯坦著述的完整編目，參看：

von Wright, G. H. (1993), "the Wittgenstein Papers", in Wittgenstein, *Philosophical Occasions.*

讀者朋友們若想查閱關於維根斯坦工作的其他一卷本導論，請參看：

Fogelin, R. (1995), *Wittgenstein*, 2nd edition, London: Routledge.

Kenny, A. (2006), *Wittgenstein*, revised edition, Oxford: Blackwell.

Schroeder, S. (2006), *Wittgenstein*: *The Way Out of the Fly-Bottle*, Cambridge: Polity.

Schulte, J. (1992), *Wittgenstein*, trans. W. Brenner and J. Holley, Albany, NY: SUNY Press.

Chapter ②

《邏輯哲學論叢》：
語言與邏輯

23　　《邏輯哲學論叢》處理一連串彼此相連的哲學問題：實在的本性、我們如何在語言和思想中表徵世界、邏輯，諸如此類。該書對這些問題的探討在許多地方與其他哲學家的觀點相關：最值得留意的是弗雷格和羅素。不過，《邏輯哲學論叢》不同於任何其他的哲學著作：這與其說是由於其所包含的觀點，不如說是因於它的風格和行文方式。該書的陳述是簡潔扼要的，也是格言式的，只有少數地方會提供一個最小限度的解釋和支持論證。該書並非由連續的散文式文句寫成，而是由一個接一個的簡短段落構成，這些段落被排列在一種 10 進位數字系統中，這種 10 進位「表明這些命題的邏輯重要性和在（維根斯坦）的敘述中對它們的強調」（TLP: p.5，註腳）。但是《邏輯哲學論叢》儘管有著一種讓人望而卻步的表述方式，它的實際內容則不會像乍看起來那樣給人一種陌生感。

　　《邏輯哲學論叢》的 7 個主要命題——以整數 1-7 來標示的命題——是這樣的：

　　1. 世界是一切發生的事情。

　　2. 發生的事情，即事實，就是諸事態的存在。

　　3. 事實的邏輯圖像是思想。

　　4. 思想是有意義的命題。

　　5. 命題是基本命題的真值函數。

　　　（基本命題是其自身的真值函數。）

　　6. 真值函數的一般形式是（p, ξ, N[ξ]）。

　　7. 對於不可說的東西我們必須保持沉默。

　　這個命題清單——其中的每一個評論彼此相連，並且以特定的思路從前面的命題中引申出來——闡明了維根斯坦認真細緻的表達技巧。同時它也提供我們《邏輯哲學論叢》中 4 個最直接的主題的跡象：

24　　　・實在

· 思想與語言

· 邏輯與從複合命題到基本命題的分析

· 語言可以表達之物的界限

本章主要關注《邏輯哲學論叢》對表徵、邏輯和分析的說明。第 3 章我們還要再來考慮維根斯坦對實在和語言限度的探討。

一、表徵

維根斯坦寫道：「命題是實在的圖像。」（TLP: 4. 01）他承認，「乍看起來，一個命題——例如：印在紙上的某個命題——不像是它所論及的實在的一個圖像。」（TLP: 4. 011）不過他仍然堅持認為，當我們理解命題是如何表徵實在時，我們將會看到，一個命題就是一幅圖像：命題在其中表徵實在的方式，本質與圖像在其中表徵實在的方式是一樣的。這一點正是隱藏在《邏輯哲學論叢》對語詞意義說明後面的基本直覺。因此，要理解這個說明，我們必須首先理解維根斯坦對圖像的一般說明；然後我們才能看到他是如何把這種說明運用到語言的實例之中的。

維根斯坦的圖像表徵理論是這樣得到簡明闡述的：

2. 12　圖像是實在的一種模型。

2. 13　在圖像中，圖像的要素與對象相對應。

2. 131 在圖像中，圖像的要素代表對象。

2. 14　圖像的要素以一定的方式相互關聯從而成為圖像。

2. 141 圖像是一種事實。

2. 15　圖像的要素以一定的方式相互關聯，這表明事物也是以同樣的方式相互關聯的。

我們可以突出這個說明的本質特徵。第一，每一個圖像要素都與它所描繪的場景的因素相對應。因此，例如：我房間牆上一幅圖畫的表面上一個特定的斑點，與一個特定的要素相對應；另外一個

25

斑點則對應著另外的一個人。第二,圖像的要素是以特定的方式得到排列,這種方式表徵了以同樣的方式得到排列的世界中的要素。如果世界的要素實際上不是以那種方式得到排列的,那麼圖像便是錯的,或者是假的。例如:圖畫中對應第一個人的斑點,它處於對應第二個人的斑點的左邊那個位置,這個事實表徵了第一個人站在第二個人的左邊那個位置。如果第一個人正如圖畫所表徵的場合那樣,事實上就站在第二個人的左邊,那麼圖像就是正確的——至少在那個方面來看是如此。第三個關鍵性的特徵是,正如維根斯坦所指的「圖像包含它所表徵的善的可能性」(2.203);如果某種狀況被表徵在一個圖像當中,那麼它對於那種狀況是可能獲取的;但是它不能表徵一種無法獲取的——一種不可能的狀況。

維根斯坦認為,對圖像表徵的這種說明抓住了所有表徵現象的本質。這種表徵在日常意義上運用到圖像之中。但是,他認為,它也適用於立體模型、地圖、樂譜以及所有其他類型的表徵。例如:在樂譜中,五線譜上的標記對應於樂曲中的各個音符;書寫音符的排列代表了樂曲中相同的音符排列;樂譜不能代表不可能的音符排列或組合。維根斯坦認為,對這種表徵的說明,可以十分恰當地運用到命題中去。因而,他對圖像表徵的一般說明的每一個特徵,都是他對命題之說明的準確反映:

4.01 命題是實在的圖像。

命題是我們想像的實在的模型。

3.22 名稱在命題中代表對象。

3.14 命題記號的構成,在於其中的要素(語詞)是以一種方式相互關聯的。

命題記號即是事實。

3.21 簡單記號在命題記號中的配置,對應於對象在情況中的配置。

維根斯坦認為，圖像的 3 個本質特徵，可以直接運用到命題當 26
中。第一，命題中的每一個要素——每一個語詞——都對應於這個
命題所表徵的情況中的一個要素——對象。第二，語詞以特定的方
式排列表徵了一個事實，即相應的對象以同樣的方式得到排列：當
對象以同樣的方式排列時，命題便是真的；當對象並非以那種方式
排列時，命題便是假的。第三，命題不能表徵一個不可能的情況：

> 在語言中不能表徵任何「違背邏輯」的東西，就像在幾何學中
> 不能用座標來表徵違反空間規律的圖形，或者給出一個並不存
> 在的點的座標一樣。
>
> （TLP: 3. 032）

命題是一幅圖像的觀點得到像這樣簡明的表述，我們就很輕易
地想知道關於這種觀點究竟有什麼饒有趣味或者意義深刻之處；這
個觀點又可以為我們理解語言的功能提供多大助益呢？對於圖像理
論的內容或重要性，要想得到一個較為明晰的感覺，我們需要理解
這種理論針對的問題是什麼意思；它與之前的時代所提出的對意思
的說明又有多大的不同之處；圖像與命題之間存在的被假定能起作
用的類似之處又是多大程度上的。我們可以依次檢視這些問題。

1. 命題表徵的問題

維根斯坦寫道：「一個命題為我們傳達一種情況。」（TLP:
4. 03）但是，命題是如何傳達情況的？一個命題與它所傳達的情況
之間，又是一種什麼樣的連繫？

在考慮語言與實在的關係時，自然而然就會從考慮名稱與它
所命名的東西之間的關係開始。因為後面這種關係似乎能相對容易
得到理解：一個名稱是透過代表一個對象而起作用的，而這看起來

較為容易看到名稱涉及哪些東西。但是，一個命題與它所傳達的情況之間的關係，跟一個名稱與它所命名的對象之間的關係比起來，有著根本的差異。第一個差異是，為了理解一個新的或者不熟悉的名稱，我們必須解釋它的意義；我們必須知道它所代表的是什麼樣的對象。但是，無需向我們解釋一個命題的意義，我們也可以理解一個新的命題。正如維根斯坦指出：「無需向我們解釋，我們也能理解一個命題記號的含義。」（TLP: 4. 02）「命題能夠傳達新的含義，而這一點屬於命題的本質。」（TLP: 4. 027）但是如果命題與實在之間跟名稱與對象之間發生連繫的方式相同——透過各自地與實在中的因素相配屬——那是不可能的。第二個差異是，一個命題即使是假的，它仍然可能完全有意義。但是要看到，如果命題是與名稱相同的方式與實在發生連繫的，那就會很難被理解。一個名稱的有意義性在於它代表了一個對象。因此一個根本沒有代表對象的名稱——也就是一個空名——是沒有意義的。（不管怎樣，這就是維根斯坦與羅素共有的一個觀點。）現在假設一個命題是以名稱那樣的方式起作用的，也就是透過代表一個世界中的對象來起作用。然後來考慮「苔絲狄蒙娜愛凱西奧」（Desdemona loves Cassio）這個命題。如果這個命題是真的——也就是苔絲狄蒙娜的確愛凱西奧——那麼世界上存在一個事態，它與這個命題相對應：這個事態就是苔絲狄蒙娜愛著凱西奧這個事態。因此，我們能夠設想，「苔絲狄蒙娜愛凱西奧」這個命題意指憑藉他代表那個事態所做的事情。但是，如果這個命題是假的，那會是什麼樣子？在這種情況下，並不存在苔絲狄蒙娜愛凱西奧這個事態；世界上並沒有任何東西是這個命題所代表的對象。因此，如果一個命題的有意義性在於它代表世界當中的一個對象，那麼「苔絲狄蒙娜愛凱西奧」這個命題便毫無意義。但是這種結論是荒謬的；顯然它是一個無須為真就可以有意義的命題。那麼，出於這些理由——無須向我們解釋一個

新命題的意義我們也能理解它這一事實，以及命題儘管為假，但它仍然有意義這一事實，命題與實在的連繫，不能跟名稱與實在的連繫以相同的方式而起作用。那麼，它是如何起作用的呢？

　　1912年，維根斯坦抵達劍橋。那時，羅素認為自己已經取得了以下問題的研究結果：「判斷的多重關係理論」（Russell, 1910; Russell, 1912: ch. 12）。（羅素把他的觀點作為對判斷或信念的說明而非對語言意義的說明提出來。為了目前的目標，我們暫且將這種區別掩蓋起來。）假設奧賽羅相信苔絲狄蒙娜愛凱西奧。這個信念是錯的；苔絲狄蒙娜並不愛凱西奧。因此，正如我們所看到的那樣，奧賽羅的信念無法涉及獲取奧賽羅與苔絲狄蒙娜愛凱西奧這個事態之間的關係；並沒有這樣的一個事態。取而代之的是，羅素提出，奧賽羅的信念涉及他自己與他所相信的實體之間的某種關係，而這種實體就是：苔絲狄蒙娜與凱西奧之間的愛情關係。羅素指出，相信的關係，將持有這個信念的人（奧賽羅）與這個信念的對象（苔絲狄蒙娜、愛、凱西奧）「交織在一起」了。這種關係能夠將奧賽羅與那些對象交織起來，不管這些對象事實上是否以他所相信的那樣發生了連繫。如果苔絲狄蒙娜真的透過愛的關係而與凱西奧發生了連繫，那麼奧賽羅的信念便是真的；否則他的信念便是假的。但即使這個信念是假的，它仍然具有明確的內容。

　　羅素的解釋試圖回答這樣的一個問題，即一個命題或信念如何能夠有意義，但它卻是假的。然而，維根斯坦認為，這個問題本身也是不能令人接受的。第一個反駁是，羅素把判斷當作「一個複雜的整體」（Russell, 1912: 73），一個「複雜的對象」或者一個「複雜的單位」（Russell, 1912: 74）；它是一個由判斷的主體（比如奧賽羅）及他所相信的對象（比如苔絲狄蒙娜、愛、凱西奧）所構成的。但是，在維根斯坦看來，一個複雜的對象並沒有重要意義：它

28

不能說或者呈現任何發生的實情。別忘了，我們可以把任何的語詞連結起來，組成一個複雜的對象──比如，組成一個像「奧賽羅苔絲狄蒙娜凱西奧相信愛情」這樣的一個複雜對象──但是這個對象並沒有說出任何東西。因此命題必須與諸如此類的複雜對象區別來看。但是在羅素的理論中，並沒有告訴我們關於這種區別的任何東西。因此羅素的理論不能解釋命題是如何表達情況的：它如何順利地說出某些東西。

　　維根斯坦提出了對羅素理論的第二個反駁，他是這麼說的：「對命題形式『A 作出 p 這個判斷』的正確解釋必須表明：使判斷成為一種無意義是不可能的。（羅素的理論不滿足這個條件。）」（TLP: 5. 5422）羅素假設，一個作為複合體的判斷是由作出這個判斷的人以及他所判斷的對象所構成的。但是，由什麼來保證這個判斷能夠以對於對象而言是真正可能的方式將對象「編織到一起」呢？什麼可以避免我作出愛苔絲狄蒙娜的凱西奧這個判斷，避免我作出這張桌子筆架這本書這個判斷（參見 NL: 103）？維根斯坦認為，判斷一種像這樣的無意義的資料，這顯然是不可能做到的。但是，他認為，羅素的理論無法解釋為什麼這是不可能做到的。

　　1913 年，部分地是為了回應這些反駁，羅素修正了自己的理論。他提出，作出苔絲狄蒙娜愛凱西奧這個判斷的人，必須不僅熟悉判斷的對象（苔絲狄蒙娜、愛和凱西奧），還要熟悉「苔絲狄蒙娜愛凱西奧」這個複合句的「形式」──「其中各種要素連結成這個複合句的方法」（Russell, 1913: 98）。羅素提出，為了理解「苔絲狄蒙娜愛凱西奧」這個命題，我們必須知道作為組成部分的諸對象──苔絲狄蒙娜、凱西奧以及愛情關係──「假定做了哪些事情」（Russell, 1913: 116）。如果我們熟悉了這個複合句的形式，那麼我們就有了一個對象與另一個對象相連繫的一般觀念。將苔絲狄蒙娜和凱西奧都是對象這個知識，以及愛情是一種關係這個知識

連結起來，就會承認我們理解了「苔絲狄蒙娜愛凱西奧」這個命題，不管這個命題是不是真的。使我們不可能理解「愛苔絲狄蒙娜的凱西奧」這個「命題」的東西，是其中的各個組成部分未能以一個對象與另一個對象發生連繫的形式「匹配」起來：因為愛不是一個對象，苔絲狄蒙娜也不是一種關係。

然而，在維根斯坦看來，羅素對這個理論的修正並不比之前的那個版本更成功。原因之一是，修正後的觀點仍然把命題看做一個複合體。因此，維根斯坦認為，一個複合對象並沒有說出對象的實際情況，在這一點上它仍然是易受攻擊的。原因之二是，羅素的新理論涉及對親知邏輯形式和邏輯對象的觀念——「邏輯直覺」（Russell, 1913: 101）的觀念。羅素認為，為了理解一個命題，我們必須熟悉這個命題所表示的複合體的純粹邏輯形式。並且，為了理解諸如「或者」、「並非」、「所有」、「一些」這樣的語詞，我們必須熟悉它們所指示的邏輯對象（Russell, 1913: 101）。但是在維根斯坦看來，並不存在邏輯對象（我們將下面第二節看到這個原則是如何充滿了他對邏輯命題的處理的）。並不存在一個邏輯形式和邏輯對象的王國，這一點與經驗世界沒有類比性，它們只在於對經驗世界某個超越之處。為了理解邏輯或者命題或者是日常命題，也並不存在作為很必要條件的邏輯經驗。關於邏輯，維根斯坦是這樣說的：

我們為了理解邏輯所需要的「經驗」，不是某物是如何如何的，而是某物存在：但這恰恰不是經驗。

邏輯先於任何經驗——某物是如此這般的。

（TLP: 5. 552）

在談到日常命題時，他說：「理解一個命題的組成部分就是理　30

解這個命題」（TLP: 4. 024）是我要理解「苔絲狄蒙娜愛凱西奧」這個命題，我們就必須理解語詞「苔絲狄蒙娜」、「愛」、「凱西奧」；但是我們並非也需要對邏輯形式的熟悉。羅素經過修正的理論依賴於邏輯形式和邏輯對象的世界，還要訴諸邏輯直覺的能力，而這恰恰是維根斯坦斷然拒斥的。

2. 命題即圖像

圖像理論是如何應對羅素的說明所面臨的問題的？第一個問題便是，羅素的理論把命題視為複雜對象，僅僅是一個更複雜的對象——「語詞的混合」（TLP: 3. 141）或者「一組語詞」（TLP: 3. 142）——並沒有說出任何東西。維根斯坦對這個問題的回答是他的「命題記號是一個事實」（TLP: 3. 14）這個觀點。他認為，命題中的諸因素以它們實際所是的方式排列，這個事實表現了，對象也是以與此對應的方式排列起來的。維根斯坦正是以這種方式強調了名稱有意義的方式與命題有意義的方式之間的根本區別所在，這一區別「被通常的書寫和印刷的表達形式弄得模糊不清。因為，例如：在一個印刷出來的命題中，命題記號和語詞之間看起來並沒有重大差別」（TLP: 3. 143）。

但是他堅持認為，這一區別是至關緊要的。一個名稱，或者一組名稱，或者一個複合的名稱，並不傳達任何的意思；它無法說出任何的事實情況（參看 TLP: 3. 142-3. 143）。能夠做到這一點的是這樣一個事實，即命題的諸要素以某種特定方式互相關聯這一事實。比如在「苔絲狄蒙娜愛凱西奧」這個命題中，就是「苔絲狄蒙娜」這個名稱與「凱西奧」這個名稱以苔絲狄蒙娜愛凱西奧所表現的方式連繫起來這一事實。（在維根斯坦那裡，名稱「苔絲狄蒙娜」與名稱「凱西奧」在「苔絲狄蒙娜愛凱西奧」這個命題中如何連繫起來的？不同的研究者對此提出了不同的回答。不過這裡有一

個似乎可行的提示：「苔絲狄蒙娜」代表了語詞「愛」左邊的部分，而「凱西奧」代表了語詞「愛」右邊的那部分，這一事實說明了苔絲狄蒙娜愛凱西奧。）

根據維根斯坦，羅素的說明所遇到的第二個問題是，它未能解釋判斷一個無意義的命題為何是不可能的。維根斯坦自己的理論是如何解釋這一點的呢？如果說命題就是圖像，那是什麼東西避免它描繪了不可能之物的圖像？在立體模型的情況下，很容易回答為什麼我們無法表徵一個不可能的事態。假設我們使用模型汽車來表示一次交通事故中的真實汽車的相對位置。（維根斯坦說過，命題是實在的圖像這一觀點來自他在報紙上看到巴黎有一則關於交通事故的訴訟。而這次事態就是以模型汽車、木偶之類的東西來表示的〔參見 NB: 7; von Wright, 1955: 8〕。）在這裡，被表現的事態的要素，即汽車，是物理對象。而模型中的要素，即模型汽車，也是物理對象。正是這個事實，即模型中的要素與它們所表示的對象屬於同一種類型的事物，這個事實確保了表徵性的要素無法被對於它們所表徵對象來說不可能的方式所排列出來。比如，我們無法使用模型汽車來表示處於完全相同時間相同地點的兩輛汽車的不可能出現的事態。出於同樣的原因，兩輛真實的汽車也不可能在相同時間占據相同的位置，這是由它們的物理本性所決定的。然而，就語言表徵而言，並不是那麼容易看到，是什麼規則用那種對於語言所對應的事物來說不可能的方式來組合語詞的。我們無法做出一個立體模型來顯示兩輛汽車在同一時間處於同一位置。但是我們可以說出「汽車 A 和汽車 B 在同一時間完全處於同一位置」這句話。這就是一個關於不可能存在的事態的命題嗎？維根斯坦對此持否定意見。我們需要理解是什麼規則得出這種語句的。

在《筆記：1914-1916》中，維根斯坦寫道：「一個名稱代表一個事物，另一個名稱代表另一個事物，這兩個名稱自身是互相

31

關聯的：以這種方式——就像一幅真人畫——整個的圖像就是環境。」（NB: 26；試比較 TLP: 4. 0311）。這是圖像理論的一個簡明陳述。那段話接著說道：

> （名稱之間的）邏輯連繫當然必須是對於名稱所代表的事物之間可能的那種連繫，如果名稱真正是事物的代表，情況總會如此。
>
> （NB: 26，著重號是引者加的）

維根斯坦認為，如果名稱「真正是事物的代表」，那麼它們就無法以對於「名稱所代表的事物之間」不可能的方式所連結起來的。因此，為了讓一個語詞作為一個對象的名稱而起作用——成為那個對象的代表——這個語詞應當與對象相連繫，仍然是不夠的。它必須以一種遵守對象的連結上的可能性的方式被使用。如果我們以對於那些名稱假定所代表的對象來說不可能的方式來連結語詞，那麼我們就根本無法將語詞用作對象的名稱。但是，是什麼東西確保了我們對語詞的使用必須遵守這些語詞所對應對象的連結上的可能性呢？是什麼東西避免了讓我們以它們所命名的對象不可能的方式來連結名稱呢？

我們可以區分一個人回答這個問題時也許會採取的兩種一般的方法：一種是「由下往上」的方法，另一種是「由上往下」的方法。在由下往上的方法中，我們會從確認每一個被命名的對象著手。然後我們來確定它們的本性，也就是它與其他對象在事態所連結起來的可能性。這就意味著我們可以確保將對象的名稱僅僅是透過遵守對象在連結上的可能性的方式，與其他名稱連結起來。因此我們就滿足了維根斯坦關於把語詞用作對象的代表這一條件。而由上往下的方法則與此相反，名稱與對象的關係，與科學理論中的術語與這一理論所談論的對象之間的關係更為相似。讓我們來考慮「夸克」

（quark）這個術語，它指涉物理學上的一種基本粒子。「夸克」
這個語詞是被作為整個關於事物的終極成分的理論之部分而引進來
的。這個理論包括了各種各樣粒子的語詞，它包括了關於那些粒子
的活動的概括，也包括了關於它們與其他粒子及其他物理現象之關
係，諸如此類。整個理論規定夸克是什麼東西；它是一種在該理論
中對其特性有所陳述的粒子。因此，憑藉其在整個理論中的位置，
「夸克」命名了它所是的那一類粒子。由上往下的模型以與此類似
的方式看待《邏輯哲學論叢》中所說的名稱與對象的關係。我們的
日常語言是一種關於世界的「理論」。所有真命題的總和隱含地定
義了當我們使用日常語言時正在談論的對象的本性和身分。憑藉其
在整個「理論」中的位置，日常語言為自己所揀出的對象提供了名
稱。如果我們採取這種觀點，那麼對於「是什麼東西確保了我們僅
僅以對於相應對象來說可能的方式連結名稱」這個問題就誤置了。
在科學理論的情形中，詢問是什麼確保了語詞「夸克」、「輕粒
子」（lepton）、「質子」（proton）、「中子」（neutron）僅僅是
以它們對相應的粒子可能的方式連結起來，根本沒有擊中要害。因
為這些語詞就是以它們所是的方式連結起來的，也就是以那種對相
應的粒子來說是可能的方式連結起來，而這些語詞正是用來將那些
粒子揀出來；這是這一點，使得這個理論成為關於夸克、輕粒子、
質子、中子及其他物質的理論的一部分。與此類似，在《邏輯哲學
論叢》中關於名稱的由上往下的觀點看來，正是因為語詞是以它們
所是的方式連結起來的，它們作為對象的名稱而起作用：那些對象
在連結上的可能性被名稱在連結上的可能性反映出來了。以這個觀
點看來，並不存在這樣一個問題：首先確定一個對象，然後需要確
保我們僅僅以遵守它在連結上的可能性的方式來使用其名稱。

　　維根斯坦在《邏輯哲學論叢》中，採取的是哪一種方法呢？
他是否認為名稱是以一種由下往上的或者由上往下的方式與對象相

33

互關聯的呢？維根斯坦並沒說過他所說的對象是哪一類實體；他也從未為對象舉出任何實例，也從未為名稱舉出任何實例。他認為，要這樣做，就需要一個邏輯分析過程，從我們日常語言的語句中得到由簡單對象的名稱所組成的基本命題。並且，他並不了解這種分析過程的終點何在。正如他後來評論《邏輯哲學論叢》時所指出的：「我曾經相信……邏輯分析的任務就是發現某些基本命題……我（認為）基本命題可以在日後的某個時刻得到詳細規定。」（WVC: 182）因此，似乎可以說維根斯坦幾乎沒有說出什麼東西有助於我們回答他到底採取的是由下往上的方法還是由上往下的方法。但是，事實上仍然有很好的理由認為，維根斯坦並不將名稱與對象的關係以一種由下往上的方式構想出來。

如果《邏輯哲學論叢》裡的對象是認識的對象，也就是那些我們在感覺中遇到的事情，那麼由下往上的模型是恰如其分的。我們感覺到一個對象，給它一個名稱；我們以遵守對象在連結上的可能性的方式繼續使用這個名稱。但是維根斯坦並不認為《邏輯哲學論叢》中的對象是那種我們透過感覺認識而得知的事物。他說：「如果給出了一個對象，那麼就同時給出了所有對象。」（TLP: 5. 524）但是，如果《邏輯哲學論叢》中的對象是那種感覺親知對象，就會難以理解這句話的意思了。因為如果某人在感覺上親知了某些對象，那麼他就與此同時在感覺上親知了所有對象，這毫無疑問是不對的。在由上往下的方法中，維根斯坦的這個評論能夠得到更好的理解。從那個觀點看來，一個人是透過掌握一門包含了該對象的一個名稱的語言來知道一個對象的——正如某人透過掌握包括了「夸克」這個術語的理論從而知道一個夸克一樣。此外，也好像是在掌握一門科學理論過程中，某人同時學會了這門科學所講到的所有種類的實體，因此在某種意義上，當某人掌握了整個語言時，他因此就會逐漸同時知道這門語言所命名的所有對象。

　　支持對《邏輯哲學論叢》的由上往下解讀的另一個考慮是，圖像論是關於表徵的一般理論，它所提供的解釋被認為不僅運用於語言，還運用於思想。語句是事態的圖像；語句是由與對象互相關聯的名稱所構成的。維根斯坦認為，思想也是以這種方式而成為事態的圖像的；思想由一些簡單的精神性要素構成，它們就像名稱一樣，與簡單對象互相關聯。因此，圖像的要素是如何與它們所表徵的對象相配屬的，這個問題從思想的精神性成分中產生，正如它會從名稱中產生一樣。但是，很難看到名稱對對象的配屬的由下往上的模式可以轉換到思想的情形中。在維根斯坦看來，思考一個對象 a，就涉及在某人關於某些精神性要素 α 在心智中的在場，而這個 α 是作為 a 的代表而起作用的。α 是如何達到對 a 的表徵的呢？那種由下往上的模式提出，我們必須首先確認 a，然後以一種遵守 a 在連結上的可能性的方式使用 α。但是為了確認 a，我們必須已經以某種方式思考過 a；我們的心智必須已經包含某些精神性要素 β，而這個 β 就是作為 a 的代表而起作用的。但是，β 與 a 之間的關係又是如何建立起來的呢？如果這種關係是以由下往上的方式建立起來的，我們必須已經擁有了其他某些思考 a 的方式。以此類推，無可窮盡。因此，由下往上的模式似乎不能解釋精神性因素與它們所表徵的對象之間的連繫。於是再一次表明，我們以由上往下的方式理解圖像要素與對象之間的關係，會比以由下往上的方式更好得到理解。

　　最後，命題是透過描繪事態而起作用的這個觀點，何以看起來相當合理呢？正如我們將要在第四章裡看到的那樣，維根斯坦本人最終拒斥了圖像論。對其圖像論的反駁之一便是，圖像論排他地將語言的使用集中於構造那些或真或假的陳述。但是，他逐漸意識到，我們使用語言做了大量其他的事情：為感覺或情緒提供表述、制定規則或者約定、表達道德態度或者宗教責任，諸如此類。《邏

輯哲學論叢》的意義的說明忽視了這些使用的類型；它採納了我們
對語言的一種使用，並且將之視為所有有意義的語言的範例。

35　　　但是維根斯坦並非正好逐漸認為，圖像論過於被限制於集中在
語言使用的子集上。他最終拒斥了這個甚至作為對那些建構或真或
假陳述的命題的說明的理論。因為圖像論僅僅是太過抽象了，過於
提綱挈領了，無法提供任何真正的闡明。下文這段話是維根斯坦本
人在 1930 年代前期所表達的：

> 如果我們充分地拓展圖像概念的話，任何事情都可以作為任何
> 事情的圖像。如果不是這樣，我們就必須解釋我們把對事物的
> 圖像叫做什麼，我們想要把圖像性質的一致，以及形式的一致
> 叫做什麼。
>
> 因為我所說的實際上歸納為一句話：每一項設計都必須與那些
> 被設計之物具有某些共同之處，不管設計的方法是什麼。

（PG: 163）

《邏輯哲學論叢》極少談到命題成為一個給定的事態的圖像，
從而為命題即圖像這個觀點給出一個實質性內容，還需要什麼。該
書說到「命題的可能性建立在對象以記號為其代表物這一原理基礎
上」（TLP: 4. 0312）。但是如果沒有對一個記號最終是如何成為
特定對象的代表物的詳盡說明，那就很難知道如何將這個理論運用
到我們的實際語言之中。我們已經看到，維根斯坦贊成一種「由上
往下的」觀點，基於這一觀點，語詞和對象之間的相互關聯由建立
在我們對整個語言的使用的「理論」所導致。但是關於我們實際上
使用我們的語言，是什麼使得它體現了這個「理論」呢？《邏輯哲
學論叢》未能為此問題給出詳盡的解答。它只是給出了意義說明的
一個框架。但是，這部著作極少向我們談到如何運用這種框架，以

便給出某些就像關於我們實際語言中的命題意義的一個令人滿意的說明那樣的東西。

二、分析與邏輯

1. 基本命題與複雜命題

　　按照《邏輯哲學論叢》，命題是實在的圖像。這是一個關於所有有意義命題的聲言：從每一個諸如「苔絲狄蒙娜愛凱西奧」或者「菲多正在墊子上」這樣的簡單的命題，到關於經濟學、生物學、物理學等等高度複雜的命題。但是至今為止我們所給出的關於命題即圖像的說明僅僅直接運用到所有命題中的最簡單命題當中：維根斯坦稱此類命題為「基本命題」（TLP: 4. 21-4. 22）。維根斯坦認為，基本命題是最直接可能的方式作為一個圖像的：其中包含了代表簡單對象的名稱；這些名稱以一種給定的方式代表了那些相應的對象，而名稱和對象的排列方式是相同的。但是日常語言中的命題並非由代表簡單對象的名稱所構成。從一個方面看，日常語言的命題中出現的對象的名稱——譬如人、動物、國家，諸如此類——屬於複雜對象，而非簡單對象。從另一方面看，日常語言命題中的許多語詞在表面看來並不是對象的名稱：它們是動詞、形容詞和副詞，諸如「並且」、「或者」、「但是」這樣的連接詞、數詞，諸如此類。因此，圖像論何以能夠運用到我們的日常語言和日用命題當中呢？

　　維根斯坦對此的回答是，我們的日常語言命題也是由基本命題所構成的：「假如向我給出了所有的基本命題：那麼問題只在於我能用它們構造出一些什麼樣的命題。這樣我就有了全部命題……。」（TLP: 4. 51）與此相應地，要解釋或揭示一個日常命題的意義，我們必須將之分析為其所包含的基本命題。他寫道：「顯然，對命題的分析必須達到由名稱的直接結合而組成的基本命

36

題。」（TLP: 4. 221）對於任何一個實際生活中的日常命題在細節上是如何進行分析的，維根斯坦語焉不詳。但是他認為，他的確知道這種分析必須具備一種什麼樣的一般形式。他寫道：「命題是基本命題的**眞值函數**。」（TLP: 5，著重號為引者所加）因此，不管對什麼樣的命題進行分析，都可以展示命題作為基本命題的真值函數這一點。這麼說是什麼意思呢？

　　基本命題的真值函數是一個命題依據基本命題按照這樣的方式建構起來的：這個命題的真或假僅僅依賴於那些基本命題的真或假。例如：命題「p 並且 q」是 p 和 q 這兩個基本命題的一個真值函數。命題「p 並且 q」是真還是假，僅僅取決於它的兩個組成部分即 p 和 q 這兩個基本命題是真還是假：如果這兩個基本命題都是真的，那麼這個命題便是真的；如果這兩個基本命題當中至少有一個為假，那麼這個命題便是假的。與此類似，命題「並非 p 並且並非 q 並且並非 r」是 p, q, r 這 3 個基本命題的真值函數：該命題為真，若且唯若構成該命題的 3 個基本命題均為假。並且，根據維根斯坦，每一個命題都可以用這種方式由基本命題所構成：透過用諸如「並且」、「並非」、「或者」以及「如果……那麼……」這樣的邏輯連接詞來以不同的方式結合起來。

　　維根斯坦設計了一種表示基本命題的真值函數的簡明方式──也就是真值表符號（參看 TLP: 4. 31 等處）。譬如，他透過以下的真值表來表示複雜命題「p 並且 q」。

	P	Q	
1	T	T	T
2	T	F	F
3	F	T	F
4	F	F	F

　　真值表中的每一行（從 1 到 4）代表了一個可能情況——也就是基本命題 p 和 q 的真或假的種種可能的結合方式。這個真值表告訴我們（透過最右邊那一欄的 T 和 F），在每一種情況下，它所代表的這個複雜命題是真的或者假的。因此：

　　第一行表示命題 p 和 q 皆為真的情況；真值表告訴我，在這個情況下，複雜命題是真的；

　　第二行表示命題 p 為真，但是 q 為假；在此情況下，複雜命題為假；

　　第三行表示命題 p 為假，但是 q 為真；在此情況下，複雜命題為假；

　　第四行表示命題 p 和 q 均為假；在此情況下，複雜命題為假。

　　真值表透過詳細地規定一個複雜命題在哪種情況下為真，哪種情況下為假，為複雜命題提供了一個完整的說明。在剛才給的例子中，真值表表明了如果 p 和 q 都為真，那麼這個複雜命題便是真的；如果 p 和 q 當中有一個為假或者兩個都為假，那麼它便是假的；而這裡的複雜命題是「p 並且 q」。

　　在說到「命題是基本命題的真值函數」時，維根斯坦的意思是說，每一個命題都是以同樣的方式由基本命題所建構起來的；每一個複雜命題的含義都可以透過這樣的方式得到精確表達：把它分解為作為其組成部分的基本命題，然後說出這些基本命題的真和假的哪一種組合使得這個複雜命題為真，哪一種組合又使得這個複雜命題為假。

　　然後他給出了進一步的主張：

6. 真值函數的一般形式是：$(p, \xi, N[\xi])$

這也是命題的一般形式。

6.001 它只是說明：每個命題都是連續應用運算 $N(\xi)$ 於基本命題的結果。

　　為了便於看出這個主張的要點，我們可以考慮下面這個真值表，它表示了由 3 個簡單命題—p, q 和 r 所構造的一個複雜命題：

	P	Q	R	
1	T	T	T	F
2	T	T	F	F
3	T	F	T	F
4	T	F	F	F
5	F	T	T	F
6	F	T	F	F
7	F	F	T	F
8	F	F	F	T

　　只有在其所包含的每一個簡單命題都為假的情況下，這個真值表所表示的複雜命題才是真的（第八行）。在其他所有情況下這個複雜命題都為假（第一一七行）。在日常英語中，我們會把它表示為命題「並非 p 並且並非 q 並且並非 r」，或者其等價式「既非 p 亦非 q 亦非 r」。現在我們可以透過運用連接否定的運算元從基本命題 p, q 和 r 中引出這個命題——也就是維根斯坦由符號 N(ξ) 所表示的（參見 TLP: 5. 502 等處）。（符號「ξ」〔讀作 ksy〕表示一個或更多的命題；符號「N[ξ]」表示由 ξ 代表的所有命題的否定。）並且 N(ξ) 這個運算元——連接否定的運算元——在《邏輯哲學論叢》中占據一個特殊的位置。因為到最後，僅僅使用一個簡單的連續否定運算元，我們都可能建構基本命題的任何真值函數了。（這種結果已經由美國邏輯學家薛費爾〔H. M. Sheffer〕在 1913 年證明〔參見 Sheffer, 1913〕。）例如：我們可以透過兩個階段來建構「p 或者 q」：第一階段是我們運用 N(ξ) 運算元到基本命題 p 和 q 中，

產生命題「非 p 並且非 q」；然而我們第二次運用 N(ξ)，將之運用到命題「非 p 並且非 q」中，產生出命題「並非（非 p 並且非 q）」，而這個命題與「p 或者 q」是等價的。謝弗爾所證明的就是，透過持續不斷地對連接否定運算元的運用，給定的命題集中的每一個真值函數都可以用同樣的方式建構起來。這就是維根斯坦在《邏輯哲學論叢》6-6.001 中所做的事情。但是我們無需擔心其中的細節問題。我們的意圖的最重要之處僅僅在於這樣的一個觀點，即每一個命題都是基本命題的真值函數；每一個命題都可以用這樣的方式從基本命題中建構起來，即命題的真或假僅僅取決於它由以組成的基本命題的真或假。

在日常語言中存在許多複雜命題，從表面上看，並不是它們所包含的那些更為簡單的命題的真值函數：這些命題是以這樣的方式由更為簡單的命題所建構起來的，不會僅僅依賴這些基本命題的真和假。就拿「輪胎因為過度膨脹而爆裂」這個日常語言命題來說。必須輪胎真的破裂了，並且輪胎真的過於膨脹了，這個命題才會是真的。但是同樣必須輪胎充氣可以膨脹就是導致爆炸這一點是真的，這個命題才是真的。然而不管輪胎過度膨脹是否真的導致了輪胎的爆炸，這一點並不單獨取決於它所包含的基本命題的真值。因此「因為 q 所以 p」並不是 p 和 q 這兩個基本命題的真值函數。類似地說，命題「羅素相信俾斯麥是一個機敏的外交官」的真或假並不取決於其組成命題的真或假，「俾斯麥是一個機敏的外交官」。由於這個命題也許是真的無須羅素去相信他；即使這個命題是錯的，羅素也可能會去相信它。因此「A 相信 p」並不是關於 p 的一個真值條件。對於其他許多的日常語言命題來說，情況也是如此——或者似乎如此。但是這樣的例子並不導致維根斯坦去放棄他的這一原則，即每一個命題都是基本命題的真值函數。他的看法是，如果對這個表面上看來的反例進行更為緊密的考察，這個

40

原則可以揭示兩點：要麼命題在實際上可以分析為基本命題的真值函數，要麼它根本不是一個有意義的命題。至於維根斯坦本人是如何正視處理特定的命題種類的，這個問題並不總是那麼清晰明確。比如，研究者們圍繞他對命題「A 相信 p」的處理，在理解上產生了分歧（維根斯坦本人的說明可以參見 TLP: 5.541-5.542；關於不同的詮釋，參見 Anscombe, 1959: 87-90; Kenney, 1981: 144-146）。然而不管如何，維根斯坦的大體策略還是相當清楚的：就是為了表明，當得到完全充分分析時，任何一個有意義的命題將會被揭示為基本命題的真值函數。

2. 邏輯命題和邏輯蘊含

每一個命題都是基本命題的真值函數，《邏輯哲學論叢》的這一觀點直接影響到它的邏輯觀，即該書對邏輯命題的本性和地位的觀點，對命題之間的邏輯關係以及邏輯推論的觀點。維根斯坦強調，邏輯命題以一種截然不同於那些描述經驗事實的命題來起作用。邏輯命題「不是實在的圖像」（TLP: 4.462）。邏輯語詞並不是對象的名稱：「我的基本看法」，他寫道，「就是邏輯常元並不是表徵；並不存在一個關於實際的邏輯的表徵」（TLP: 4.0312）。（「邏輯常元」就是那些「並且」、「並非」、「或者」以及「如果……那麼…… 」這樣的邏輯連接詞。）我們可以從最後一個主張開始：邏輯常項並不命名對象。

基於《邏輯哲學論叢》的說明，像「並非」、「並且」和「或者」這樣的語詞的作用，就是將那些基本命題結合成為複雜命題。這些語詞告訴我們一個複雜命題的各個組成部分即各個基本命題的真和假的結合，使得這個命題為真或者為假。但是它們並不指涉「邏輯對象」；維根斯坦的看法與弗雷格和羅素的看法形成對照，他認為並不存在邏輯對象（參見 TLP: 4.441, 5.4）。舉個例子，

「並非」這個語詞在命題「並非 p」中（用符號表示，就是「￢」在命題「￢ p」中）並不指涉一個世界當中的項目：「如果存在一個對象稱為『￢』，那麼『￢￢ p』就說出了一些不同於『p』所說的東西，正是由於一個關於￢的命題和另一個並非關於￢的命題。」（TLP: 5. 44）但是維根斯坦認為，「￢￢ p」（並非非 p）所說的與「p」完全相同。因此「￢」這個符號（或者語詞「並非」）無法指涉一個對象。他認為，基於類似的理由，語詞「並且」、「或者」和「如果……那麼……」也不指涉對象（TLP: 5. 42）。

41

正如邏輯語詞並不透過命名「邏輯對象」起作用，因此邏輯命題並不透過圖示「邏輯事態」起作用。維根斯坦說，邏輯命題是套套邏輯：它是由這樣的基本命題建構而成的複雜命題，即不管作為組成部分的基本命題的真和假的每一種結合來說，這個命題都是真的。套套邏輯的最簡單的方式就是「p 或者非 p」這樣的命題。這個命題可以由下面的真值表來呈現：

	p	並非 p	
1	T	F	T
2	F	T	T

在這個真值表中，第一行表示這樣的情況，即 p 是真的但非 p 是假的。第二行表示這樣的情況，即 p 是假的但非 p 是真的。這個真值表告訴我們，在這兩種情況下，複雜命題「p 或者非 p」都是真的：「對於所有基本命題的真值可能性來說這個命題都是真的。」（TLP: 4. 46）；這是一個套套邏輯。類似地，命題「如果（p 並且〔如果 p 那麼 q〕）那麼 q」是一個套套邏輯：對於其所包含的兩個基本命題 p 和 q 的真假的結合的所有可能性來說它都是真的。維氏認為，對於每一個邏輯命題來說，這一點也是真的。

根據維根斯坦，套套邏輯不是關於實在的圖像；它「並不與實在處於任何的表徵關係中」（TLP: 4. 462）。一個圖像說出了某些關於事際情況的東西：一個特定的事態或者事態的結合，這些都是存在的。但是套套邏輯並不像圖像那樣表徵世界，不管存在什麼樣的事態，它都是真的。因此一個套套邏輯「並沒有說出任何東西」，它「缺乏意義」。與此相應的是，邏輯上的命題作為套套邏輯「沒有說出任何東西」（TLP: 6. 11）。雖然如此，維根斯坦說邏輯命題並不是無意義的（TLP: 4. 4611）；它們是由一些有意義的符號以正當的方式排列好進而建構起來的。它們「表明了某些關於世界的東西」：

> 邏輯命題描述世界的鷹架。或者不如說，它們展示世界的鷹架。它們不「論及」什麼。它們假定名稱有意義，基本命題具有意義；這就是它們與世界的連繫。顯然，符號——它們本質上具有確定的特性——的一定結合是套套邏輯，這種情況必定指示著關於世界的某種東西。這是關鍵所在。我們說過，在我們使用的符號中，有些東西是隨意的，有些東西則不是隨意的。邏輯中只表達後者，這就意味著，邏輯領域不是我們藉助記號來自由表達的地方，而是絕對必要的記號自身表現其本性的地方。如果我們知道任何一種記號語言的邏輯句法，那麼也就有了所有的邏輯命題。
>
> （TLP: 6. 124）

但是命題「p 或者非 p」是套套邏輯這個事實所表明的關於世界中的東西是什麼呢？回答這個問題的一種方式是：「世界有一個邏輯形式。這個形式的一部分是每一個可能的事態必須要麼獲得要麼沒有獲得：這裡並不存在第三種可能性。並且這是因為世界具有一個命題 p 或者非 p 是套套邏輯這樣的形式。這樣一種主張是暗含

在這樣的話當中，即「**那些關於世界的事情**是由符號的特定結合這個事實所表明的東西……是套套邏輯」（著重號為引者所加）。但是 6. 124 的倒數第二個句子給了我們一個不同的印象。這句話說，邏輯是一個這樣的領域，「**絕對必要的記號的本質**不言自明」（著重號為引者所加）。這麼說暗示每一個命題為真或者為假是由語言或表徵的本性而非世界的本性所強加的一個要求。從這個角度看，任何一個表徵系統都必須注意到每一個命題要麼為真要麼為假的原則。但是這個原則並不是任何東西強加到語言之上的，它只不過是對語言或表徵一個基本的、必要的要求。如何詮釋維根斯坦對 6. 124 評論中的問題反映了一個更為寬泛的問題，即如何理解作為一個整體的《邏輯哲學論叢》中的形上學。我們將在第三章第一節第二小節中回到這個問題上來。

我們已經探討了《邏輯哲學論叢》對邏輯命題的處理。該書對兩個命題之間的邏輯關係的處理與此密切相關──也是從命題是基本命題的真值函數這個教條中衍生出來的。維根斯坦的觀點是，命題之間的所有邏輯關係都是從基本命題中以某種方式建構出來的命題中產生出來的。假設 p 是從 r 中建構出的，維根斯坦認為，理由就是對於基本命題的真或假的任何一種結合使得 r 為真也使得 p 為真：在維根斯坦的術語中，p 的「真值根據」「包含在」r 的「真值根據」裡面（TLP: 5. 121）。因此並沒有 r 為真但 p 並不同時為真的情況。如果 r 是真的，那麼 p 必須也是真的。考慮下面的真值表：

	P	q	P 並且 q	P 或者 q
1	T	T	T	T
2	T	F	F	T
3	F	T	F	T
4	F	F	F	F

　　維根斯坦的觀點是說，一個命題蘊含了另一個命題，僅當基本命題的真和假的每一種結合方式都使得第一個命題為真也使得第二個命題為真。例如：

「p 並且 q」蘊含 p	有一種情況使得「p 並且 q」為真：第一行中所表示的情況。這個情況也使得 p 為真。因此每一個使得「p 並且 q」為真的情況也使得 p 為真。因而，「p 並且 q」蘊含了 p。
p 蘊含「p 或者 q」	有兩種情況使得 p 為真（第一行和第二行）。其中的每一種情況都使得「p 或者 q」為真。因此使得 p 為真的每一種情況都使得「p 或者 q」為真。因此，p 蘊含了「p 或者 q」。
「p 或者 q」並不蘊含「p 並且 q」	有 3 種情況使得「p 或者 q」為真（第一行、第二行和第三行）。其中的一種情況（第一行）也使得「p 並且 q」為真。但是其他兩種情況（第二行、第三行）使得「p 並且 q」為假。因此這麼說是假的，即每一個使得「p 或者 q」為真的情況也使得「p 並且 q」為真。因此，「p 或者 q」並不蘊含「p 並且 q」。

44　　　在這裡演示的例子都是非常簡單的。然而維根斯坦的意思是說，這樣的演示程序原則上可以運用到每一個情況當中。我們將一個給定的命題分析為組成部分的基本命題，這表明基本的真和假的某種方式的結合使得命題為真。如果這個命題的每一個這樣的結合都使得命題為真，並且也使得某些其他的命題為真，那麼前面那個命題就蘊含了後面那個命題。

　　根據維根斯坦，「唯一存在的必然性就是邏輯必然性」（TLP: 6.37, 6.375）。並且他認為，邏輯必然性也就是真值函數的

必然性：也就是基本命題透過諸如「並且」、「並非」、「或者」及「如果……那麼……」這樣的邏輯運算元結合成複雜命題的方式中產生出來的必然性。因此只要是兩個命題之間存在某種真正的蘊含關係，在原則上都可以像剛才演示的那樣對命題進行分析，這樣以便於揭示這種蘊含關係的來源。以「a 是紅色的」與「a 是綠色的」這兩個命題的關係為例，這兩個命題是不相容的；「a 是紅色的」為真蘊含著「a 是綠色的」為假，反之亦然。維根斯坦將這種不相容性看做是一種邏輯不相容。這就不單純是世界上的自然法則並不允許某一個東西既是紅色的又是綠色的問題了，更要緊的是，這種東西即便在邏輯上也是不可能的（參見 TLP: 6. 3751）。因此，基於《邏輯哲學論叢》的觀點，將「a 是紅色的」和「a 是綠色的」這兩個命題，基於它們的不相容性的來源得到揭示，從而被分析為基本命題的真值函數，是必定可能的。維根斯坦的假定就在於「a 是紅色的」會被分析為「a 是 F」和「a 是 H」這兩個基本命題的合取，而「a 是綠色的」會被分析為「a 是 J」和「並非（a 是 H）」的合取。因此「a 是紅色的」與「a 是綠色的」這兩個命題的不相容性可以追溯到這一事實，即對「a 是紅色的」的分析包含了一個這樣的基本命題（「a 是 H」），而這個基本命題的否定（「並非〔a 是 H〕」）被包含在對命題「a 是綠色的」分析中。「a 是 H」與「並非（a 是 H）」之間的邏輯不相容解釋了「a 是紅色的」與「a 是綠色的」的邏輯不相容就是在邏輯學上講是不可相容的。維根斯坦認為，以這種方式，「a 是紅色的」與「a 是綠色的」之間的不相容性將會被表明在本質就是與 p 和非 p 之間的不可相容性相同。在完成《邏輯哲學論叢》之後，維特根斯坦意識到這種解釋起不了作用：他逐漸認為，某個東西同時成為紅色的和綠色的這兩者之間在邏輯上的不可相容性是我們的顏色命題系統的一個基本的、不可分析的特徵；它無法與真值函數的不可能性相提並論。正

如我們將在下文的第四章第一節中看到的那樣，這一點就是維根斯坦自己對《邏輯哲學論叢》的最早批評之一。

45 三、小結

《邏輯哲學論叢》完成於 1918 年，那年維根斯坦 29 歲。這是一部 20 世紀哲學中的簡明扼要的名著。該書的核心是語言和邏輯理論。根據《邏輯哲學論叢》，命題是實在的圖像。最基本的命題類型——基本命題——是全然由名稱所構成的，每一個名稱代表一個簡單對象。名稱以特定的方式排列，它們有各自所代表的對象，而這些相應的對象按照同樣的方式進行排列。而這就是《邏輯哲學論叢》中語言的圖像理論的一個內在直覺——這種理論被設計成用來解釋命題是如何起作用的：它著重強調了命題和名稱之間的根本區別，避免了維根斯坦在羅素的意義理論中看到的問題。關於名稱與對象之間的相互關係實際上是如何建立起來並得到維持的，維根斯坦所言甚少。然而，似乎顯而易見的是，維根斯坦假定這種相互關係是以一種「由上往下」而非「由下往上」的方式發揮作用的：我們並不始於獲得對象，然後給予它們以名稱；毋寧說，我們是通常掌握一門語言而知道對象的，這門語言包括了關於它們的名稱。

按照《邏輯哲學論叢》，每一個命題都是基本命題的真值函數。也就是說，每一個命題從基本命題中建構起來的，並且就是依據這種方式，整個命題的真或假就取決於它所包含的基本命題的真或假。從表面上看，許多日常語言命題——諸如「因為 q，所以 p」或「A 相信 p」這樣的命題——並不是它們所包含的更為簡單的基本命題的真值函數。但是維根斯坦堅持認為，當我們將這些命題進行充分分析後，每一個有意義的命題都會被揭示為基本命題的真值函數。

《邏輯哲學論叢》的一個基本原則就是，邏輯語詞和邏輯命

題在功能上與其他語詞及命題有相當大的差異。邏輯語詞——諸如「並且」、「或者」和「非」這樣的語詞——並不命名對象。這些語詞所起的作用是告訴我們基本命題是如何結合成複雜命題的。並且邏輯命題——諸如「如果 p，並且（如果 p，那麼 q），那麼 q」這樣的命題——並不是圖像；它們並不表徵「邏輯事態」。它們都是些套套邏輯：它們是這樣一些複雜命題，即對於它們內部的基本命題的真和假的每一種可能結合來說，它們都是真的。套套邏輯沒有說出關於世界的任何東西；毋寧說，它們顯示了實在的邏輯性質。

四、延伸閱讀

46

　　近來關於《邏輯哲學論叢》的引論佳作，在本章介紹之外，更詳細的資料可以參見：

　　Morrs, M. (2008), *Wittgenstein and the Tractatus Logico-Philosophicus*, London: Routledge.

　　White, R. (2006), *Wittgenstein's Tractatus Logico-Philosophicus*: *A Reader's Guide*, London: Continuum.

　　另外一本更早的引論著作是：

　　Mounce, H. (1981), *An Introduction to Wittgenstein's Tractatus*, Oxford: Blackwell.

　　此外還有維根斯坦的朋友和學生寫的著名的引論著作：

　　Anscombe, G. E. M. (1959), *An Introduction to Wittgenstein's Tractatus*, London: Hutchinson University Library.

　　對《邏輯哲學論叢》的逐句逐段的評論的有用文獻參見：

　　Black, M. (1964), *A Companion to Wittgenstein's Tractatus*, Cambridge: Cambridge University Press.

　　對圖像論的詳細探討參見：

Pears, D. (1987) *The False Prison*, vol. 1, Oxford: Oxford University Press, ch. 6.

下面的文獻對《邏輯哲學論叢》關於表徵和邏輯的說明有一個頗有助益的探討，尤其是在邏輯說明方面：

Ricketts, T (1996) "Pictures, logic, and the limits of sense in Wittgenstein's *Tractatus*", in H. Sluga and D. Stern (eds), *The Cambridge Companion to Wittgenstein*, Cambridge: Cambridge University Press.

《邏輯哲學論叢》：
實在與語言的界限

47　　前面一章處理《邏輯哲學論叢》對語言和邏輯的說明。我們對這些問題的探討指出了關於實在之本性，以及可以語言表達的界限問題。《邏輯哲學論叢》中說道，所有的語言都可以分析到基本命題層面，而基本命題又是由與簡單對象相對應的名稱構成的。但是，這裡所說的對象，又會是一些什麼樣的東西呢？它們又被認為具有什麼樣的身分地位？實在劃分為簡單對象，是世界本身的一個特徵，抑或只是在某種程度上取決於我們的表徵系統？並且，這樣的問題是否還有意義呢？與此相似的是，我們已經看到，根據《邏輯哲學論叢》，邏輯命題「與實在之間並沒有任何的表徵關係」（TLP: 4. 462），但是它們「標示了某些關於世界的東西」（TLP: 6. 124）。然而，維根斯坦是何以認為命題能夠顯示某些東西 —— 實在的邏輯形式 —— 而這些東西是無法言說的（參見 TLP: 4. 121, 4. 1212）？這些問題是本章要探討的：實在的本性；以及維根斯坦在致羅素的信中所說的「關於可被命題表述之物的理論……以及不可被命題表述而只能被顯示之物的理論，是哲學的基本問題」（1919 年 8 月 19 日，WIC: 98）。

一、實在

　　《邏輯哲學論叢》以關於實在之本性的系列評論作為開端。對於這些評論在《邏輯哲學論叢》的整體構架中所扮演的角色，則頗為引起學界爭論。維根斯坦把對世界最一般特徵的描述放到該書的開卷之初，進而又為語言的必然特徵提供了一個說明，這個事實也許會讓人以為，維根斯坦把實在的本性看做基本的，語言的形式取決於它所表徵的實在的形式。但是，這樣一種表象可能會誤導讀者。更可能是這樣的，即維根斯坦以相反的方式來看待語言與世界之關係：語言的形式是基本的；實在的形式是我們用來描述實在的語言的一種投射。或者也許這兩個觀點都不在他的考慮之內，而

是：語言和實在具有共同的形式；然而此種形式並不是世界所強加到語言之上的，也不是語言所強加到世界之中的，它只不過是語言和世界所共用的一個基本特徵。我們將在下面第二小節討論這個問題。我們可以從考慮維根斯坦在開卷之初提供的實在圖像的這些段落自身開始。

1. 對象、事態與世界

《邏輯哲學論叢》中的實在圖像在下面的評論中得到了整齊地概括：

1. 世界是一切發生的事情。
2. 發生的事情——事實——就是諸事態的存在。
   2.01 事態是對象（事物）的組合。
   2.02 對象是簡單的。

這幅形上學圖像包括 4 個基本範疇：對象、事態、事實和世界。對象是簡單的：它們沒有部分，沒有組件；因而它們不能被分離，也不能被分解。它們對於每一個可想像的或可描述的世界都是共同的，因而（維根斯坦認為）對於每一個可能世界也是如此：

> 顯然，一個想像的世界，無論它如何不同於實在的世界，必有某種東西——一種形式——爲它與實在的世界所共有。
>
> 正是諸對象構成這種不變的形式。
>
> （……）
>
> 對象是不變和實存的；它們的配置則是可變的和不定的。
>
> （TLP: 2. 022-3, 2. 0271）

事態是對象的可能組合或配置。並且，根據維根斯坦，每一個事態都是與其他事態彼此獨立的：「從一個事態的存在或不存在不

49　能推出另一個事態的存在或不存在。」（TLP: 2. 062）一個給定的事態要麼是存在的，要麼是不存在的。這就是說，對象要麼以特定的方式組合，要麼並不以這種方式組合。事實是事態的存在（或者正如維氏有時會指出的——比如在 2. 05 當中——事實就是事態的存在狀態）。世界則是事實的總和（TLP: 2. 04, 1. 1）。

　　傳統看法是，把維根斯坦的體系看做一種原子論：用羅素的術語來說，就是邏輯原子論，而這裡涉及的原子，關鍵是「邏輯分析的原子，而不是物理分析的原子」（Russell, 1918: 179）。然而維根斯坦本人並沒有用到「邏輯原子」這樣的詞。不過這似乎又是一個恰如其分的標籤。事實上，《邏輯哲學論叢》中的形上學涉及原子論的兩種類型或者兩個層面：對象是原子的一種；事實則是另一種。在一種意義上，《邏輯哲學論叢》裡所說的對象，是實在的基本原子：正如維根斯坦自己所指出的，是「世界的實體」（TLP: 2. 021）。但是在維根斯坦的思路中，構成世界的原子並不是對象，而是事實或真。用他自己的話說：「世界是事實的總和，而非事物的總和」（TLP: 1. 1）。他又再次說「世界劃分為諸事實」（TLP: 1. 2），而不是說世界劃分為對象。他在 1930-1931 年間與一位學生的談話中，闡述了其中的想法：

> 「世界是一切發生的事情。」這麼說是為了重申以及糾正陳述「世界就是在那裡的一切事物」；世界並不包括關於世上一切的事物和事實的紛繁種類（比如關於一次展覽的歸類一樣）。因為 1.1 是這麼說的，「世界是事實的總和而非事物的總和」。世界是由描述所給定的，而非由諸對象的清單所給定的。
>
> （WLC, i: 119）

　　正如維根斯坦所說，這種世界觀與把世界當作一種對象——或

眾多對象的集合——的約定俗成的世界觀是針鋒相對的。根據那種世界觀，我們將會談到關於世界的諸事實：比如，巴黎在倫敦的南部這個事實，或者金比鉛密度更小這個事實。而維根斯坦的世界觀則是截然相反的：事實並不是關於世界的某種真理；它是世界的一部分——只是集合起來構成世界的一種原子。世界則是事實的總和。

當我們讀到《邏輯哲學論叢》開篇的這些話時，會立即遇到兩個問題。第一，這裡所說的簡單對象到底是什麼東西？換言之，這些為每一個可能世界所共有的、簡單的、不可變更的元素，到底是什麼？第二，有什麼理由可以讓我們相信確實存在這樣一些東西？

維根斯坦並沒有為簡單對象舉出任何的實例，但他又非常確信簡單對象的存在。然而他確信這一點的理由並不是把任何的命題都分析到了作為其構成因素的基本命題，然而再揀出那些簡單的、不可再分析的名稱，當作簡單對象來看待；毋寧說，他持有一種論證，使他確信簡單對象的存在。因此對「《邏輯哲學論叢》裡所說的簡單對象到底是什麼東西」這個問題的直接回答就是，維根斯坦自己也不知道。既然如此，我們是否仍然可以將維根斯坦談到簡單對象之時腦子裡的那些東西，也就是他也許會視為對象的候選的某類東西，當作簡單對象呢？

一個問題是，維根斯坦是否認為對象就是我們在日常英語中被稱作「objects」（對象）的那類事物（或者相當於日常德語中的「Gegenstanden」）：尤其是，諸如椅子或桌子這樣的個體事物（儘管大概比椅子或桌子更小得多，因為椅子和桌子是合成物，而《邏輯哲學論叢》中的對象被設想為是簡單物）。他是否認為對象的範疇會包括性質和關係在內呢？比如，是否包括紅性或者更重這種關係？或者關於對象他會持其他看法？在《邏輯哲學論叢》的成書過程中，維根斯坦在不同的時期內，對這個問題無疑持有不同的態度。1913 年 1 月，他在給羅素的信中指出，性質、關係以及諸

如此類的東西並不是對象。他寫道：「對此的理由是非常根本的：我認為不能存在不同類型的事物！換言之，不管是什麼東西，如果只可以用一種簡單的專名作記號，那它就必定屬於同一種類型。」（WIC: 38）但是在兩年後的 1915 年 6 月的筆記中，他又寫了對此相反的觀點：「關係與性質等等，它們也是對象。」（NB: 61）因此，維根斯坦顯然探討過這兩種相反的觀點。但是，《邏輯哲學論叢》究竟是贊成哪個觀點反對哪個觀點，這一點並不顯而易見。

　　至少，就《邏輯哲學論叢》中假定的某些對象來說，它們是個體事物，則第二個問題就涉及它們所屬的事物類型。在對《邏輯哲學論叢》的早期解讀中，對象經常被設定為一種感覺與料（sense-data），也就是感官意識的當下對象。這種解讀最大限度地看到了維根斯坦與羅素之間的類似點。一直到《邏輯哲學論叢》成書前，羅素就堅持認為物理世界是一種由現實的和可能的感覺與料所構成的一種巨大結構（參看 Russell, 1914）。我們知道，維根斯坦對羅素的觀點表示過興趣，羅素曾經給維根斯坦一份論文影本，羅素在其中發展了這一觀點（WIC: 38, 77）。維根斯坦的筆記考慮到了感覺與料即是簡單對象的建議：「這在我看來完全是可能的」，他寫道，「那些拼接成我們視野的東西便是簡單對象」（NB: 64）。並且，《邏輯哲學論叢》在探討對象時也提到「視野裡的斑點」（TLP: 2. 0131）。因此似乎很容易讓人解讀成，維根斯坦的形上學在根本上是與羅素的形上學相同的。依據這種解釋，《邏輯哲學論叢》中的對象就是那些現實的或可能的感覺與料；而世界就是由這樣一些感覺與料的諸種配置的存在所構成。

　　然而，很難為對《邏輯哲學論叢》的這種解讀方式找到合適的辯護。第一個理由是，對視野中的斑點的分散注意，是由關於那些細微的物理顆粒──質點──是簡單對象這一可能性的一種相反觀點所匹配的。例如：「正如我們在物理學上所做的那樣，把身體區

分為種種質點，只不過是將它們分析為了簡單成分。」（NB: 67；
也參見 NB: 69）並且，《邏輯哲學論叢》在討論對象和分析時，
也提到質點和物理粒子（TLP: 6. 3432, 6. 3751）。因此，我們最多
只能說，維根斯坦同時承認兩種關於對象的觀點：對象原來就是感
覺與料，以及對象原來就是物理粒子。但是在《邏輯哲學論叢》
中，他顯然並不主張這兩種關於對象的觀點之一。《邏輯哲學論
叢》與羅素的著作形成鮮明對比的是，其中並未包含關於感覺的理
論和關於知識的理論。但是，如果維根斯坦推進某些類似於羅素的
觀點，可以預見他會明確地處理那些問題：因為羅素關於物理世界
而現實的和可能的感覺與料所構成的整個觀點，都受到了他自己對
於感覺的觀點的激發——明確地說，受到了只有我們透過直接觀察
所知道的事物才是當下感覺與料這一觀點的激發，而「當下感覺
與料，就是顏色、聲音、味道、氣味等等的特定搭配」（Russell,
1914: 140）。維根斯坦在《邏輯哲學論叢》中最根本的關注點是邏
輯和表徵。他關於語言機能的理論引導他形成了關於實在一般形式
的觀點：如果語言是可能的，那麼必定存在與事態相連結的簡單對
象。但是，語言理論所需要的所有東西，就是實在具有那種一般的
原子形式；它並不需要某種特定的原子論版本比另外一種原子論版
本更為真實。因此，在關於也許會有什麼樣的簡單對象的特定觀點
的長處或者缺點這個問題上，維根斯坦並沒有過多地專注於此。對
於他的寫作意圖來說，這個問題並不是必要的。

　　我剛才說過，維根斯坦有一個論證用來表明，如果語言是可能 52
的，那麼就必定存在簡單對象。他的論證是什麼樣子的呢？在《邏
輯哲學論叢》開篇不久，這個論證就得到很簡明的陳述：

2. 021　對象構成世界的實體。因此它們不能是複合物。

2. 0211 假如世界沒有實體，那麼一個命題是否有意義就依賴
　　　　於另一個命題是否為真。

2.0212 在這種情況下，就不可能勾畫出任何關於世界的圖像（不管是真的還是假的）。

（將維根斯坦的思路展開就會發現）不過，我們顯然可以「勾畫世界的圖像」，我們可以使用語言說出一些或真或假的話。因此世界的確是具有實體的。也就是說，存在某些對象，它們是簡單的，並且對於任何可描述的世界都是共有的。

要看到這種論證是怎麼被假定起作用的，我們需要提出兩個問題。第一個問題是，如果並不存在簡單對象，那為什麼這就意味著一個命題的意義取決於另一個命題的真值？第二個問題是，如果一個命題的意義的確取決於另一個命題的真值，那為什麼這樣會使得語言是不可能的？我們可以依次來回答這兩個問題。

假設並不存在簡單對象，也就是說，每一個對象都是複合物。那麼每一個對象都會由更為簡單的成分所構成，而每一個這種更為簡單的成分，它們自身又是由更為簡單的成分所構成的，如此下去，無窮倒退。現在讓我們來考慮命題 Fa，該命題表示 a 是 F。按照假設，對象 a 將會是一個複雜對象，讓我們設想它是由兩個更為簡單的成分 α 和 β 所構成的，二者以關係 R 彼此相聯。現在，維根斯坦追隨羅素，想當然地認為，如果一個給定的語詞具有代表一個對象的作用，但是它並不代表任何對象，那麼任何包含那個語詞的命題將會是毫無意義的。將這個原則運用到當下的情形中來，命題 Fa 具有意義的一個條件便是，存在一個複雜對象 a；否則，名稱「a」將會是空的，命題 Fa 將會是無意義的。但是，對 a 存在的要求正是對它的以關係 R 彼此相連的兩個構成部分 α 和 β 的要求。這反過來，就是對於命題 αRβ（「α 與 β 處於關係 R 之中」）為真的要求。因此，維根斯坦總結道，如果每一個對象都是複雜的，那麼命題 Fa 的意義就要依賴於另一個命題——也就是命題 αRβ——的真值，而命題 αRβ 說出了第一個命題提到的複合存在物。

53

　　但是為什麼這麼說並非無關緊要呢？假設命題 Fa 的意義依賴於命題 αRβ 的真值——並且每一個其他命題都與此類似。為什麼這樣假定會導致語言是不可能的呢？畢竟，如果命題 αRβ 是真的，那麼複雜對象 a 就的確是存在的；因此名稱「a」的確有意義，並且命題 Fa 的確也是有意義的。眾所周知，αRβ 為真將會是一個偶然事實。因此，名稱「a」有意義，並且命題 Fa 也有意義，也將會是一個偶然事實。如果情況並非像它們事實所是的那樣——如果命題 αRβ 是假的，並且對象 a 並不存在——那麼命題 Fa 就會是毫無意義的。但是，就其表面而言，這一點並不破壞或者打擊這樣一個事實，即正如事情實際所是的那樣，命題 Fa 是有意義的。不管怎樣，這似乎是一個有道理的觀點。但是維根斯坦並不同意此觀點。他認為，命題是否有意義，並不取決於偶然事實如何：「命題具有獨立於事實的意義」（TLP: 4. 061）。維根斯坦這麼說的理由之一便是，他認為，不管我們發現自己身處何種情況，無須首先需要決定任何偶然事實，我們理解任何一個命題所說的是什麼都必定是可能的。另一個理由是，他認為，如果一個命題終究是有意義的，那麼當我們使用它去描述某個可能世界時——事物可能所是的某種方式——這個命題必須遵從世界之中的情況，要麼為真，要麼為假；它必定不會僅僅是毫無意義。一個相對於某個可能世界而言有意義但相對於另一個可能世界無意義的命題，會有一個並不「確定」（參見 TLP: 3. 23）或「完全」（參見 TLP: 5. 156）的意義，而這根本就不會是一個真正的意義（參見 Proops, 2004: 117-119）。但是，如果命題 Fa 的意義取決於命題 αRβ 為真這一偶然事實（也就是複雜對象 a 存在這個偶然事實），這就是對事情何以如此的說明。在這種情況下，Fa 在現實世界中有意義，在複雜對象 a 存在的所有其他情況下，它也是有意義的；但是，維根斯坦認為，在複雜對象 a 並不存在的任何情況下，它是毫無意義的。

維根斯坦的論證是富於創新的，但是極少有人認為它是令人信服的。而懷疑這一論證力量的某些主要理由，則是來自維根斯坦本人。他在《哲學研究》中對他自己在《邏輯哲學論叢》中的論證版本給出評論時，對此給出了清楚的說明。（PI §39 探討了名稱必須指涉簡單物的論證。PI §55 則探討了名稱必須表示那些堅不可摧之物的論證。）在此我們可以強調 3 個要點。第一點，《邏輯哲學論叢》中的論證假定名稱的作用僅僅是指涉對象，如果一個命題包含了一個並不與任何對象相對應的名稱，那麼這個命題就是毫無意義的。但是我們也可以拒絕接受這樣一種假定——正如維根斯坦在《哲學研究》（參見 PI §§40-44）中所做的那樣。他在《哲學研究》中認為，一個名稱的承載物不再存在時也可能是有意義的：即使 NN 先生去世了，我們仍然有可以有意義地運用「NN 先生」這個稱呼；我們仍然可以有意義地使用「虛無」（Nothung，華格納《尼伯龍根的指環》（*Ring Cycle*）中齊格菲的劍的名字），即使這個名稱對應的那把劍已經破碎不堪了。第二點，《邏輯哲學論叢》假定了一個命題只有具備一個絕對意義上的決定意義時，它才是有意義的。它假定，一個有意義的命題必須依據每一種可能的情形要麼是真的要麼是假的：必然不存在所謂的「真值鴻溝」（truth-value gap）——並不存在在其中既不真也不假的可能狀態。然而，維特根斯坦自己後來也逐步拒斥了這樣一種假定（比如可以參見 PI, §§71, 88, 99）。他後來論證道，一個概念也許具有「模糊的邊緣」，它的邊界也許是不太確定的。但是如果要認為「一個不太確定的邊界根本就算不上一個真正的邊界」（PI, §99），則是錯誤的。例如：怎麼才算是遊戲，怎麼又不算是遊戲，這兩者之間的界限並不是那麼確定的。但是邊界這種不確定性並不會使得「遊戲」這個概念是不合用的；這種不確定性也並不意味著，並不存在這樣的情況，即在其中有些東西明確無誤地屬於遊戲，有些東

西並不屬於遊戲。與此類似，即使 Fa 這個命題在 a 這個複雜對象並不存在的情況下既不真也不假，也並不因此使這個命題是無意義的；這麼說也並不意味著，並不存在這樣的情況，即在其中這個命題清楚明確地為真或者清晰明確地為假。第三點，《邏輯哲學論叢》假定了命題有意義並不依賴於任何偶然的事實。而對這個假定的批判成了《哲學研究》的主題之一。維根斯坦後來逐漸認識到，我們的語詞的意義在很多方面依賴於偶然的經驗真理（參見 PPF，§365〔也就是 PI, II, xii〕；PI, §142）。我們將在後續的章節裡探討這個主題。現在我們要注意的一點是，《邏輯哲學論叢》關於簡單之物的論證依賴一個非常強的假定，這個假定是這個觀點的後果，即一個命題有意義並不取決於任何偶然的事實；這個假定顯然是有商榷餘地的。維根斯坦自己後來也逐漸拒斥了這個假定。

2. 實在論、觀念論和壓縮主義

55

我們現在轉到這一節開始提到的議題。維根斯坦在《邏輯哲學論叢》開卷部分中陳述的形而上學圖像具有什麼樣的地位呢？它在該書的整個框架中扮演著什麼樣的角色？此外，尤其是在該書中所說的對象，地位是什麼樣的？我們為了回答最後一個問題可以區分3 種回答的方式，其一依據《邏輯哲學論叢》的實在論解釋，其二是觀念論解釋，其三是一種寂靜論的或壓縮主義的解釋。我們可以透過對照實在論和觀念論的解釋來開始。

對象「是實在所由構成的簡單成分」（從 PI, §47 節就開始這些段落，維根斯坦在那裡探討了《邏輯哲學論叢》中的對象）。但是這些簡單的成分是什麼呢？對於關於實在實在論者認為的簡單部分是什麼的問題，認為有一個絕對的事實：什麼可以被看做是實在的簡單部分並不取決於我們，而是實在本身的一個內在特徵。相反，觀念論者認為，實在的簡單成分是什麼，在某種意義上取決於

我們的思想和語言系統：實在的簡單成分並不是絕對簡單的；它們只不過是我們的思想和語言系統劃分的部分。我們可以透過一個類比來演示這個對照（參看 PI，§§47-48）。考慮這樣的一個問題，即一個西洋棋盤是由什麼樣的簡單成分所構成的？從一種觀點看，對這個問題的回答取決於實在自身的本性：西洋棋盤是「由 32 塊白色方塊和 32 塊黑色方塊構成的」；而這些方塊絕對地是簡單成分。這種回答類似於一種關於對象的實在論觀點。另外一種觀點則與關於對象的觀念論觀點相類似，什麼樣的東西可以算作西洋棋盤的簡單成分是關於我們用來描述它的表徵系統的事情。我們可以將西洋棋盤表徵為 32 個黑色和 32 個白色方塊。但是我們同樣可以說「西洋棋盤是由黑色、白色以及方形的格子所構成的」（PI，§47）；或者說它是由 32 塊長方形構成的，其中每一個長方形又由一塊黑色方塊和一塊白色方塊構成，諸如此類。從這個觀點看來，將西洋棋盤劃分為一些簡單成分並不是一件絕對的事情——也就是那些取決於西洋棋盤自身的內在本性的事情；毋寧說，它是一件我們的表徵系統的事情，我們正是以某種表徵的方式將西洋棋盤分割成若干成分的。

　　圍繞《邏輯哲學論叢》的實在論和觀念論解釋之間的爭論具有廣泛的相似性。這兩種解釋都同意說，語言和實在具有同形體結構：實在可以區分為簡單對象；語言可以分析為簡單名稱；在名稱與對象之間存在 1：1 對應的關係。但是它們關於這種同形論的諸要素之間的相對優先性問題上，持有不同看法。對《邏輯哲學論叢》的實在論解釋會認為，實在區分為簡單對象是實在的一種內在特徵——也就是就其本性而言實在所具有的特徵。因為實在具有某種任何語言為了適當的地表徵實在都必須與之相同的結構，也因為實在由某些簡單對象構成，而任何可能的語言都必須由指涉這些對象的名稱所構成。對《邏輯哲學論叢》的觀念論解釋顛倒了這種解

釋的次序：它把語言的結構看成是基本的，或者把實在的結構看成是對我們用來去描述它們的語言的反映。基於這種解釋觀點，維根斯坦的思想是沿著下面的路線進行的：對於任何語言來說都有一個基本的要求，就是它必須被分析到能夠達到簡單名稱的地方，也就是那些不能再根據其他語詞來對之進行分析的地方。這些名稱必須透過與實在當中的某些東西相對應從而獲得意義。而實在當中的這些要素，由於它們在世界上與簡單對象相對應，因而成為實在的簡單成分。也就是說，由於語言必須分析為簡單的表徵性的要素，任何使用語言的描述（也就是所有的描述）都必須表徵那些被分析到簡單對象的世界。但是對實在到簡單對象的這種劃分並不是實在就其本性而言的一種特徵。如果將這種解釋放到觀念論哲學家伊曼紐‧康德的術語框架當中，我們也許可以說將實在區分為《邏輯哲學論叢》式的對象是經驗實在（也就是那些呈現給我們的實在）的一個特徵，而不是本體實在（也就是那些作為物自體的實在）的一個特徵。在《邏輯哲學論叢》中，維根斯坦自己的一個評論就恰好運用了這樣一種術語框架，他說：「**經驗**的實在是受對象總體限制的。」（TLP: 5.5561，著重號為引者所加）

　　看待維根斯坦在《邏輯哲學論叢》中關於對象的談論的第三種觀點，同時拒斥了實在論的和觀念論的解釋，而是採取了一種寂靜論的或壓縮主義的對象觀。實在論與觀念論之間的爭點在於，實在劃分為《邏輯哲學論叢》中的對象是不是實在的一種內在特徵，或者毋寧說，這種劃分是不是我們用來描述世界的語言的一個產物。但是壓縮主義者拒斥這兩種解釋。這種觀點會認為，關於維根斯坦對以下問題持何種看法，實在論和觀念論提供了兩種互相競爭的回答——這個問題是：「簡單對象是內在的和絕對的簡單的嗎？」這兩種立場所提供的回答都是難以理解的。存在一種關於簡單性的坦率的標準：某物是一個簡單對象，僅當在完全分析的水準上，是由

57　一個簡單名稱所揀出的。但是一旦依據這種標準決定了某些簡單之物，也就沒有為進一步提問題留出餘地，這個問題是「對象內在地是簡單的嗎？」「對象是內在且絕對地單純嗎？」這個問題本身並不夠清楚。有一個作為單純性的直接標準：在完整分析的層次上，如果某個事物可以透過一個單純名稱被指出，就是一個單純對象。但是一旦用這個標準決定了什麼是單純的，就沒有什麼空間繼續追問「這個對象是內在地單純嗎？」這樣的問題。這個問題沒有意義。並且如果這個問題沒有意義，那麼任何聲稱對它的回答的理論都是沒有意義的。根據壓縮主義者的看法，真相就是如此。存在語言的簡單成分，也存在實在的簡單成分。它們是一一對應的。這些就是要說的全部。語言的結構和實在的結構是同等的；其中並不存在一個比另一個更為基本的問題。因此，特別是語言和實在的同形論立場不能被任何一種理論所解釋——不管是實在論還是觀念論——將這種同形結構中的任何一邊當作基本的，然後訴諸它的一般特徵去解釋這個同形結構的另外一邊的一般特徵，都是做不到的。這樣的理論沒有意義。

　　上述 3 種觀點中，哪一種是對的呢？當維根斯坦寫出《邏輯哲學論叢》時，他是一位關於對象的實在論者，還是一位觀念論者，抑或一位壓縮主義者？1929 年，當維根斯坦在參與維也納學圈的討論中解釋和發展他在《邏輯哲學論叢》中的觀點時，他提出了一個關於對象的說明，這種說明似乎拒斥了實在論的觀點。在那個階段，他仍然堅持一種《邏輯哲學論叢》觀點，即「在對命題的分析中，我們必然最終要在達到與對象發生直接連繫的那些（基本的）命題」（WVC: 74）。但是他堅持認為，這些「對象」與我們通常所認為的對象逐字間沒有任何共同之處：他說，基本命題將不涉及「簡單的『對象』，如椅子、書本、桌子及其他占據空間的關係」（WVC: 42）；它們將不會具備日常語言的主—述結構。「只要想

想物理學中的平衡——它們的結構是如何極其的複雜。基本命題也將具有類似的複雜程度」（WVC: 42）。如果對象並不是單個的事物，那麼它們將是什麼樣子的呢？維根斯坦提供了一個模型：

> 不管我看到什麼顏色。我都可以用 4 種基本色來逐個表徵它們，紅色、黃色、藍色和綠色，然後補充說，這種特定的顏色是如何從這些基本色當中產生出來的……每一個關於顏色的陳述都可以透過這些符號所表徵。如果我說這 4 種基本色可以滿足需要，我就會將符號的類似地位稱作表徵的元素。這些表徵元素就是「對象」……這些對象正是我們說到對象時的處於類似地位的表徵元素。
>
> （WVC: 42-43，也參見 WVC: 251）

這 4 種基本色——紅色、黃色、藍色和綠色——可以用來表徵所有顏色；它們是顏色表徵的基本要素（也參見 WVC: 45）。維根斯坦說，在那些存在像這樣的表徵的基本要素的地方，我們就可以談論對象。因此我們將紅色、黃色、藍色和綠色看做是對象。他隱含的意思是說，某些東西被看做是對象，事關它們在我們的表徵系統當中的扮演著一種基本的角色，而並不涉及它具有某種絕對的、形上學意義的簡單性。正如維根斯坦在《哲學研究》中的一段對類似於《邏輯哲學論叢》的對象觀的評論中所說的：

> 語言包含著看似不得不存在的東西。它是我們的語言遊戲裡的範例，可以說是作出了一個重要的確認；但它仍是涉及我們的語言遊戲——涉及我們的表現方式——的一種確認。
>
> （PI, §50）

58

　　於是到了 1929 年，維根斯坦似乎確定地拒斥了關於對象的實在論觀點。但那時的觀點並沒有告訴我們當他在寫《邏輯哲學論叢》時是怎麼看待對象的。也許他在 1929 年所提供的說明清楚地說出了在他寫《邏輯哲學論叢》時所想的東西。但是這可能是一個截然不同的看法：在《邏輯哲學論叢》的框架和詞彙中得到了表述，但是體現了關於對象的另一種可替代的觀點。

　　對於《邏輯哲學論叢》中關於形上學的評論的 3 種解釋觀點，即實在論的、觀念論和壓縮主義的觀點，我們在該書文本中找不到任何可以用來贊成哪一種觀點的決定性證據。之所以如此的一個原因就是維根斯坦是用一種過於簡潔的方式來表達自己的觀點，而且它沒怎麼提供必要的支持性解釋。第二個原因在於，所有這 3 種觀點都同意將對象看做實在的簡單要素，名稱是語言的簡單要素，名稱的結合的可能性與對象的結合的可能性是相匹配的等等。因此從《邏輯哲學論叢》相關段落中給出的清晰明確的陳述來看，不能清晰明白地區分開這 3 種不同的觀點。第三個原因是，正如我們將要在下面的第二節中所看到的，《邏輯哲學論叢》明確地主張，關於對象的本性和地位，想要對此給出任何一種清楚明確的解釋都是難以理解或者不太可能的。即便像「存在兩個對象」、「α 這個名稱指涉一個對象」或「對象是簡單的」這樣的表面上看起來非常清楚明白的命題，嚴格說來，也是無意義的。這些表面看起來清楚明白的命題試圖要表達的東西根本就是不能說的，它們只能透過語言的特徵來顯示自身。因此從維根斯坦的角度看來，對《邏輯哲學論叢》的實在論解釋和觀念論解釋中的一部分，我們都無法可理解地表達出這兩種觀點關於語言與實在之關係的解釋。因此也不能指望將我們對《邏輯哲學論叢》中形上學的解釋基於任何形如「對象具有如此這般的特徵」這樣的清晰明確的陳述之上；基於各個方面我們都必須承認，根據《邏輯哲學論叢》，並不存在諸如此類的可理

解的陳述。

這樣一來似乎就確立了壓縮主義解釋的正確地位。因為如果《邏輯哲學論叢》的立場就是不管是實在論還是觀念論都是不可理解的，維根斯坦怎麼可能提倡這兩種觀點呢？對《邏輯哲學論叢》的形上學持壓縮主義解讀的研究者們正好強調了這一點。但是關於這一點，實在論和觀念論的解讀者也有自己的回應。正如我剛才所說，在接下來的第二節裡就會談到，維根斯坦認為存在某些不能被言說但是可以透過語言而顯示自身的東西。例如：當我說「存在兩個對象」時心裡想說的東西是無法被言說的，相反，它可以被代表兩個不同意義的名稱所顯示出來（參見 WIC: 99，亦參見下面第二節第一小節引文）。基於對《邏輯哲學論叢》的實在論和觀念論解讀，我們應當以同樣的方式看到《邏輯哲學論叢》體現了一種形上學的景象——也就是一種關於語言與實在之關係的景象——它不能在語言中可理解地被清楚說出，儘管如此，它可以在語言中得以顯示。

哪一種解讀最有道理，或者說最貼近維根斯坦自己的想法呢？維根斯坦可以說是沿著莫爾和羅素，或者威廉·詹姆士和恩內斯特·馬赫（Ernst Mach）所開創的實在論路線前進的嗎？或者我們是否將維根斯坦定位於康德和叔本華所開創的觀念論傳統呢？抑或他在《邏輯哲學論叢》中業已發展出了對形上學問題的某些壓縮主義探討方法，而這一方法在他的後期哲學中同樣是很顯著的呢？這些都是圍繞《邏輯哲學論叢》所展開的激烈爭論的問題，我在這裡不想嘗試去解讀它們。但是下面第二節的討論將為這個爭論的核心議題投下一線曙光：我們應當如何理解《邏輯哲學論叢》的主張，即某些事物不能被言說，但可以被顯示。

60

二、語言的界限

在《邏輯哲學論叢》前言裡，維根斯坦這樣寫道：

這本書的全部意義可以用一句話概括：凡是可以說的東西都可以說得清楚；對於不能談論的東西必須保持沉默。

因此本書想要為思想畫一個界限，或者毋寧說，不是為思想而是為思想的表達畫一個界限：因為要為思想畫一個界限，我們就必須能夠想到界限的兩邊（這樣我們就必須能夠想那不能想的東西）。

因此這界限只能在語言中來劃分，而處在界限那一邊的東西就純粹是毫無意義的東西。

（TLP：前言，p. 3）

為可理解的思想劃定一個界限，不同於在地圖上為兩個國家劃定邊界。為兩個國家劃定邊界，我們可以在地圖上畫一條線，然後確定這塊地屬於邊界線的裡邊，而那塊地屬於邊界線的外面。但是在為可思之物劃定界限時，我們不能先畫出一條線，然後確定這些思想屬於界限的裡面，那些思想屬於界限的外面。道理很簡單，因為並不存在什麼思想可以超越於可理解的思想的界限之外。因此維根斯坦說，我們不得不在語言裡為思想劃定一條界限。我們是透過確定以下事情來做到這一點的：這些符號的組合作為一個真正的命題表達了一個思想，而那些符號的組合作為純粹的偽命題沒有表達任何東西。

維根斯坦說那些超越於語言的界限之外的東西——「我們無法談論的東西」——必須「對之保持沉默」。他在《邏輯哲學論叢》的最後一個命題中表達了實際上同樣的意思：「對於那些我們

無法言說之事，必須對之保持沉默。」（TLP: 7）但是確定無疑的是，他並不認為那些我們無法言說之事就是毫不重要的。正如他在1919年致路德維希‧菲克爾（Ludwig Ficker）（他也許幫助過維根斯坦出版《邏輯哲學論叢》）的信中所說的：

> 這本書採取的是一種倫理學立場。有一句話我曾經想寫到序言裡去，但後來沒寫進去，現在我想寫在這裡，因為這句話對於你來說將可能是理解這本書的一個關鍵。那時我想寫的那句話是這樣的：我的著作包括兩個部分，一個部分是我呈現在書裡的東西，另一個部分是我尚未寫出的東西。明白地說，第二個部分才是真正重要的。拙著在倫理學的範圍內部為其自身畫出了一個界限，我深信這是畫出界限的唯一嚴密的方式。……我在此託付你拜讀前言和結論部分，因為它們包括了拙著中歸為直截了當的表述。
>
> （Engelmann, 1967: 143-144）

在寫給羅素的信中，維根斯坦再次說到《邏輯哲學論叢》的「主旨」：

> 就是關於可以被命題——也就是被語言（並且在同樣的意義上可以被思想的東西）。
> —— 所表述的東西以及不能被命題所表述，但可以被顯示（gezeigt）的東西的理論；我相信這就是哲學的主要問題。
>
> （1919年8月19日，WIC: 98）

然而，那些可以被命題所表述的東西與那些不能被命題所表述的東西之間，界限何在呢？正如我們將會看到的那樣，維根斯坦

將我們通常視之為完全可理解的語言的許多用法都貶謫到了無意義的範疇裡：比如，倫理學和哲學自身中的命題（或者用他自己的話說，似是而非的命題）。但是為什麼他會認為這些命題是毫無意義的，並且當他說存在某些東西不能被言說但可以被顯示時的意思是什麼呢（參見 TLP: 4. 1212, 6. 522）？這些東西到底是什麼？它又究竟是如何被顯示的？

可理解的語言與無意義的偽命題之間的區別是直接從維特根斯坦對表徵的說明中衍生出來的。他認為，命題表徵了事態的存在或不存在；命題說明了對象以特定的方式並且不以其他的方式結合起來。從這個說明看來，唯一存在的真正的命題就是那些陳述經驗事實的命題，因為這些命題是唯一的能夠表徵事態的存在或不存在的命題。因此，根據維根斯坦，可理解的語言——「那些可被言說之物」——被限制在「關於自然科學的命題」（TLP: 6. 53）之內。這是在語言的界限何在這個問題上的一個極其激進的觀點。這個觀點把我們平常自認為可以理解的所有似是而非的命題整個地畫入到了無意義的範圍之內；這個觀點也蘊含著一種不可能性，即關於許多我們平常視之為可理解的爭論的任何言說實際上都是不可能的。

我們可以對維根斯坦在語言的界限這個問題上的觀點所涉及的幾個方面的主題作一個鬆散的分類。第一個主題涉及語言和世界的邏輯屬性，以及表徵和實在的本質特性；第二個主題涉及倫理學、美學、人生的意義及神祕之域；第三個主題是哲學——包括《邏輯哲學論叢》自身的命題在內，都被維根斯坦眾所周知地描述為「無意義的」（TLP: 6. 54）。下面讓我們依次探討這 3 個主題。

1.語言和世界的邏輯屬性

維根斯坦說語言無法表示實在的邏輯形式：

命題能夠表述全部實在，但是不能表述它們為了能夠表述實在
而必須和實在共有的東西——即邏輯形式。

為了能夠表述邏輯形式，我們必須能夠和命題一起置身於邏輯
之外，也就是說，置身於世界之外。

命題不能表述邏輯形式：後者反映於命題之中。

自行反映在語言中的東西，語言不能表述。

語言中表達了自己的東西，我們不能用語言來表達。

命題顯示實在的邏輯形式。

命題展示出這種邏輯形式。

（TLP: 4. 12-4. 121）

　　他認為，基於同樣的方式，我們也不能可理解地說一個命題與
另一個命題互相矛盾或者互相一致。兩個命題之間的邏輯關係是在
它們的結構中顯示出來的——順便說一下，這些命題都是由基本命
題所構成的（TLP: 4. 1211）。並且，「能顯示出來的東西，不能
說出來」（TLP: 4. 1212）。與此類似，我們也無法使用語言說出
那些具有本質屬性的東西——在維根斯坦的術語中，它們屬於「形
式上的」或「內在的」屬性——具有哪些屬性。他解釋道：「一個
屬性，如果不能設想它的對象不具有它，它就是一個內部屬性。」
（TLP: 4. 123）例如：如果 a 是一個對象，那麼「是一個對象」這
個屬性就是對象 a 的一個形式上的屬性。與此類似，事態 aRb 的
一個形式上的或內在的屬性是，它包含了對象 a：如果它並不包含
對象 a，那麼 aRb 就不能是一個事態。此外，按照維根斯坦：

　　不過，這些內部屬性和關係的存在不能透過命題來斷言，而是
在表述有關事態和涉及有關對象的命題中它們自己顯示出來。

（TLP: 4. 122）

　　比如，a 是一個對象。但是我們不能說 a 是一個對象；「a 是一個對象」這個似是而非的命題是一個毫無意義的偽命題（TLP: 4.1272）。當我們說出這個偽命題時，我們試圖去說出的東西就已經透過在提及 a 的命題中的記號「a」這個行為中顯示出來了。因而，a 作為一個名稱起作用的這一事實無法被分析，以圖表明「a」代表了一個簡單對象。與此類似，根據維根斯坦，我們無法說存在兩個對象（或任何數量的對象）：「你透過表面上看來的命題『存在兩個對象』想要說的東西已經透過兩個具有不同意義的名稱的存在而顯示出來了」（1919 年 8 月 19 日，WIC: 99）。

　　為什麼維根斯坦會堅持認為不可能陳述命題的邏輯屬性或者對象和事態的形式特性呢？對此的一個簡單回答就是，諸如「a 是一個對象」或「p 等價於並非非 p」這樣的表面上看來的命題的無意義性是他對表徵之說明的一個直接後果。基於維根斯坦的說明，一個命題陳述了一個偶然事態的存在。它「必須將實在限制於兩個備選項：是或者不是」，並且這兩個選項都必須是可能的：對於一個命題來說，它必須有可能是真的，也必須有可能是假的。這就是為什麼「一個人可以理解（一個命題）而無須知道它是否為真」（TLP: 4.024），但是「a 是一個對象」並沒有達到這些條件。如果它是一個有意義的命題，那麼它必然是真的，因為對於「是一個對象」是 a 的本質屬性。因此它並沒有將實在限制於兩個備選項之內：是或者不是。並且我們也不能無須知道它是真的情況下就理解它。對於「p 等價於非非 p」這個似是而非的命題，情況也與此類似。考慮到維根斯坦對某個東西成為一個有意義的命題所需要條件的看法，這個似是而非的命題的無意義性可以直接從這個看法中得出來。

　　然而這樣一來就即刻會產生一個進一步的問題：維根斯坦為什麼會接受這樣一種關於何為意義的限制性看法呢？他似乎在 1914

年 4 月口述給莫爾的筆記中為此提供了一個解釋：

> 邏輯上所謂的命題顯示了語言的邏輯屬性，進而也顯示了宇宙的邏輯屬性，但是它們什麼也沒說出來。
>
> （……）
>
> 要說出這些屬性是什麼，這是不可能的。因為為了這麼做，你需要掌握一門語言，而這麼做仍然並沒有獲得這種屬性。這應當是一門特設的語言，而這是不可能的。不可能建構一門反邏輯的語言。

（NB: 108；在實質上表達了對此同樣的論證，參見 PR: 53, 55）

　　假設我們想要陳述語言和實在的邏輯屬性——一個必然真理：比如「並非非 p 蘊含 p」這個必然真理。維根斯坦認為，為了說出這一點，我們需要一門語言，而在這門語言當中，「並非非 p 蘊含 p」並不是一個必然真理。他的推理是這樣的：(a)「並非非 p 蘊含 p」這個命題僅當「並非非 p 並不蘊含 p」也有意義時才有意義；(b) 只有「並非非 p 並不蘊含 p」這個命題描述了一個可能的事態時，即這個命題可能為真時，這個命題才有意義；(c) 只有「並非非 p 蘊含 p」並不是一個必然真理時，「並非非 p 並不蘊含 p」這個命題才可能為真。因此 (d) 為了說「並非非 p 蘊含 p」是個必然真理，我們就需要一門語言，在這門語言中，「並非非 p 蘊含 p」並不是一個必然真理。但是 (e) 並不存在這樣的一門語言，因為「並非非 p 蘊含 p」是一個必然真理；而這，就是我們的出發點。

　　我們應當怎麼理解這個論證呢？這個論證取決於兩個關鍵的前提。第一個前提是，僅當命題「並非非 p 並不蘊含 p」也有意義時，「並非非 p 蘊含 p」這個命題才是有意義的；第二個前提是，僅當「並非非 p 並不蘊含 p」這個命題描述了一個可能的事態時，也就

是僅當它可以為真時，「並非非 p 並不蘊含 p」這個命題才是有意義的。但是這些前提只不過是維根斯坦對於一個東西成為一個有意義的命題的條件的一種應用：一個命題必須將實在限定於兩個備選項之內——是或者不是；它必須同時在原則上既可以為真也可以為假。因此這個論證對於論證這個條件並沒有做什麼事情；它只不過是把它當作一個理所當然的前提。維根斯坦在這一點上是對的，即如果我們接受了某個東西成為一個有意義的命題的條件，我們就無法有意義地描述語言和實在的邏輯形式。但是對於為什麼應當接受它，我們仍然缺少一個令人信服的解釋。

2. 價值、人生意義與神祕之域

現在我們可以轉向維根斯坦說的不能言說的第二個領域了：關於價值、人生意義及神祕之域的問題。維根斯坦這樣寫到：

> 世界的意義必定在世界之外。世界中一切事情就如它們之所是而是，如它們之所發生而發生；世界中不存在價值——如果存在價值，那它也會是無價值的。如果存在任何有價值的價值，那麼它必定處在一切發生的和既存的東西之外。因為一切發生的和既存的東西都是偶然的。

（TLP: 6.41）

如果世界從根本上說是有意義或者有價值的，它的意義或價值也不能取決於任何在世界之內發生的事情，因為任何在世界之內發生的事情都是「偶然的」：亦即一個關於偶然事實的事情。維根斯坦理所當然地認為，如果世界上有價值，它有價值也無法作為一個偶然事實而出現。考慮到這個假定，從這裡到達這樣一個結論就只有一步之遙了，這個結論是，我們無法用語言陳述世界的意義或價

值。因為在維根斯坦看來，正如我們所看到的那樣，所有可以用命題表述的東西都是關於偶然事實的東西。而世界的意義，他認為並不存在於任何這樣的事實當中。

　　基於與此相似的理由，維根斯坦認為人生的意義，即「人生問題的消解」（TLP: 6. 521），也無法用語言來陳述：「時空之中的人生之謎的解答，在於時空之外。（所要解答的肯定不是自然科學的問題。）」（TLP: 6. 4312）但是所有可以用語言陳述的東西都是關於自然科學的事實，也就是那些「存在於時空之內」的事實。因此我們無法說出人生的意義何在。

　　我們覺得，即使一切可能的科學問題都已得到解答，也還完全沒有觸及到人生問題。當然那時不再有問題留下來，而這也就正是解答。

　　人生問題的解答在於這個問題的消除。（有些人在長期懷疑之後發現他們明白了人生的意義，但是又不能說出來這意義究竟是什麼，不就是這個道理嗎？）

（TLP: 6. 52-6. 521）

　　我們無法說出人生意義何在這個提議一點也不會不自然。因為這麼認為仍然似乎是合理的，即理解了人生的意義是一件看到人生旨歸的事情，而看到人生旨歸並不是一件關於學習生活之中的特定事實的事情，而毋寧是以某種特定的態度或者從一種特定的觀點看待存在的事實。維根斯坦也的確運用了這樣一個隱喻——以特定態度看事情，從特定觀點看事情——將倫理學上的和美學上的價值連繫起來。他這樣寫道：

　　藝術作品是在永恆的觀點下（sub specie aeternitatis）看到的對

> 象；善的生活是在房屋的觀點下看到的世界。這就是藝術和倫理學的連繫。
>
> 通常的考察方式彷彿是從對象中間看對象，在永恆的觀點下考察對象則是從對象之外看對象。

（NB: 83）

在 sub specie aeternitatis 看待事情，從字面上理解，就是「在永恆的觀點下看待事物」。這是一種比喻式的說法，意思是從一種客觀的觀點來看待事物，也就是從某人的利益和牽連中抽離出來的觀點看待事物。如果維根斯坦認為欣賞一件行動、一個對象、一個人物或者一種事態的倫理學的或美學的價值，就是以一種特定的方式——一種離開個人的利益和牽連的方式——來看待問題，我們可以看到為什麼他這麼說：

> 所以也不可能有倫理命題。
>
> 命題不能表達更高的東西。很清楚，倫理是不可說的。
>
> 倫理是超驗的。（倫理和美學是同一個東西。）

（TLP: 6. 42-6. 421）

命題只能陳述事實。此外，如果事實就是維根斯坦所說的那個樣子——也就是事態的存在，事實就是對象的配置——那麼從一種完全無關利害的或者客觀的觀點去看待世界就不是一個看待不同事物的問題了，毋寧說，它涉及以一種新的態度來看待舊事物的問題。

在邏輯的和形式特性的情形中，維根斯坦在給出一個正面的主張，即一個事物的邏輯上的或形式特性在語言中被顯示時，還伴隨著提出了一個否定的主張，即我們無法說出某些事情具有一種給定的邏輯上的或者形式特性。與此之行的肯定性主張在他關於價值的

評論中具有更少的顯著性。但是它畢竟已經出現了：「確實有不可說的東西。它們彰顯自己，它們是神祕的東西。」（TLP: 6. 522）（在這裡翻譯成「彰顯自己」〔make manifest〕的德文字是「zeigen」，在其他地方翻譯成「顯示」（show）的是同一個字）。然而，對於價值來說，這在這種顯示過程被設想成是如何工作的這個問題上，並不像對於邏輯和形式特性那麼清晰明白。一個人可以看到維根斯坦是怎麼認為記號「a」的使用可以表明（show）它就是一個對象的名稱。但是在他的想法裡，「那些神祕之物」如何顯示自己呢？在我們對語言的使用的特性中顯示自己嗎？但是如果這樣的話，那麼這些特性是什麼，它們又是如何顯示「那些神祕之物」的？或者「那些神祕之物」以某種別的方式顯示其自身嗎？但是在那種情形中，這會是一種什麼樣的方式呢？維根斯坦留下了這一系列問題懸而未解。

如果我們接受維根斯坦的看法，即唯一真正的命題就是關於偶然事實的陳述——也就是「關於自然科學的命題」——那麼他這麼說是對的，即「並不存在關於倫理學的命題」。因為倫理學的命題顯然並不是關於自然科學的命題。但是《邏輯哲學論叢》的多數讀者都發現允許存在倫理學的命題似乎要更加合理一些，他們因此而拒絕維根斯坦對什麼能算作一個真正的命題的過於嚴格的限制。一種可能性就是認為，維根斯坦這麼認為是錯的，即一個真正的命題必須說出某種要麼為真要麼為假的東西。我們也許可以說，倫理學命題就是真正的命題。但是它們並不聲稱陳述了什麼事實。它們以一種與此不同的方式起作用：例如：它們透過表達對一種行動或一個人格的贊成或者不贊成來起作用；或者透過制定出關於如何為人處世的道德律令來起作用。另外一種可能性就是同意維根斯坦的觀點，即命題必須說出某種或者為真或者為假的東西，但是它又同時拓寬了什麼可以被算作說出了為真或者為假的觀念。因此，我們也

許可以認為，諸如「他應當遵守承諾」或者「他不應當如此行為乖張」這樣的命題同樣陳述了事實。它們所陳述的事實當然會是一個倫理學事實，而不是自然科學事實。但是，我們也許可以認為，並沒有一個很好的理由去接受維根斯坦的這一假定，即自然科學的事實是僅存的唯一事實。

3. 哲學與《邏輯哲學論叢》

維根斯坦論證說不可能說任何東西的第三個領域是哲學本身。他是這麼寫的：

> 哲學中正確的方法是：除了可說的東西，即自然科學的命題——也就是與哲學無關的某種東西之外，就不再說什麼，而且一旦有人想說某種形上學的東西時，立刻就向他指明，他沒有給他的命題中的某些記號以意義。雖然有人會不滿意這種方法——他不覺得我們是在教他哲學——但是這卻是唯一嚴格正確的方法。
>
> （TLP: 6. 53）

維根斯坦認為「關於哲學問題所寫的大多數命題和問題，不是假的而是無意義的」（TLP: 4. 003）。他看做無意義的哲學命題的種類包括以下的例子：羅素的這一主張，即「一個形上學之物就是它的外在表現的類」（參見 Russell, 1914: 149）；關於實在的先驗形式的命題，比如康德認為空間和時間是先驗直觀形式——也就是那些作為我們感覺世界的條件而被我們的心智強加的特徵；那種認為人類擁有自由意志進而與因果決定論不相容的主張，諸如此類。因此維氏認為，我們也許擁有理解這些主張的錯覺，但它們的確什麼也沒說，它們是毫無意義的。但是他對哲學命題的批判並不限於

其他哲學家發展的那些命題。他認為《邏輯哲學論叢》中的命題也是毫無意義的：

> 我的命題應當是用以下方式來起闡明作用的：任何理解我的人，當他用這些命題爲梯子而超越了它們時，就會終於認識到它們是無意義的。（可以說，在登上高處之後他必須把梯子扔掉。）他必須超越這些命題，然後他就會正確看待世界。
>
> （TLP: 6.54）

從一開始，《邏輯哲學論叢》的讀者們就已經發現維根斯坦關於他自己的書的命題處於一種似非而是的悖謬之中。一方面，維根斯坦在該書前言裡說書裡「表達了一些思想」，並且他又說「這裡所傳達的思想的真理性，在我看來是無可辯駁的和確定無疑的」（TLP，前言，P3-4）。另一方面，在《邏輯哲學論叢》第6.54節，也就是這本書裡的倒數第二個評論中，維根斯坦又說他這本書裡的命題也是毫無意義的。因此在這兩個方面的觀點之間就存在一種顯而易見的緊張關係。我們畢竟會感到疑惑，由毫無意義的命題所構成的這樣一本書是如何假定可以傳達那些真正的思想呢？正如羅素在為《邏輯哲學論叢》所作的〈導論〉中指出的：

> （在接受維根斯坦的立場時，）引起猶豫的是這一事實，即歸根究柢維根斯坦先生還是在設法說出一大堆不能說的東西，這就使持懷疑態度的讀者想到，可能有某種透過語言的等級系統或者其他的出路找到逃遁辦法。例如：關於倫理學的全部論題，被維根斯坦先生置於神祕的不可表達的範圍之內，然而他還是能夠傳達他的倫理學見解。他會申辯說，他所稱爲的神祕之物雖然不能說，卻是可以顯示的。也許這種申辯是恰當的，

　　　但是，就我而言，我承認它使我產生某種理解上不快的感覺。

（Russell, 1922: xxi）

　　許多讀者已經分享了羅素說的那種不快的感覺。

　　考慮到維根斯坦聲明《邏輯哲學論叢》裡的命題也是毫無意義的，我們應當如何看待這本書？對此的一個最為明顯直白的解釋就是下面這樣的：《邏輯哲學論叢》提出了一種意義和邏輯的理論。這種理論又是容易引起爭議的，但毫無疑問又值得被嚴肅地看待。這種意義理論的一個悖謬性的後果就是，《邏輯哲學論叢》中的多數命題都是毫無意義的偽命題：它們試圖去言說那些根據該書的主張只能在語言中被顯示的東西。比如說，這本書裡有這樣的命題「命題的記號即是事實」（TLP: 3. 14）以及「在一個命題當中，一個名稱就是一個對象的代表」（TLP: 3. 22）。正如我們在第二章中看到的，這些都是維根斯坦關於語言如何起作用的關鍵性評論。但是用維根斯坦自己的標準來說，它們都是毫無意義的。因為它們試圖去陳述命題和名稱的形式上的或者邏輯上的屬性；然而根據《邏輯哲學論叢》，不可能透過命題的手段陳述一個事物形式特性（TLP: 4. 122）。對於該書中的其他多數命題而言，情況也是如此。基於這種解釋，6. 54 這個評論的中心要旨就是如此 —— 這個評論將維根斯坦書裡的命題拿來與登上高處之後就必須被扔掉梯子進行對比。《邏輯哲學論叢》中的命題需要用來傳達維根斯坦的意義理論，也需要用來傳達這一理論的關鍵性推論 —— 即那些生活中至關重要的東西並不是僅靠語言表達就能觸及到的。然而一旦我們已經掌握了維根斯坦的意義理論以及這理論的關鍵性推論，我們就可以看到這個理論本身無法被有意義地陳述出來。如果我們用這種方式看待維根斯坦的立場，那麼我們就不得不承認這裡存在一個真正的緊張關係。因為從這個觀點來看，《邏輯哲學論叢》中的命題

被設想為成功地傳達了一種特定的意義理論。但是如果它們最終被
證明是毫無意義的偽命題，正如維根斯坦自己所說的那樣，那麼它們
究竟能夠傳達什麼東西呢？維根斯坦在這裡的立場不就前後矛盾嗎？

一些學者透過提出對《邏輯哲學論叢》的不同解讀回應了這
種緊張關係，有時我們稱之為一種「新的」或「果斷的」解讀方
式（特別是參見 Diamond, 1991a, 1991b; Conant, 1989）。這種解讀
的一個指導原則就是我們必須整體上嚴格運用《邏輯哲學論叢》
6.54 的判決——也就是《邏輯哲學論叢》中的所有命題都是無意
義的。因此，這種解讀認為我們不能將《邏輯哲學論叢》中被看
做是企圖清晰地說明某些東西的命題是真的，即使我們可以成功
地說出它們。與此相反，我們必須接受這樣的一個觀念，即這些命
題在字面上就是相當無意義：就像那些諸如「piggly wiggle tiggle」
（參見 Diamond, 1991b：第一節）這樣的一連串無意義的字一樣。
由於《邏輯哲學論叢》中的命題在字面上看就是無意義的，這本書
就沒有發展出任何的理論：不管是關於語言、邏輯、實在的本性還
是關於其他什麼的理論。這樣一來，那麼這本書又做了什麼呢？根
據這種「新的」解讀方式，《邏輯哲學論叢》的關鍵之處在於它在
本質上就是一種治療學。維根斯坦寫這本書的宗旨就是要揭示傳統
哲學家們發展出的種種理論的空洞性：比如像羅素和弗雷格那樣的
意義理論；又比如像實在論和觀念論那樣的關於語言和實在之關
係的形上學理論，諸如此類。維根斯坦在書中透過向自己呈現下面
一些步驟來達到自己的目標：首先是提出一種特定的意義理論，其
次提出一種關於語言和實在的特定的哲學理論，然後引導我們看到
那樣一些理論就像所有其他的哲學理論那樣，都是無法理解的。於
是，他的觀點並非贊同一種意義理論，也不是贊同一種在我們看來
的他向我們提供的關於語言和實在之關係的一幅圖像。相反，他的
終極目標，這些設想中的理論完完全全是空洞的。不過對《邏輯哲

71

學論叢》的這樣一種解讀方式仍然有其自身的緊張關係有待處理。因為如果該書中的命題完全是無意義的，恰恰就像「piggly wiggle tiggle」這樣的字串一樣毫無意義，那麼這種解讀所說的治療性作用是如何體現出來的呢？《邏輯哲學論叢》又是如何給出一個關於提供特定哲學理論的表象的，並且它又是如何成功地揭示這種理論的空洞性的呢？此外，這種觀點又是如何解釋《邏輯哲學論叢》中的命題為什麼都是毫無意義的？從一種約定俗成的觀點看，《邏輯哲學論叢》自身命題的無意義不明性就是從維根斯坦自己所發展的關於語言的正面理論中直接引出來的。但是如果我們堅持認為該書並沒有體現任何的關於語言的正面理論，那麼這對於為什麼維根斯坦判斷自己的命題是無意義的並沒有說出任何東西。

　　因此，不管是根據至今為止的任何一種說明，維根斯坦的立場當中都存在某種緊張關係。從一種約定俗成的解釋來看，《邏輯哲學論叢》中的命題成功地傳達了一種關於語言和邏輯的正面理論。從「新的」解讀方式來看，它們成功地透過一種治療學上的過程抓住我們的思路，而在這種過程裡，先是在表面上向我們表明一種哲學觀點，然後又向我們表明這種哲學觀點是不可理解的。但是如果像維根斯坦自己說的那樣，《邏輯哲學論叢》中的命題是毫無意義的，那麼就很難看到這些命題是如何起到這種治療式作用的。因此不管我們贊成哪一種解讀，都很難準確地看到維根斯坦自己的想法是如何被設定起作用的。不過，我自己的意見是，對《邏輯哲學論叢》的「新的」解讀方式的困難將會更為尖銳。我的第一點理由是，基於《邏輯哲學論叢》文本上的證據，我們很難相信維根斯坦自始至終都未能提供出一種關於語言和邏輯的確定的和詳細的理論：這是一種他視之為正確的理論，儘管他也認為它難以被可理解地陳述。第二點，維根斯坦似乎在《邏輯哲學論叢》中採取了一種非常嚴肅的觀點，即認為存在某些不能被言說但是可以在語言中被

顯示的東西。第三點，這種「新的」解讀方式很難與維根斯坦完成《邏輯哲學論叢》之後不久以及後來所寫的關於該書的許多評論相互調和。比如這些評論包括他 1919 年給弗克爾和羅素的信中的某些段落，這些段落被上面第二節引用——從這些信中我們可以看出維根斯坦認為自己提出了關於語言和邏輯的特定觀點，也能看出他在區分什麼東西可以被命題表達，什麼東西只能被顯示時持一種絕對嚴肅的態度。

基於上面給出的理由，假設我們接受《邏輯哲學論叢》的確包含了一種關於語言和邏輯的實質理論——儘管是一種從其自身觀點來看不能被連貫地陳述的理論。這並沒有解答我們在上面第一節中遺留下來的懸而未決的問題，即關於《邏輯哲學論叢》中的形上學評論的地位以及書中體現出來的形上學圖像的本性的問題。即使認為該書並沒有提供任何正面的哲學理論的想法是錯誤的，主張《邏輯哲學論叢》的正面圖像只涉及關於語言和邏輯的事項，說維根斯坦對形上學採取一種完全壓縮主義的立場，也許是對的。基於這種觀點，試圖陳述實在論或觀念論並不等同於諸如「存在兩個對象」或「a 這個名稱指涉一個對象」這樣的偽命題。因為當我們最終遇到像這樣的一些偽命題時，實際上仍然存在一些我們想說的東西：某種由我們對普通的、有意義的命題的使用所顯示的東西。但是（從我們當下的觀點來看）當我們最終遇到了實在論或觀念論的偽命題，我們想說的東西根本不會被任何東西所顯示出來：因為沒有諸如此類的東西可以展示。基於這種看法，對《邏輯哲學論叢》採取這樣的解釋也許是對的，即將該書看做對在實在論和觀念論之間的廣泛的形上學爭論上採取一種壓縮主義的研究方法；從這個角度看，對《邏輯哲學論叢》所持的上面那種「新的」解讀方式是正確的。但是認為《邏輯哲學論叢》中的壓縮主義擴展到了語言和邏輯領域是錯誤的。

72

三、小結

《邏輯哲學論叢》的開卷部分提出了一種實在觀。世界是事實的總和；事實是事態的存在或不存在；事態是對象的組合；對象是簡單的，對於所有可想像的世界都是共同的。維根斯坦並不知道這些關於實在的簡單成分最終將是什麼東西；那是一種可以由邏輯分析所揭示的東西。但是，他認為存在有這樣的簡單成分，否則，語言會是不可能的。《邏輯哲學論叢》中關於形上學的論述，其內容和意圖都是有爭議的。在一種觀點看來，《邏輯哲學論叢》發展了一種實在論的形式：實在具有一種內在的結構，這種結構決定了任何可能的語言的結構；因為實在是由更為簡單的對象所構成的，而依據這種構成方式，適合用來描述實在的任何語言都必須由符合於那些對象的名稱構成。基於第二個解釋，《邏輯哲學論叢》提出了一種觀念論：語言的一般結構是基本的；實在的一般結構是對我們用來描述它的語言的一般結構的反映。因此《邏輯哲學論叢》中的對象是絕對的、形上學上的簡單對象；它們是簡單的，不管我們的表徵系統中的簡單成分發生什麼，我們都可以在世界上找到它的對應物。基於第三種解釋，《邏輯哲學論叢》採取一種關於形上學之物的壓縮主義立場，這種解釋同時拒斥了實在論和觀念論的解釋，認為它們都是不可理解的。

《邏輯哲學論叢》包括這樣的評論：「對於我們不能說的東西必須保證沉默。」（TLP: 7）維根斯坦說，這個評論「總結了該書的整個意義」（TLP：前言，P3）。《邏輯哲學論叢》旨在透過劃定語言來為思想勘定界限——透過區分有意義的命題與那些純粹亂說的偽命題。該書認為，唯一有意義的命題，就是那些陳述了偶然事實的命題：維根斯坦稱之為自然科學命題。因此《邏輯哲學論叢》將我們通常視之為完全可理解的所有各類的命題界定在毫無意

義的胡說之內。被維根斯坦認為超出了可理解的語言的界限的，包
括 3 大領域：語言和邏輯的邏輯性質；倫理學、美學、生活的意義
和神祕之域；哲學自身。令人覺得不可思議的是，維根斯坦堅持將
《邏輯哲學論叢》自身的命題也畫入到了無意義的命題之內。這樣
就產生了一種嚴肅的張力：因為他也說《邏輯哲學論叢》傳播了這
樣的「思想」，其真相就是「攻不破的和確定無疑的」。但是這樣
的真思想是如何透過一系列毫無意義的偽命題來傳達的？《邏輯哲
學論叢》的不同解釋者嘗試以不同的方式解決這個張力。

四、延伸閱讀

在第二章中的「延伸閱讀」中所列出的關於《邏輯哲學論叢》
的導引性著作同樣可以適用於本章的話題。參見：

Anscombe, G. E. M. (1959), *An intruduction to Wittgenstein's Tractatus*, London: Hutchinson University Library.

Black, M. (1964), *A Companion to Wittgenstein's Tractatus*, Cambridge: Cambridge University Press.

Morrs, M. (2008), *Wittgenstein and the Tractatus Logico-Philosophicus*, London: Routledge.

Mounce, H. (1981), *An Introduction to Wittgenstein's Tractatus*, Oxford: Blackwell.

White, R. (2006), *Wittgenstein's Tractatus Logico-Philosophicus: A Reader's Guide*, London: Continuum.

關於《邏輯哲學論叢》中的形上學的解釋的一個相當深入的探
討，以及關於維根斯坦對唯我論的處理（本書沒有空間再談這個問
題了），可以參見下面這本書的第四、五、七章：

Pears, D. (1987) *The False Prison*, vol. 1, Oxford: Oxford University Press.

　　皮爾士（Pears, D.）、安絲孔和布賴克（Black, M.）分別提供了對《邏輯哲學論叢》關於形而上學的一種實在論解讀，基於這種觀點，實在的邏輯形式決定了任何可能的語言所必須採取的形式。與實在論相反的解讀方式可以在下列著述中找到：

　　Ishiguro, H. (1969), " Use and Reference of Names", in P. Winch (ed.), *Studies in the Philosophy of Wittgenstein*, London: Routledge.

　　McGuiness, B. (1981), " The So-called Realism of the *Tractatus*", in I. Block(ed.) *Perspective on the Philosophy of Wittgenstein*, Oxford: Blackwell; reprinted as "The Supposed Realism of the *Tractatus*", in B. McGuinness (2002), *Approaches to Wittgenstein*, London: Routledge.

　　與實在論對《邏輯哲學論叢》的解讀方式相反的另外一種立場可以在戴夢德（Cora Diamond）和科南特（James Conant）的書裡找到，其中有最突出的「新的」或「果斷的」的解讀。關於他們的解讀，參見：

　　Diamond, C. (1991a), "Throwing Away the Ladder: How to Read the *Tractatus*", in Diamond, *The Realistic Spirit*, Cambridge, MA: MIT Press.

　　Diamond, C. (1991b), "Ethics, Imagination and the Method of Wittgenstein's *Tractatus*", in R. Heinrich and H. Vetter (eds), *Wie-ner Riehe*: *Themen der Philosopie*, Vienna: Oldenbourg; reprinted in A. Crary and R. Read (eds.)(2000), *The New Wittgenstein*, London: Routledge.

　　Conant, J. (1989), " Must We Show What We Cannot Say?", in R. Fleming and M. Payne (eds.), *The Sense of Stanley Cavell*, Lewisberg, PA: Bucknell University Press.

　　對《邏輯哲學論叢》的「新的」解讀的批評，參見：

　　Hacker, P. M. S. (2000), " Was He Trying to Whisle it?", in A. Crary and R. Read (eds)(2000), *The New Wittgenstein*, London: Routlege.

Propps, I. (20001), "The New Wittgenstein: A Critique", *European Journal of Philosophy*, 9:375-404.

對這個問題的很有益的探討，參見：

Sullivan, P. (2004), "What is the *Tractatus* about?", in M. Kölbel and B. Weiss (eds.), *Wittgenstein's Lasting Significance*, London: Routledge.

Chapter ④

從《邏輯哲學論叢》
到《哲學研究》

75　　　在《邏輯哲學論叢》完成之後的 10 年時間裡，維根斯坦放棄了哲學研究。1929 年重新回到哲學領域後，他的工作是從解釋和發展《邏輯哲學論叢》中的觀點開始的：他把《邏輯哲學論叢》中的抽象理論運用到實際的語言片段之分析中，以多種方式修正該書中的觀點。然而他的工作特點業已發生了變化：作為他前期觀點發展之開端的東西，很快就發展成了一些根本不同於《邏輯哲學論叢》的一系列觀點。在寫於 1945 間的《哲學研究》前言中的一些文字裡，他「不得不認識到（他）寫在第一本書裡的思想包含有嚴重的錯誤」（PI: p. viii）。本章討論某些這類「錯誤」。主要集中於 3 個議題：(1) 維根斯坦對充斥著整個《邏輯哲學論叢的》哲學分析事業的批判，而他自己觀點的發展是，哲學旨在透過獲得一種我們對語言使用的「可測量的表徵」，達到澄清。(2) 他對《邏輯哲學論叢》中的指涉論的拒斥——也就是他的意義根據語詞指涉和命題真假的得到說明的觀點——以及他新近對語詞和語句類型多樣性的強調；(3) 從《邏輯哲學論叢》中理解一個例題就意味著知道他為真時的情形，轉變到維根斯坦後期理解一個命題涉及它的使用的觀點。

一、從邏輯分析到可測量的表徵

　　根據《邏輯哲學論叢》，日常語言掩蓋了位於其下的其所表達的思想形式。維根斯坦是這麼說到這一點的：

76　　語言掩蓋了思想。以至於從衣服的外形不可能推斷出在它下面的思想，因為衣服的外表形式並不是為了揭示身體樣式來設計的。
（TLP: 4. 002）

　　維根斯坦認為，日常語言的外部形式被誤導的一種方式，就是

經常在兩種或兩種以上的不同意義上使用一個語詞。例如：「是」這個語詞至少以 3 種不同方式使用：作為同一性的標誌（「西塞羅是圖利」〔Cicero is Tully〕）；作為一種連結名詞和形容詞的方式（「茱莉亞是高個子」〔Julia is tall〕）；作為存在的標誌（「鎮上有一間客棧」〔There is a tavern in the town〕）。或者進一步說，以不同方式起作用的語詞「以表面上相似的方式運用於命題之中」（TLP, 3. 323）。例如：「沒有東西比 Anadin 止痛藥藥效快」和「布洛芬藥效比 Anadin 快」這兩個命題具有相同的表面結構。但是「沒有東西」（Nothing）這個詞與「布洛芬」（Ibuprofen）這個名字的作用不同；這兩個命題的根本的結構是截然不同的。正如《邏輯哲學論叢》所設想的那樣，呈現真正的、根本的思想形式，這就是哲學的任務。並且，這項任務是透過將日常語言的句子分析為排除了日常語言的「所容易產生的基本混亂」（TLP: 3. 324）的符號語言的句子來進行的：在符號語言中，每一個語詞只有一個意思，起不同作用的語詞並不會以它們表面上相同的方式來使用。維根斯坦寫道：「顯然，對命題的分析必須達到由名稱的直接結合而構成的基本命題。」（TLP: 4. 221）維根斯坦認為，一旦我們將日常命題分析到一個更深的層次，在那裡名稱與簡單對象相匹配，我們將對它們的意義做出一個完全清晰的說明。這樣的一種說明反過來將產生對傳統哲學問題的解答。維根斯坦認為，「哲學家們的大多數命題和問題，都是因為我們未能理解我們語言的邏輯而產生的」（TLP: 4. 003）。如果對日常語言採取一種正確的理解方式，我們將會看到傳統的哲學問題都是懸空的偽問題。維根斯坦寫道：「（對於傳統的哲學問題）我們根本不能回答它們，而只能確定它們的無意義性。」（TLP: 4. 003）

當他 1929 年回到哲學領域後，維根斯坦起初保留了這種分析觀念。他在 1929 年寫道，我們對日常命題的分析，「必須最終

77 達到這樣的命題形式，即它本身並不再由更為簡單的命題形式所構成」（RLF: 29）。他說，這些基本命題，「就是每個命題的核心」。並且「知識論的任務就是要發現它們，並且在語詞或符號之外理解它們的結構」。他接著說，這麼做的方法便是「以一種適合的符號系統來表達日常語言所導致的無窮無盡的誤解」；因此，我們必須「透過為邏輯結構給出清晰圖像的符號系統來取代（日常語言），把偽命題排除在外，毫無含糊地使用這些術語」（RLF: 29-30）。這在本質上也是他早在 10 年前在《邏輯哲學論叢》中提出的觀點。

但是在 1929 年，當他保持了《邏輯哲學論叢》中的分析觀念時，維根斯坦放棄了《邏輯哲學論叢》中的一個教條，即基本命題在邏輯上是彼此獨立的。根據《邏輯哲學論叢》，「不可能有基本命題和它相矛盾，這是一個基本命題的標誌」（TLP: 4. 211）。正如我們在第二章第二節第二小節所看到的那樣，出於這個理由，維根斯坦認為將顏色指派到視域的點上的命題並不是基本命題。一個將顏色指派到一點上的命題在邏輯上是與任何指派不同的顏色到同一點上的命題不相容的；例如：「a 是紅的」這個命題，蘊含了「a 是藍的」、「a 是黃的」、「a 是綠的」，諸如此類的說法是錯誤的。因此這些命題並沒有達到《邏輯哲學論叢》對基本命題所要求的條件。維根斯坦總結道，顏色的指派必須被分析為更為基本的命題的真值條件，而這些基本命題又是在邏輯上彼此獨立的。但是在 1929 年他拋棄了這個看法。因為他現在認為，允許程度差別的性質，它只不過是一個基本的特徵，一個事物具有那種性質的給定的程度，在邏輯上排除了它具有任何同類性質的其他程度。任何根據處於較低層次的命題透過分析命題「a 是紅的」與「a 是藍的」，試圖解釋它們之間的不相容性，將只不過是再生了在較低層次的同樣的基本不相容性；在分析中描繪出的較低層次的命題將不會在邏

輯上彼此獨立（參見 RLF: 32-33）。任何指派某種性質的一個給定的價值的命題，都承認了程度差別：命題「約翰身高 2 公尺」（這排除了「約翰身高 1 公尺」、「約翰身高 3 公尺」等等可能性）；命題「外面的溫度是攝氏 22 度」（排除了「溫度是 12 度」、「溫度是 32 度」等諸種可能性），諸如此類。因此，維根斯坦總結道，對諸如顏色、高度、溫度等的指派本身就是基本命題。這就意味著拋棄了基本命題必須在邏輯彼此獨立的觀點。因此在維根斯坦的新觀點看來，決定基本命題將如何結合成為複雜命題的規則並不是僅僅侷限於「與」、「非」、「或」和「若」這樣的邏輯常量的規則；它們必須也可以說明基本命題的「內在結構」（WVC: 74），而這一點正好杜絕了諸如「a 是紅的並且 a 是藍的」或者「約翰身高 2公尺並且約翰身高 3 公尺」這樣的結合方式。

於是在 1929 年，維根斯坦起初的主張是保留《邏輯哲學論叢》中的分析觀念，但放棄《邏輯哲學論叢》中關於命題成為一個基本命題的標準的過分要求：這個觀點認為，一個基本命題必在在邏輯上獨立於其他所有基本命題。不過他很快就對《邏輯哲學論叢》做出了更為澈底的背離。在 1929 年底，他放棄了這個看法，即哲學的任務就是透過把日常語言的命題分析為到一種非常不同的符號來表達的一些基本命題，從而揭示思想的結構：一個符號「給出了關於……邏輯結構的一幅清晰圖畫」。在 1929 年 12 月的一次討論中他是這麼表述的：

> 我過去常常相信，我們通常說的日常語言和第一語言表達了我們真正知道的東西，也就是現象。我也說到過第一系統和第二系統。現在我願解釋為什麼我不再堅持那種觀念了。
>
> 我認為本質上我們只擁有一門語言，那就是我們的日常語言。我們並不需要發明一門新的語言或者構築一種新的符號系

統，而是我們的日常語言已經就是那種語言，假如我們能夠擺
脫隱藏在其中的含糊不清的話。

（WVC: 45）

　　維根斯坦說他不再相信的「第一語言」就是《邏輯哲學論叢》
設想的符號系統，對日常語言命題的完全分析就是在這個符號系統
中被給定了的。在他現在看來，認為我們能夠透過根據其他至今並
不知曉的語言中的命題來分析日常語言命題，從而理解日常語言命
題的特徵，這是個錯誤的看法。他現在認為，想要獲得對日常命題
的哲學理解，「所有可能和必要的就是分隔我們的語言中的本質的東
西和非本質的東西」（PR: 51）。而這種分隔是透過直接注意日常
命題的使用而做到的，以便揭示在我們的語言中什麼是本質的——
如果它代表了它所代表的——以及在「我們語言中的漫不經心地轉
動的輪胎的那一部分」（PR: 51）：那些對其所擁有的表達能力來
說非本質的特徵。而清楚明白地獲得關於我們語言中的本質之物的
一個方法，就是拿我們的語言與一種現實的或發明的語言作比較，
那些不同於我們的語言但是也「起到了其自身的作用」的語言。如
果我們可以將說話的正常方式替換為另一種不同的表現方式而無須
失去什麼，那將表明這個特徵在我們的日常語言中是特殊的，從而
也就是非本質的：「我每次說到它時，都可以被這樣的一個表現方
式所代替，你也可以說使用這另外的方式，我們為追求那些被表現
之物的本質這個目標又走出了一步。」（PR: 51）（這個方法在行
動中的一個例子，可參見 PR: 88-89 以及 WVC: 49。）

　　我們可以透過看到我們語言中所具有的與其他語言中的與此具
有相同表達力的東西之間的共同之處，從而看到語言中的本質的東
西，維根斯坦在《邏輯哲學論叢》中就能找到對這個想法的呼應：

命題具有本質特徵和偶然特徵。

偶然特徵是隨著產生命題記號的特定方式而來的特徵，本質特徵則是命題為了能夠表達其意義所必不可少的那些特徵。

因此一個命題中本質的東西，是所有能夠表達相同意義的命題所共有的東西。

（TLP: 3. 34-3. 341）

　　但是到了 1929 年，這個想法以一種新的方式得到理解。因為我們語言中的本質的東西現在可以透過注意我們的日常命題的使用而得到辨認，而不是透過將那些日常命題分析為那些更低基本命題的方式而得到確認。「我過去常常相信……邏輯分析的任務是揭示那些基本命題」，維根斯坦在 1931 年說道；他那時還認為「基本命題可以在一個稍後的日子裡得到規定」（WVC: 182）。但是他現在在哲學上拒斥了那個想法：

　　我們可以碰巧發現我們現在仍然無法看見的東西，我們可以發現全新的某些東西……問題的真相是，我們已經得到了每一件事情，我們也得到了它實際上所呈現的東西；我們無須期待任何事情。我們在日常語言的語法領域發生活動，而這種語言已經在那裡了。因此我們業已獲得了每一個事情而無須期待未來。

（WVC: 183）

80

　　在 1929 年到《哲學研究》之間，維根斯坦的哲學方式觀念還有進一步的發展。但是我們在這裡突出的主題仍然保留原樣。首先，我們語言的特徵必須透過我們對日常命題的使用的直接注意來理解，而不是透過《邏輯哲學論叢》那種分析過程來理解。其次，達到這種理解的一種重要手段是對我們日常的表現形式與其他可

以的表現形式之間的比較。正如維根斯坦在《哲學研究》中所指出的，他所描述的「清晰而簡明的語言遊戲」並不是作為對於「語言的未來集團」而是「作為比較的對象」而提出的，「透過相似性以及不相似性來說明我們領會我們的語言是怎樣一種情形」（PI, §130）。

　　《哲學研究》中的一個段落為維根斯坦對《邏輯哲學論叢》中的分析觀念的反對提供了一個簡單的說明（參見 PI, §60-63）。根據《邏輯哲學論叢》，關於複雜對象的命題是根據關於構成這些複雜命題的成分的命題而得到分析的。例如：一把掃帚就是一個複雜對象。設想它的簡單成分就是掃帚把和刷子。（掃帚把和刷子，它們自身當然也是由更簡單部分構成的複雜對象。但是基於此處的分析目標，可以從那一點開始抽象。）那麼一個關於掃帚的命題將可以分析為關於掃帚把和刷子的命題的合取。因而命題：

　　(1) 掃帚放在牆角。

　　將分析為以下合取：

　　(2) 掃帚把在牆角，並且刷子在牆角，並且掃帚把固定在刷子上面。

　　但是，維根斯坦在《哲學研究》中問道，命題 (2) 在何種意義上是命題 (1) 的「進一步分析形式」？他認為，這麼解釋是不對的：某人說 (1)「真實地意指」(2)。在典型情況下，他並非「特別地意指說要麼是那個掃帚把要麼是刷子」。若說 (2)「隱藏」在 (1) 之中，也並非更有意義。真實情況是，如果我們被問到 (2) 是否與 (1) 具有同樣的意義，我們可能會持肯定回答：或者「它們最終是同一件物品」。但是這並不意味著 (2) 比 (1) 更為基本，或者它解釋了 (1) 的意義。

而說 (2) 裡的句子是 (1) 裡的句子的「經過分析」的形式，容易誤導我們把前者認為更加基本的形式；認為只有它才把後者的意思明白地表示出來等等。我們會想：誰只具有未經分析的形式，就漏掉了分析；但若誰知道經過分析的形式，就樣樣占全了。——但難道我不能說：後面這個人正像前面那個人一樣，也失去了事情的一種樣貌？

(PI, §63)

　　這裡的寓意就是，一般地說，一個日常語言命題的意義不是某種需要透過把命題分析為更底層的基本命題而得到揭示的某種東西。

　　這段話闡述了從《邏輯哲學論叢》裡得到正視的分析綱要的一個重大轉變。然而，同時在《邏輯哲學論叢》與維根斯坦後期著作之間也存在一種重要的承續性，後期著作保持了一個觀點，即哲學問題在特徵上被提出，是因為我們誤解了我們語言的邏輯。維根斯坦在《哲學研究》裡寫道：「在一個語詞的用法裡，我們可以區分『表層語法』和『深層語法』。」（PI, §664）具有相同的「表層語法」的語詞，也許會具有非常不一樣的「深層語法」。當我們被「我們語言的不同區域之的表達形式之間具有某些類似之處」（PI, §90）所誤導，誤認為，當我們使用這些表達式時，我們正在談論的現象具有某些類似之處（我們即刻將考慮一個例子），哲學問題便出現了。因此在哲學問題的來源方面，維根斯坦的前期觀點和後期觀點之間存在一個重要的相互呼應。他的早後期哲學在對於哲學問題的適當回答方面的觀點同樣具有重要的相互呼應：我們不應當嘗試透過提出某種哲學理論去解決這些問題；取而代之的是，我們應當透過表明它們根本不是真正的問題從而消解它們。維根斯坦在《邏輯哲學論叢》中寫道：「我們不能為（哲學問題）提出任何解答，而只能指出它們是無意義的。」（TLP: 4. 003）他在《哲學研

究》裡也表達了類似立場：「哲學的成果是揭示出這樣那樣的十足的胡扯，揭示我們的理解遇到語言的界限碰到的衝擊。」（PI，§119）又說：「我要教的是：把不曾昭然若揭的胡扯轉變為昭然若揭的胡扯。」（PI，§464）「我們要追求的清晰當然是一種完全的清晰。而這只是說：哲學問題應當完全消失。」（PI，§133）

然而問題是，維根斯坦一旦拒斥了《邏輯哲學論叢》關於分析的觀點，他是何以認為我們應當達到對於語詞和命題的將會消除哲學誤解的那種清晰呢？他寫道：

> 我們對某些事情不理解的一個主要根源是，我們不能綜觀語詞用法的全貌。——我們的語法缺乏這種綜觀。可測量的表徵方式居間促成理解，而理解恰恰在於：我們「看到連繫」。從而，發現或發明中間環節是極為重要的。
>
> 可測量的表徵這個概念對我們有根本性的意義。它標示著我們的表現形式，標示著我們看待事物的方式。
>
> （PI，§122）

他的觀點於是就成為達到我們語詞用法的「一種全貌」，達到對於那些用法的一種「綜觀式的」或明白了當的表現。

維根斯坦說：「一個哲學問題具有這樣的形式：『我不知道出路何在』。」（PI，§123）理解一個語詞就涉及掌握它的用法。但是，掌握一個語詞的用法是一回事，擁有對於那個用法的一種反思式理解是另一回事。他從聖奧古斯丁（St. Augustine）那裡借用了一個例子闡明這個觀點：「那麼，什麼是時間呢？當無人問我時，我心知肚明；但是，當有人問到我，試圖說個明白時，我便困惑不解了。」（Augustine, 1961: Bk XI, §14）維根斯坦是這麼評論的：「有些事情別人不問時我們明白，一旦要我們解釋它，我們就不明

白了；而這正是我們必須留心思索的東西。」（顯然，由於某種原因這也是我們不易留心思索的東西。）（PI, §89）

　　我們掌握了「時間」這個語詞，我們理解它。但是當我們反思它的意義時，我們發現很難將它解釋清楚。尤其是這樣一個事實，即「時間」這個語詞是一個引誘我們去把它看做某種東西的名詞。然而我們想知道時間會是一種什麼樣的東西，「我們對時間的本性困惑不解，時間對我們來說是一件古怪的東西」（BB: 6）。維根斯坦認為，要消除這個困惑，就要達到我們對「時間」這個語詞之用法的一種反思式理解——要「獲得一種全貌」，或者對其用法掌握一種清晰的看法（PI, §122）。而要做到這點的方式是，當我們使用即時語言時，要「留心思索我們所作的各式各樣的陳述」：「奧古斯丁也有思索關於事件的持續，關於事件的過去、現在或未來的各式各樣的陳述。」（PI, §90）聚焦於時間語言的實際使用，我們打破「時間是某種事物」這個假設的限制；打破了這種假設的限制，我們就可以從對時間本質的困惑感中解放出來。

　　維根斯坦對同樣的過程提供了另一種說明，同樣與奧古斯丁對時間的反思相關聯。奧古斯丁想知道：「說一個人測量時間是如何可能的？過去的時間業已流逝，無法測量；未來的時間尚未到來，無法測量；而當下的這一刻因為沒有綿延，同樣無法測量。」（BB: 26）這段話引起的結論是，時間實際上根本無法測量。但是我們顯然能夠測量時間。因此在我們在得出無法測量時間的推理過程中顯然出現了錯誤。維根斯坦的診斷是，這裡的困惑是由「測量」這個術語的不同用法之間的表面相似所導致的，這種表面相似性讓我們基於其他類型的測量模型來解釋時間的測量：

　　我們會說，奧古斯丁把對時間的測量看做一種對長度的測量：他指的是，在一個正在從我們面前走過的隊伍中的兩個標記之

間的距離。而對於這一點我們只能在面前看到很小的一點（也就是現在）。對這個困惑的解決將在於，比較我們將之用於測量一個行進的隊伍的距離，與用於測量時間時，這兩者之間關於「測量」所意指的東西（也就是語詞「測量」的語法）。

(BB: 26)

正如前文所說，我們透過獲得對我們語詞用法的一種「全貌」、一個「可測量的表徵」來解決（更準確的說法是消解）這個困惑——在這個例子當中，也就是透過對我們關於「測量」的用法。我們並非透過發現「某種位於表面之下的東西」，而是透過恰當地領會「業已得到敞亮的、經過整理就可以綜觀的東西」：我們在不同語境下對「測量」一詞的不同用法之間的相似或不同的模式。當我們這麼做時，我們原先的問題——「測量時間到底是如何可能的？」就以這樣的方式得到了揭示：在語詞「測量」的不同用法之間一種引人誤解的相似之處的一種純粹的人工產物。這個表面上的問題，在我們看來根本就不是真正的問題。

在維根斯坦對《邏輯哲學論叢》中的分析概念展開批判的同時，又對《邏輯哲學論叢》中的本質主義展開了批判。在《邏輯哲學論叢》中，他著手為語言的本質給出一個說明；那時他認為，不管是任何命題的本質特徵就是，它就是基本命題的真值函數（參見 TLP: 5.471, 6）。當維根斯坦放棄《邏輯哲學論叢》中的分析觀念之後，他也放棄了對存在某種可以被稱為一個命題的本質或者語言本質的觀點：

我們不是要指出某些我們之為語言的東西的共同之處，我說的倒是：我們根本不是因為這些現象有一個共同點而用一個詞來稱呼所有這些現象——只不過它們透過很多不同的方式具有親

緣關係。由於這一親緣關係，或由於這些親緣關係，我們才能
把它們都稱爲「語言」。

（PI, §65）

他是透過一個類比來闡明這一點的：

比如，我們可以考察一下我們稱之爲「遊戲」的活動。我指的
是棋類遊戲、牌類遊戲、球類遊戲、角力遊戲等等。它們的共
同之處是什麼？——不要説：「它們必定有某種共同之處，否
則它們不會都叫做『遊戲』」——而要看看所有這些究竟有沒
有某種共同之處——因爲你睜眼看，看不到所有這些活動有什
麼共同之處，但你會看到相似之處、親緣關係，看到一整個系
列這樣的東西。像上面説的：不要想，而要看！

（PI, §66）

並且他認為，當我們去看不同遊戲時發現它們之間存在一整個
系列相似之處和不同之處：在某些遊戲裡，有輸贏的區別，在另外
一些遊戲裡則沒有這種區別；某些遊戲涉及參與者之間的競爭，另
一些遊戲則沒有這種競爭；某些遊戲是一種娛樂，另一些遊戲則不
是娛樂；某些遊戲涉及技巧，另一些則不涉及，諸如此類。

這些考察的一個結果是：我們看到了相似之處盤根錯節、重疊
交錯——或在粗略處相似，或在精微之處相似。
我想不出比「家族相似」更好的説法來表達這些相似性的特徵
了；因爲家族成員之間的各式各樣的相似性就是這樣盤根錯
節、重疊交錯的：身材、面相、眼睛和顏色、步態、脾氣，諸
如此類。——我要説：各種「遊戲」構成了一個家族。

（PI, §66-67）

　　然後，在維根斯坦看來，並不存在遊戲的本質這樣的東西：並沒有一個性質或者一系列性質，是為所有遊戲所共有的，並且只有有了這些東西才能稱之為遊戲。這就意味著，「遊戲」這個語詞的意義無法透過給出一系列的對於某種東西成為遊戲的必要條件或者充分條件的方式被分析或者被解釋，因為並不存在這樣的條件。我們可以說，「遊戲」這個語詞表達了一個「家族相似概念」。那麼，我們又是如何解釋這個語詞的意義的呢？只不過是透過給出不同種類遊戲之間的一些示例，「與這相似的東西就稱之為『遊戲』」（參見 PI, §69）。這種解釋的成功依賴於這樣一個偶然事實，即給出了解釋和例示，人們會一致同意以差不多相同的方式繼續將語詞「遊戲」運用到新的情形中。但是，維根斯坦認為，我們在很大程度上的確都同意將從一系列示例中採取的同樣的方式來繼續處理那些新的情形。他認為，這個事實在理解我們使用語言和遵守規則的能力中具有根本的重要性。

　　現在維根斯坦認為，他關於語詞「遊戲」所得到的結論，可以同等地運用到「語言」和「命題」這些語詞中去。他認為，並沒有諸如語言本質或者一個命題的本質這樣的東西：「我們稱之為『命題』、『語言』的東西不具有我們前面想像的形式上的統一，而是或多或少具有親緣的家族。」（PI, §108）他想像了一個反駁：「但我們不就對句子是什麼，對我們在『命題』名下所理解的是什麼有了一個概念嗎？ ——是的。」他回答道：「就此而論，我們對在『遊戲』名下所理解的東西也有一個概念。」（PI, §135）但是，正如「遊戲」這個概念所表明的，我們也可以擁有命題的概念，而無須存在任何對某物成為一個命題的很必要並充分的條件：「當人們問到什麼是命題——無論我們是回答別人還是回答我們自己——我們都舉出一些例子……因此，以這種方式，我們就有了命題的概念。」（PI, §135）

　　當代哲學所廣泛接受的一點是，在許多概念上，維根斯坦的反本質主義都是正確的。正統上的哲學意在分析諸如知識、真、善、原因，諸如此類的基本概念。他們在正統上也透過一個提供資料的系列的對被歸入某個概念之下的某物的必要且充分條件的識別，從而做到了對一個概念的成功分析。比如，因此正統上對知識的討論就集中於如下問題：為了確保 S 知道 p，在條件 (1) p 是真的；(2) S 相信 p 和 (3) S 對 p 的信念得到證成，這三者之外還需要增加什麼東西？但是在當代哲學家們中間的一個共識就是，以這種方式去分析知識概念是不可能的：任何被提議的分析最終將被證明要麼是對反例開放的，要麼蘊含了某些預設在知識概念之中的概念。因此，取代以其他術語分析知識的嘗試的是，對知識概念的當代討論傾向於把知識當作基本的，不可分析的；他們是並非透過分析知識而是透過考察知識與其他現象（諸如信念、證據、斷言等等）之間的關係，或者透過考察知識的功用或價值（比如參見 Craig, 1990；Williamson, 2000）來尋求洞察。當代哲學對真、善、原因等其他概念的探討情況也是如此。當代哲學中的這種趨勢與維根斯坦對他自己在《邏輯哲學論叢》中的哲學分析觀念的批判是相當一致的。並且，與維根斯坦的哲學理解源於獲得一種「可測量的表徵」（PI, §122），源於理解我們所關注的現象的「功能」和「結構」（PI, §92）這一看法也是相當一致的。

　　然而，在涉及維根斯坦試圖將同一種方法運用到對語言、命題和意義上時，當代哲學與之的一致性就沒那麼廣泛了。也許維根斯坦這麼認為是對的，即並不存在對我們準備稱作「命題」的所有事物所共有的一系列特徵：我們稱之為「命題」的那個事物顯示了與我們稱之為「遊戲」的那個事物系列具有相同的變化種類。可是，從這一點可以推出什麼結果？維根斯坦自己的看法是，哲學必須拋棄言說關於語言和命題的普遍的、系統性的事物的目標。他認為，

命題形成了不同情形的一個家族，命題之間以不相同的方式彼此相連；我們充其量只能圖解這種相似性和差異性，並且言說關於個別情形的個別事物；但是不可能言說任何關於命題本質的東西——因為並沒有任何東西可以運用到所有情形當中。但是許多哲學家持不同看法。他們認為，即使並不存在為我們準備將之歸入命題的每件東西所共有之物，我們也仍然可以識別命題的一系列核心的或範例性的情形。對語言的一種哲學說明必須從這些核心的、範例性的情形開始。並且對於那些屬於這些核心種類的命題來說，我們可以對什麼可以構成一個命題給出一個一般的、系統性的說明。從這個觀點看來，維根斯坦正確地指出了命題作為一個整體的在類別上的多樣性。但是他錯誤地認為，這意味著哲學必須拋棄為命題和語言給出任何普遍的、系統性的說明的企圖。在下面章節裡我們將考察介於這兩者之間的某種觀點。

二、語字和語句種類的多樣性：維根斯坦對指涉論的拒斥

在《哲學研究》的前面部分，維根斯坦評論道：

> 把多種多樣的語言工具及對語言工具的多種多樣的用法，把語詞和句子的多種多樣的種類與邏輯學家們對語言結構所說的比較一下，那是很有意思的（包括《邏輯哲學論叢》的作者在內）。

（PI, §23）

《邏輯哲學論叢》提供了一種語言的指涉論觀點。這種觀點對意義的說明的基本看法是，一個語詞代表或者指涉了一個對象。正如維根斯坦所言：「命題的可能性建立在對象以記號為其代表物

這一原理基礎上。」（TLP: 4. 0312）一個命題的本質就是代表一個事態：言說情形就是如此這般的。他逐漸意識到，《邏輯哲學論叢》這種觀點的一個至關緊要的缺點，就是它忽略了不同種類的語詞和句子之間的差別，以及語言的不同用法之間的差別。這種差異性的重要性，是《哲學研究》的前面部分的一個核心主題。

維根斯坦是以引用聖奧古斯丁作為《哲學研究》之開端的：

> 「當成年人稱某個對象，同時轉向這個對象的時候，我會對此有所覺察，並明瞭當他們要指向這個對象的時候，他們就發出聲音，透過這聲音來指涉它。而他們要指向對象，這一點我是從他們的姿態上了解到的；這些姿態是所有種族的自然語言，這種語言透過表情和眼神的變化，透過肢體動作和聲調口氣來展示心靈的種種感受，例如：心靈或欲求某物或守護某物或拒絕某事或逃避某事。就這樣，我一再聽到人們在不同句子中的特定位置上說出這些語詞，進而漸漸學會了去理解這些語詞所指涉的是哪些對象。後來我的口舌也會自如地吐出這些音符，我也就透過這些符號來表達自己的願望了。」
>
> （PI, §1）

按照維根斯坦，奧古斯丁的這些話：

> 給予我們一幅關於人類語言本質的特別圖像，即：語言中的語詞得是對象的名稱——句子是這樣一些名稱的連繫。——在語言的這幅圖像裡，我們發現了以下觀念的根源：每個語詞都有一個含義；含義與語詞一一相應；含義即語詞所代表的對象。
>
> （PI, §1）

88

　　維根斯坦對這幅指涉論圖像的最基本反駁——正如他所稱的「奧古斯丁的語言想法」（PI, §4）——是簡單明瞭，讓人放心。他認為，某些語詞的確代表對象。事實上，我們也可以想像一種特別原始的語言，它完全是由那些代表對象的語詞所構成的：「一門符合於奧古斯丁所作的那類描述的語言」（PI, §2）。但是，說我們的現實語言裡的所有語詞都代表對象，那顯然是不對的。他用一個簡單的例子來闡明這個觀點：

　　　　來設想一下語言的這種用法：我派某人去買東西，給他一張紙條，上面寫著「5 個紅蘋果」。他拿著這張紙條到了水果店，老板打開標有「蘋果」字樣的貯藏櫃，然後在一張表格上找出「紅」這個字，在其相應的位置上找到一個色樣，嘴裡數著一串基數詞——假定他能熟記這些數字——一直數到「5」，每數一個數字就從櫃子裡拿出一個和色樣顏色相同的蘋果。——人們以這種方式或類似的方式和語詞打交道。

　　　　　　　　　　　　　　　　　　　　　　　　（PI, §1）

　　語詞「5 個」、「紅色」、「蘋果」並不以完全同樣的方式起作用；它們並不全都代表對象。並非在每種情況下，理解這些語詞都涉及知道語詞所代表的對象是什麼。店主理解語詞「5」和「紅色」，但是這並不涉及知道它們所代表的對象。維根斯坦堅持認為，毋寧說，它涉及知道語詞是如何使用的：它們在何種情景中被表達出來，它們的使用所要達到的目標是什麼，一個人又應當如何回應對它們的使用，諸如此類。這裡的道理是簡單明瞭的：我們不應當被不同種類的語詞之間表面上的相似性所誤導了，從而忽視了它們之間更深層次的差異性。維根斯坦是用一個類比來闡明這一點的：

設想一下工具箱裡的工具：有鐵鎚、鉗子、鋸子、螺絲起子、尺、膠水瓶、膠水、釘子、螺絲。——這些東西的功能各不相同；同樣，語詞的功能也各不相同（它們的功能在這一點、那一點上會有相似之處）。

當然，我們聽到這些語詞，看到寫出來、印出來的語詞，它們的外觀整齊劃一，而這讓我們感到迷惑。它們的用法卻並非明明白白地擺在眼前——尤其在我們從事哲學的時候！

(PI, §11)

我們可以將維根斯坦對奧古斯丁的回應的基本精神陳述如下：說一個語詞標示一個對象，是陳述某些語詞的功能或作用的一個恰到好處的方法：名稱。但是並非每個語詞都是名稱，也並非每個語詞都標示某些事物。然而，在種種特徵相互纏繞之處，維根斯坦承認，他的討論的基本精神可以用另一種方式來表述。因此如果我們想要這麼做的話，我們可以說每一個語詞都標示某些東西：「拿破崙」標示某個人；「蘋果」標示某種水果；「5」標示某個數字；「紅色」標示某種顏色，諸如此類（參見 PI, §10, 13-15）。但是維特根斯坦堅持認為，如果我們這麼說，我們將不得不承認標示是什麼——這個東西在細節上涉及一個語詞標示了某些所標示之物——對於不同的語詞將會有不同的標示。我們將不得不給出一個對什麼可以算作標示一個特定人物的專名的說明；一個對於什麼可以被算作標示一個特定的數的數字的不同說明；然後是一個對什麼可以被算作是標示一個特定顏色的顏色語詞的不同說明，諸如此類。（比如，它對於名字「拿破崙」所標示或者指涉拿破崙這個人是一個相當合理的必要條件，這就是某種因果連繫，不管我們對這個名字的使用與這個人本身之間的連繫有多麼遙遠。但是它不能是對於數字「1」指涉 1 這個數的一個條件，這裡應當有一個我們

90

對這個數字的使用與 1 這個數本身之間的因果連繫；因為數字並不
與任何東西之間有因果連繫。類似地，儘管也許存在一種對於語詞
「紅色」與它所指涉的顏色——紅色——之間的因果連繫，這種連
繫也不能與我們使用「拿破崙」這個名字的因果連繫完全相同：因
為拿破崙是一個特定的、具體的對象，但紅色並不是這種對象。）
然後，如果我們把每一個語詞都看做是標示了某個東西，我們將發
現「雖然這樣一來，人們把對語詞用法的描述弄得相似了，但語詞
的用法本身卻並沒有因此而變得相似！因為，正如我們看到的，它
們絕不是一樣的」（PI，§10）。因此我們面臨一個選擇。我們可
以把標示看做一種特定的關係：在一個專名和它所命名的對象之間
保持的某種關係。在那種情況下，說每一個語詞都標示某個東西是
不對的；因為說每個語詞都以和專名一樣的方式起作用，這是不對
的。另外一個選擇是，我們可以說每一個語詞標示了某個東西。但
是那樣一個語詞標示了某些東西的觀念將不會告訴我們關於任何語
詞實際上起作用的方式的任何事情。用維根斯坦的話說，「如果我
們說『語言中的每一個語詞都標示著某種東西』，我們這時候還什
麼都沒說出來」（PI，§13）。我們說明的整個內容將由我們繼續
給出的對標示的特定說明所給定，一個又一個；那種說明對於語詞
的不同種類將是不同的。

　　對維根斯坦論證的一個自然而然的反應是，將他所說的視為
顯而易見的道理。不同的語詞當然會以不同的方式起作用；專名
與其承載物之間的關係當然和顏色語詞與顏色之間的關係有著重
要差異，也就是說，和數字與數之間的關係有著重要差異。可是誰
會打算去否認這一點呢？也許維根斯坦是用這個觀點來反對自己在
《邏輯哲學論叢》中所持的立場。（但即便這一點也並不顯而易
見。《邏輯哲學論叢》說過基本命題是完全由名稱構成的，名稱則
代表對象。但是一種關於語言如何在完全分析的層面上起作用的

主張，而不是一個關於日常語言的主張。因此它與這一觀點是相互相容的，即在日常語言中，不同的語詞以不同的方式起作用：事實上，維根斯坦的正面主張便是諸如「與」、「非」和「或」這樣的邏輯語詞，並不透過命名對象而起作用〔TLP: 4. 0312〕。）但是即便維根斯坦的觀點對於他自己的早期觀點是致命的，他提出的觀點對那些實際上想要持有的人來說，何以是一個根本的挑戰呢？對於任何以為每一個語詞的確以完全相同方式起作用——透過命名對象——的人來說，這是一個根本挑戰嗎？

於是，看起來似乎維根斯坦根本不是要提出一個對於其他語言哲學家來說的一個根本的挑戰。而似乎是他在留心語詞種類多樣性過程中描繪出了一個恰如其分的好觀點：但是這個觀點輕易地被一個學術正統內部所接納了，這個正統就是由弗雷格、羅素和《邏輯哲學論叢》所宣揚的對意義的指涉論說明。站在這個正統的立場上看，意義是根據語詞、指涉和命題真值條件來解釋的。一個語句的意義與什麼東西使它為真密切相關；而這一點又是由其組成部分的語詞指涉所決定的。以「茉莉亞是高個子」這個語句為例。「茉莉亞」這個名稱指涉一個特別的人：茉莉亞。「是高個子」指涉一種特定的性質：高個子這種性質。「茉莉亞是高個子」這整個語句為真，當且僅當由名稱「茉莉亞」所指涉的人，具有由語詞「高個子」所指涉的性質。並且以這種方式為語詞賦予真值條件，我們就賦予了這個語句一個意義。在說所有這些東西時，指涉論者可以恰到好處地承認，對被當作語詞「茉莉亞」指涉的一個特定的個體的說明，將在許多重要方面不同於被當作「高個子」這個表達式指涉高個子這個性質的說明。可是，從這個正統立場看來，並沒有理由放棄這麼一個觀點，即指涉的觀念在對意義的說明中占據核心位置。因為沒有這個觀點，我們就根本沒有關於句子的意義何以透過它的組成部分的意義來構成的看法了。從這個觀點來看，維根斯坦

關於語詞種類多樣性的評論提醒了我們，我們需要一個對是什麼東西使得一個給定的語詞指涉一個它實際上所指涉的對象或性質的說明。這些觀點也提醒我們，並不是每一個語詞都是以指涉一件事物或者性質來起作用的：舉例來說，諸如「滾！」、「噢！」、「救命！」、「妙極了！」和「不！」這樣的語詞，並不以這種方式起作用（參見 PI, §27）。這些都是重要的觀點。但是，在這個正統看來，它們並不對指涉概念在意義說明中占據核心作用這個基本的指涉論教條構成挑戰。

　　然而，維根斯坦對奧古斯丁的語言想法的批判比上面這個挑戰激烈得多。當他批評「每個語詞都有一個含義；這個含義與這個語詞互相關聯；它就是這個語詞所代表的對象」這個看法時，並不是想要為一個更為細緻的、更為精巧的，與他在《邏輯哲學論叢》裡所追求的同屬一個總體類型的意義說明提供論證——也就是一種認為語句的意義與它所指涉之物密切相關，語句意義與什麼東西使得它為真密切相關這樣一種指涉論說明提供論證。相反地，他要為任何一個這樣的說明都給出了一個貧乏的、片面的和不精確的語言觀提供論證。他認為，把指涉看做所有語詞的意義都根據它來得到解釋的一個基本特徵，這是個錯誤：某些語詞的確如此，但並非所有語詞皆如此；沒有任何理由把指涉某物的語詞視為範例情形，而把其他語詞視為僅僅是輔助情形。他認為，與此類似，把一個語詞根據其為真的條件視為這個語句的基本特徵，根據這個條件陳述式的意義便得到解釋，這也是一個錯誤。《邏輯哲學論叢》認為「命題的一般形式是：事情是如此這般的」（TLP: 4. 5）。並且認為，一個命題的重要性質就是它說了事情是如此這般的。在《哲學研究》裡，維根斯坦完全批判了這種觀點。他說，我們必須「和這樣一種觀點徹底決裂，即語言始終以單一的方式起作用，始終服務於同樣的目的：傳達思想——不管這些思想相關的是房屋、疼痛、善惡，

抑或其他任何東西」（PI, §304）。因為存在語言的「不計其數的不同使用類別」。維特根斯坦接著列舉了這些例子：

> 下達命令，以及服從命令——
> 按照一個對象的外觀來描述它，或按照它的尺寸來描述它——
> > 根據描述（繪圖）構造一個對象——
> > 報導一個事件——
> > 對這個事件的經過作出推測——
> > 提出及檢驗一種假設——
> > 用圖表表示一個實驗的結果——
> > 編故事；讀故事——
> > 演戲——
> > 唱歌——
> > 猜謎——
> > 編笑話；講笑話——
> > 解一道應用算術題——
> > 把一種語言翻譯為另一種語言——
> > 請求、感謝、謾罵、問候、祈禱。

93

（PI, §23）

　　語言的上述某些用法涉及表達一個為真或為假的句子。但是維根斯坦堅持認為，其他一些句子——包括下達命令、編故事、猜謎語、講笑話、請求、感謝，諸如此類——並未涉及這些。

　　這個評論本身就是對上述那種學術正統的反駁，也就是那種由弗雷格、羅素和《邏輯哲學論叢》所持的指涉論正統。這個正統立場承認語言的這些不同用法的存在；它也承認對語言的完全說明

必須處理語言的所有用法。但是它認為，我們的說明必須從語言說出了為真或為假的事情這一用法開始。例如：構成語句「鳥籠釘在樹上」的語詞，可以用來做許多除了說某物為真或為假之外的事情。它們可以用來下達一個命令（「把鳥籠釘在樹上！」），也可以用來詢問（「鳥籠釘在樹上嗎？」），或者用來講一個故事（「很久以前，有一個鳥籠被釘在了樹上」），還可以用來開玩笑或者猜謎語，或者用來從一種語言翻譯為另一種語言，諸如此類。但是，從這個正統看來，這些語詞的說某件事情為真或為假這一用法在我們理解它們的意義中占據著基本的位置。要解釋語詞的含義，我們必須說鳥籠是什麼，樹是什麼，以及鳥籠被釘在樹上為真時是一種什麼樣的情況。這些給予了我們對可以用來在其他情形中使用的語詞的含義的一種說明，在其他情形中，同樣的語詞被用來做一些說某事為真為假之外的事情。但是語詞說某事為真或為假這個用法是基本的。這就是指涉論的立場，這也是維根斯坦要挑戰的一個立場。當他將注意力集中於語言用法的多樣性時，他的要點在於我們不應當將語句說出了某些為真或為假的事情這一用法看做是最基本的，而其他用法純粹是輔助性的或者衍生性的：他認為，語句的不同用法之間處於一種同價的關係；所有這些用法都在對語言的任何說明中扮演著同等的角色。

維根斯坦認為存在語詞的各種不同用法，以及語言的種種不同用法，這一點無疑是對的。他認為對語言的充分說明必須容納所有這些現象，這也是對的。對語言的哲學探討經常集中於一個相對狹小的、受侷限的情形範圍之中，的確如此。但是正如我們所看到的，我們可以對用法的這種多樣性持兩種不同的態度。從正統立場來看，認識到語詞種類和語言用法的多樣性，與為意義給出一個一般的、系統化的說明是互相相容、不矛盾的：從對語言的這種說法看來，語詞的基本特徵便是其指涉，語詞的基本用法就是它們在說

94

某事為真或為假時的用法，而語詞的其他用法則被視為只是輔助性的，或者是從這些用法衍生出來的。在另一種立場看來，正是語詞種類的多樣性和語言用法種類的多樣性這一點使得根本不可能為意義給出一個系統化說明：沒有任何一種語詞的特徵，也沒有任何一種語詞的用法可以被視為是基本的；也沒有任何一種系統性的或者統一的說明可以用來決定一個命題的意義。維根斯坦偏愛第二種立場。可是，他是否給出了恰當的理由讓我們同意他呢？

對正統方法的語言觀的最終檢驗是，它是否最終可以成功地將語詞和語言用法的多樣性容納到它的指涉和真值條件的框架之中。屬於這個正統的、指涉論傳統的當代哲學和語言學研究者，當然不會聲稱已經對所有種類語詞或所有種類的語言用法給出了一個完整的說明。但是他們會主張做出堅定不移的進展；他們會確定無疑地拒斥這一言論，即他們的計畫是不可能成功的。站在指涉論正統語言觀立場上，他們會認為，那些懷疑正統方法的人們——包括許多受維根斯坦影響的人——繼續指出語言的特徵或用法，抵制了任何系統性的處理方式。但是這場爭論具有某些鮮活爭論的特徵：這場爭論的確並沒有由造成維根斯坦的這一觀點而得到解決，即沒有一個正統說明可以最終取得勝利。

考慮到這一點，我們對維根斯坦批判指涉論的意義理論的反應，將部分地依賴於他所提供的競爭理論的吸引力。如果不是以將指涉視為基本的那種方式，我們又應當如何處理語詞的意義問題呢？如果不能將它們的說了某種為真或為假的東西這一用法說成是基本的，我們又是應當如何處理命題的意義問題呢？在《哲學研究》裡，維根斯坦提出「語詞的意義就是它在語言中的使用」（PI，§43）；而命題的意義，他說，則是它的使用。然而，這些看法實際上是什麼意思呢？

95 ## 三、意義與使用

在《邏輯哲學論叢》裡，維根斯坦說一個命題的含義取決於「它為真時事情是怎樣的」（參見 TLP: 4. 022）。相應地，「理解一個命題意味著知道該命題為真時事情是怎樣的」（TLP: 4. 024）。在 1929 和 1930 年間，他採取了一個不同的口號：「命題的含義就是它的證實方法」（WVC: 79）。從這個觀點看來，理解一個命題就涉及知道它是如何取決於它是不是真的。在 1932-1933 年間，他又提出了第三個看法：「一個命題的用法——乃是其含義」（BT: 80）。因此理解一個命題就是知道它是如何被使用的。這最後一個看法貫穿了維特根斯坦的後期哲學：「（兩個句子具有）相同的含義這一事實，不是在於它們具有相同的用法嗎？」他問道（PI, §20）。他的問題顯然是在期待「是」的回答。

於是，從表面上看，維根斯坦的意義觀有一個穩定的發展：在《邏輯哲學論叢》中，命題的意義是根據決定其為真或為假的條件而得到解釋的；在 1929-1930 年期間的較短時間裡，他又持一種證實主義觀點，認為命題的意義取決於表明它為真或為假的東西；在其後期哲學中，他又認為命題的意義乃是事關其使用。這就是關於維根斯坦哲學發展的一種傳統看法。第一眼看上去，這個看法也是合情合理的。但當我們考察到細節之處後，將會看到某種方法，按照這種方法可以將初始草圖的明顯的界線需要做得更為精巧。但是在考查維根斯坦的看法之前，我們需要看到根據其真值條件，或者根據其證實方法，或者根據其用法來解釋命題的意義，這些方法都意味著什麼（下面的說明要感謝譚美特〔Michael Dummett〕的著作：關於相關看法的一個概要，參看 Dummett, 1994: 274-278）。

我們可以區分開一個命題的 3 個特徵。首先是它的真值：它為真時事情必須是什麼樣子的。存在某些可以證明相信或者斷言一個

命題的條件；這些條件可以算作是命題真值的證據。並且存在相信或斷言一個命題的後果：由信念或斷言所產生的結果。我們可以透過考慮命題「動物感到疼痛」來闡明這 3 個特徵。存在某種事態，它是命題「動物感到疼痛」為真時所達到的：關於動物經驗疼痛感覺的事態。存在某些證明斷言這個命題的條件：例如：這一事實，即當動物受傷時，他們的行為展現出與我們感到疼痛時所展現出的一樣的痛苦跡象。並且也存在某些斷言或接受這個命題的後果。比如，這就是我們接受命題「動物感到疼痛」的一個後果，即我們小心謹慎地對待動物，唯恐它們受到傷害；如果我們並不相信動物能夠感到疼痛，我們就不會以事實上的方式對待它們了。然而，在一個命題的 3 個特徵之間存在一種什麼樣的關係呢？它們又是如何與命題的意義相連繫的呢？

　　從正統的真值條件意義觀看來，一個命題的意義就是根據它的真值條件來解釋的。因此，命題「動物感到疼痛」這個命題的意義就取決於這個命題為真時情況是怎麼樣的；也就是說，動物的疼痛感覺的體驗。相應地，要理解這個命題就是要知道這樣一種事態——動物感到疼痛的事態——這個事態必須從該命題為真時的情況中得到。從這個觀點看來，可被算作斷言一個命題為真的證成的東西，以及接受它的後果是什麼，都是從一個命題的意義當中得到的。因為命題「動物感到疼痛」意味著它的斷言可以被相關的行為證據類型所證明，也因為該命題意味著相信這個命題具有它所具有的某些後果。

　　但是對於意義、真值、證據與後果之間的關係可能採取與此不同的看法。證實主義者將我們用來處理證成一個命題的證據視為命題的基本特徵，然後根據證據來解釋命題的意義。我們用來處理證據命題「動物感到疼痛」時的證據，就是動物在受到傷害時以某種可預見的方式作出反應。並且，對於證實主義者來說，命題的斷

96

言乃是基於證明所證成的這一事實,就是命題意義的所有內容。從這個觀點看來,理解一個命題就涉及知道什麼可以證成我們對它的斷言。因此如果某人對如何證明一個命題毫無頭緒——對它是如何建立其真值的毫無頭緒——他就根本無法理解這個命題。正如維根斯坦在 1929 年所說的:「為了決定一個命題的意義,我應當不得不知道一個特定的程序,來決定什麼時候可以被算作是命題被證實了。」(WVC: 47)與此形成對照的是,從正統立場看來,無須擁有任何關於一個命題是如何被證實的而能夠理解它,這是完全可能的。因為在那種立場看來,理解一個命題乃是取決於知道命題為真時情況必須如此這般;一個人可以對它是基於什麼東西而建立起真值的毫無所知,但他能夠知道命題為真時的情況如何。

類似地,也有一個關於意義的實用主義觀點,它把斷言或相信一個命題的結果視為基本的,並進而根據這些東西來解釋命題的意義。我們前面看到,接受命題「動物感到疼痛」的一個後果是,我們懂得了善待動物(或者至少比我們沒有接受該命題的後果更為善意)。因此一位實用主義者會將命題視為產生那個結果的工具,進而根據那種功能來解釋一個命題的意義;命題的意義就在於它具有引起人們善待動物的功能或後果。這種看法顛覆了看問題的正統立場,因此從正統立場看來,命題具有它所具有的後果,乃是因為它意指著它所意指之物。在實用主義者看來,理解一個命題將涉及掌握它的後果或功能:使用它以便帶來那些後果;並且以正確的方式對他們使用這個命題作出反應。

實證主義者和實用主義者各自都根據命題的用法來解釋其意義。但是他們各自集中於命題用法的不同的方面:實證主義者集中於對斷言一個命題的證成;而實用主義者集中於斷言一個命題的結果或後果。命題的意義取決於其用法這一觀點可以根據這兩個不同方面而取得不同發展。或者它可以透過訴諸於結合命題用法的這兩

個特徵而得到發展——命題的意義取決於它的整體用法：斷言該命題時向我們提供證明的情景，斷言它的指向或意圖，斷言它的結果或後果，諸如此類。

有了這些背景資料，我們可以回到這個問題上去，即維根斯坦自己的意義觀是如何發展的。我說過，對此的常規的觀點就是，在《邏輯哲學論叢》裡維根斯坦乃是根據真值條件來解釋意義問題的。在 1929-1930 年間他短暫地持有過一種實證主義的意義觀，然後在《哲學研究》裡，他構想了根據其用法來解釋命題意義的理論。如果對這種常規的觀點做近距離的細緻考查，會發現什麼問題嗎？

正如我們所看到的，根據《邏輯哲學論叢》，一個命題的含義就是「它為真時事情是怎樣的」（參見 TLP: 4. 022），並且「理解一個命題意味著知道若命題為真時事情是怎樣的」（TLP: 4. 024）。以這種方式來構想意義理論，恰好就是以真值條件來構想意義理論。但是《邏輯哲學論叢》也將意義與使用連繫了起來。維根斯坦說道，要知道一個符號的意義，「我們必須在其有含義的使用中觀察它」（TLP: 3. 326）；「如果一個記號是無用的，那它也就是無指謂的」（TLP: 3. 328）。接著又說道：「在哲學中，『我們實際上是用語詞或命題來作什麼用的』這個問題，一再地引入到有價值的洞見之中」（TLP: 6. 21①）。對意義和使用之關係的這些強調，或許會讓人覺得彷彿維根斯坦根本無法被看做是根據真值條件來思考意義問題的——彷彿《邏輯哲學論叢》必定提出了某種形式的實證主義或者實用主義。可是這種看法是錯誤的：在這些評論之間實際上並不存在一種將意義和使用與《邏輯哲學論叢》中提出的真值條件意義理論的觀點之間連結起來的張力。

98

---

① 這個命題在《邏輯哲學論叢》中的序號應當是 6.211，此當為引者筆誤。

在《邏輯哲學論叢》中，維根斯坦的確認為一個命題具有意義，乃是因為我們使用它的方式。但是他這麼說的意思是，命題能夠有所意指乃是因為我們使用它來表示某些特定的事態：因此我們為之給出了一個特定的真值條件。要知道一個命題意義何在，我們不得不「在其有含義的使用中觀察它」（TLP: 3. 326）：也就是說，我們不得不看到它被用來表示的事態是什麼樣子的。但是它與證據或證實是沒有什麼關係的。《邏輯哲學論叢》並沒有表現出對知識論的興趣，實際上也並不包括對證據或證成問題的探討。並且該書也並不包含對實證主義觀點的建議，也就是一個命題的含義透過參照斷言它時能夠向我們證明的根據來獲得解釋。

與此類似，我們可以透過表述「我們實際上是用語詞或命題來作什麼用的」（TLP: 6. 21）這個問題，來引出「有價值的洞見」，這個看法是對意義的根本的真值條件說明的一部分，而不是對它的一個挑戰。維根斯坦是在探討數學命題的語境中得出這個結論的。他認為，透過考慮我們用它們來做什麼，可以把一個洞見放到數學命題的本性中去。並且，當我們考慮我們如何使用它們時，我們發現「我們使用數學命題只是為了從一些不屬於數學的命題推論出另一些同樣也不屬於數學的命題」（TLP: 6. 211）。例如：我們可以使用「7＋5＝12」這個數學命題來從「碗裡有 7 顆核桃和 5 顆腰果」推導出「碗裡有 12 顆堅果」；這是從一種非數學的命題推導出另一個非數學的命題。並且，按照維根斯坦，這就是我們使用數學命題所做的全部。尤其是，它們並不是被當作事態的圖像來使用的；它們並不是用來代表世界。因此「數學命題並不表達思想」（TLP: 6. 21）。當維根斯坦提出「我們實際上是用這個命題來作什麼用的」這個問題時，他是要論證，如果一個明顯的命題並非用來說出某些關於實在的為真或為假的事情，它就沒有含義。並且這一點並不是對一個命題的含義取決於它的真值條件這一觀點提出挑戰；它

只不過是預設了這個觀點。因此《邏輯哲學論叢》將語詞和命題的意義與它們的使用連接了起來。但是它所提供的是根據真值條件來解釋意義的理論背景之下的一個連繫。

如果《邏輯哲學論叢》根據真值條件構想意義這一點是清楚的,那麼在 1929 年維根斯坦回到哲學領域之後的一段時間裡,他認為命題的含義是根據建立其真值的證據而得到解釋的,這一點也是清楚的。他寫道(PR: 200):「一個命題就是透過它所說的情況而被證實的。」他還說過:「為了決定一個命題的意義,我應當不得不知道一個特定的程序,來決定什麼時候可以被算作是命題被證實了。」(WVC: 47)例如:為了與他提出的觀點協調一致,關於他人牙痛的某個命題的意義就是根據我們據以斷言他有牙痛的行為根據來解釋的 —— 而不是根據任何隱藏在他的行為之後的東西來解釋的,對於這種東西的存在,我們找不到任何可以證實的手段(參見 PR: 88-89 和 WVC: 49-50;這個提議在下文第六章第一節第一小節提到探討)。但是那種形式的實證主義只保持了一個短暫的時期。G. E. 莫爾在 1930 年的聽課報告中說,維根斯坦「作出了一個著名的陳述,即『一個命題的含義就是它的證實方法』」(Moore, 1954-55: 59)。但是在 1932-1933 年間,莫爾報告說,維根斯坦已經放棄了對這個已經弱化了的論題的贊成,即「你可以透過詢問一個命題是如何得到證實來確定它的意義」。現在維根斯坦說,即使如此弱化的論題,「也只是拇指的規則」。一方面,「在某些情形中,『它是如何被證實的?』這一問題毫無意義」(Moore, 1954-55: 59)。(例如:根據維根斯坦,詢問一個人是如何證實「我牙痛」這個命題是不可理喻的,儘管這個命題本身仍然完全是有意義的。)另一方面,我們可以用某種特定的方式證實某個特定的命題這個事實,沒有為我們提供多少關於其意義的資訊。比如,維根斯坦說:「報紙上的陳述可以證實劍橋大學贏得了賽艇

比賽的『假說』，……然而這些陳述『對於解釋「划艇比賽」的意義所做的事情微乎其微』。」（Moore, 1954-55: 60）

100　　　因此，維根斯坦在寫作《哲學研究》之前很久就已經拋棄了較早時期提出的實證主義立場。但是，儘管他放棄了這種形式的實證主義，他並沒有放棄這樣一種看法，即在一個命題的意義與我們藉以說出它是否為真的方法之間存在一種重要的關係。在《哲學研究》中這樣寫道：「詢問證實一個命題的可能性及其方式，只是以一種特殊方式詢問：『你是什麼意思？』，其回答則是對該命題的語法的一種貢獻。」（PI, §353）對於一個命題是何以被證實為一種對「語法」的貢獻，一種說法是：對該命題具有的某種意義的一種貢獻。也就是說，這種貢獻是該命題意義的一個特徵，而不是單獨的確定。這個觀點比起他在 1929-1930 年間所持的 out-and-out 的證實主義來是一種更為限制的看法。但它仍然暗示了，在一個命題的意義與它得以被斷言的根據之間存在著某種密切的關係，比維根斯坦在《邏輯哲學論叢》中企圖指出的關係要更加密切。比如，維根斯坦在《心理學哲學——一些片斷》中說：「『長度』這個語詞的意義是透過學習而學會的，透過置身於其他事物之中來決定長度。」（PPF, §338 [PI, II, xi, p. 225]）他的要點並不是說，教給人們測量長度的方法，是讓人們理解「長度」這個詞的一種有效的方式，而是「x 的長度」所指的意思乃是部分地由我們如何測量 x 的長度來定義的；相當於說，「這座花園有 20 公尺長」這個命題的意義，部分地取決於我們確定該命題為真或為假的方法。當維根斯坦將命題的意義與它的用法連繫起來時，他的「用法」一詞所指的意思，部分地就根據我們據以斷言這個命題的基礎。

　　　但是《哲學研究》也提出了這一看法，即命題的意義部分地取決於我們使用它的意圖是什麼，或者用它來做什麼。讓我們考慮一下「我相信正在下雨」這個句子。維根斯坦指出，在許多語境下，

「『我相信事情是如此這般』這個表達以一種類似於斷言『這就是實際所是』的方式來使用」（PPF, §87 [PI, II, x. p. 190]）。因此，舉例來說，說出「我相信正在下雨」的意圖，經常就是告訴某人關於天氣的資訊，而不是告訴對方關於自己的信念的資訊。在維根斯坦看來，在這些場合下，這一點正是這個句子意指之物的反映：「『我相信快要下雨了』這個命題」，他說，「與『快要下雨了』這個命題具有相似的含義，也就是說，具有相似的用法。」（PPF, §89 [PI, II, x. p. 190]）維根斯坦的觀點將句子的含義緊緊地貼在表達出該句子的某個場合的指向或者意圖之上。這個觀點與這樣一種傳統的，更為正統的觀點形成鮮明對照，即在一個句子的語義特徵（與該句子的意義相關的特徵）與它的語用特徵（該句子的並非其字面意義的用法的特徵）之間存在一種嚴格的區分。從傳統立場來看，「我相信快要下雨了」這個句子總是意指說話者相信快要下雨了，該句子從未有過跟「快要下雨了」相同的意思。並且某個說出該句子的人，總是說出了某些關於他自己的資訊，他從未說出關於天氣的資訊。他在說出「我相信快要下雨了」這個句子時的意圖，也許是告訴某人關於天氣的資訊，而不是告訴對方關於他自己的資訊。但是這一點並不影響他說的這個句子的意義，或者他說出的這句話的內容。從這一觀點看，在一個句子的字面意思與表達它的意圖或者指向之間存在一種嚴格的區分。但是維根斯坦拒斥這樣一種嚴格區分。在他看來，正如我們將要指出的，對於一個句子意指什麼東西並沒有某個單一標準；在一個句子的意義與它的用法的其他方面之間也不存在一種清楚的、非任意的區分。他認為，一個句子具有一種「嚴格的字面意思」這個觀點，是一個哲學神話。

於是，在《哲學研究》中，維根斯坦拒斥了《邏輯哲學論叢》中的這一觀點，即意義是根據真值條件來解釋的。他提出，我們斷言一個命題的根據，以及我們使用它表達出某個意圖，在確定該命

題的意義中，這兩者都起了作用。他把「一個命題的意義」詮釋為「一個命題的用法」。並且，正如我們看到的，他提出兩個命題具有相同的意義，就相當於它們具有相同的用法。於是，這似乎就相當於說，他是根據一個命題的用法來構想該命題的意義的。但是關於他透過「一個命題的用法」所意指的東西，或者關於他如何理解意義取決於用法這個觀點，還有什麼更為明確的東西可以說嗎？

當維根斯坦說一個命題的意義乃是其用法時，他並沒有推進一種一般的、系統化的意義理論。與實證主義者或實用主義者不同，他並不認為存在命題用法的單一的、統一的特徵，根據它我們可以為每一個命題的意義給出一種系統化的解釋。他也沒有提供一種對意義的還原式說明：這種說明解釋了一個命題乃是根據其自身並不預設意義概念的東西來獲得某種意義的。這一點使得維根斯坦與那些同樣認為意義取決於用法的哲學家之間作了區分，因為他們持有一種還原論的抱負。這些哲學家曾經想要表明語詞的語義特徵是何以能夠在一種關於世界的科學的、物理學的圖像中得到說明的，他們把這些語義特徵視為某種表面上看來的難題或者急需得到解釋的東西。例如：20 世紀美國哲學家蒯因（W. V. Quine）就根據感官刺激的模式來解釋句子的用法，而這些感官刺激模式會導致說話者同意或者不同意一個句子。以這種方式來理解，用法就完全不是一個事關語義的問題了；根據這種理解，我們可以為一個句子的用法給出完全的描述，而無須參照其意義，也無須參照那些使用它的人的信念和意向。蒯因的目標是運用這種使用概念構築一個得到充分定義的，在科學上值得尊敬的意義觀念；他將這種意義稱之為刺激意義（Quine, 1960: ch. 2）。維根斯坦關於意義即用法的理論版本，則與此截然不同。與蒯因不同的是，他並不從用法的非語義觀念入手，意在由此構築意義理論。可是，他究竟是如何構想命題用法的呢？

對維根斯坦來說，一個命題的「用法」圍繞了那些使我們「把

一個否則就會顯得很陌生的表達式」翻譯成我們所熟悉的語言中的一個給定的命題（PPF，§7 [PI, II, ii, p. 175]）。但是，我們可以問道，是什麼使得我們用一個語詞或句子來翻譯另一個語詞或句子呢？維根斯坦寫道：

> 諸如此類的一個命令，或者諸如此類的一個描述，或者諸如此類的一個問題等等，它們的特徵是……這些符號所表達的在語言的整體實踐中扮演的角色。也就是說，一個部落的語言的語詞是否能夠正確地翻譯爲英語中的語詞，這取決於這個語詞在該部落的整體生活中所扮演的角色；在它被使用的場合，它所表達的情感總體上是相伴隨的，總體上喚起的觀念或者它所說的提示物等等。作爲一項連繫，問你自己：在那些情形中，你能確定，該部落的人所說的語詞表達的是問候？在哪種情況下我們應當說它與我們的「再見」相符合？在哪種情況下它與我們的「喂」相符合？在哪種情況下你會說一個外語的語詞符合我們的「可能」？——符合於我們關於懷疑、信任、確定的語詞呢？你將發現把某個東西稱作懷疑、確信等等之類的表達，很大程度上，儘管當然不是全部，都在於對手勢的描述，面部表情的表演，甚至還有聲音的腔調。
>
> （BB: 102-3）

　　維根斯坦認為，一個給定的語詞是否正確地被翻譯為我們的語詞「再見」，取決於這個語詞的用法。這個語詞的用法則取決於它在「部落的整體生活」、「語言的整個實踐」中所扮演的角色。但是，我們可以問道，一個語詞為了要正確地被翻譯成「再見」，究竟必須在「語言的整個實踐」中扮演著什麼角色呢？關於維根斯坦對這個問題做出回應的方式，存在兩點值得重視。

103

　　第一，維根斯坦會說並不存在一個語詞為了能被翻譯為「再見」而終究必須給出的說明。在實際情況中，我們可以把一種不熟悉的語言中的一個給定的語詞確定為對應於我們的語詞「再見」。我們是透過看到它是如何使用而這麼做的；給出我們所知道的關於這些人和他們對其語詞的使用的所有資訊，就可以認為最好把這個語詞翻譯成「再見」。但是將決定翻譯正確與否的各種因素系統化、條理化是沒有可能的。第二點就是，在維根斯坦看來，對於兩個語詞或句子是否具有相同的意思，並不存在單一的標準。因此將會有這樣的情況，按照一種標準將一個語詞或句子以特定方式給出正確的翻譯，而按照另一種標準則給出的是一個錯誤的翻譯。並不存在這兩者之中哪一種標準是正確的哪一種又是錯誤的這種問題；不會說有其中的一個標準捕捉到了意義的真正相同性的關係。因為並沒有這樣一種關係。在維根斯坦看來，「這兩個表達式是否具有相同的意思？」以及「以這種方式翻譯這個表達是否正確？」這樣的問題可以依據我們正在運用的意義相同性標準而給出不同的回答（一個例證可參見 BB: 103-104；相關要點參見 PI，§532-532）。這就是維根斯坦為什麼認為不存在那種用法特徵對於一個表達式具有一個給定的意義，並沒有一個恰如其分的說明。

　　維根斯坦關於用法與意義之關係的觀念，似乎是難懂的，很難說清楚的。但是這並不是因為他對於意義沒有正面的看法，而是因為他的觀點的本性而決定的。尤其是，他的說明是反本質主義的：他認為，並不存在一種特徵或者一系列特徵，它們對於某個東西成為有意義的命題具有本質地位——並沒有這樣的一種特徵，一個命題的意義根據它就能被理解。這種觀點是反還原論的：他並不打算透過訴諸一個並不預設意義在其中的用法的概念來解釋意義。它又是反系統性的：他認為，並不存在任何一般的、系統化的東西，可以恰如其分地說出一個表達式為了能夠以特定的方式得以正確地被

翻譯，它必須怎樣被使用。正如我們在下面的章節將會看到的，這 104
些特徵——反本質主義、反還原論、反系統性——貫穿了後期維根
斯坦哲學。

四、小結

在《邏輯哲學論叢》中，維根斯坦提出了對所有語言之本性的
一種一般理論。他認為，命題的意義取決於該命題為真時的實際情
況如何。日常語言的命題可以被分析為基本命題的真值條件。並且
基本命題是完全由名稱所構成的，而名稱是透過代表對象而起作用
的。在他自 1929 年回到哲學領域的歲月裡，維根斯坦逐步拒絕了
他早期看法的這些特徵。

他拋棄了這一觀點，即哲學必須將日常命題分析為更為基本的
命題的真值條件。他仍然認為哲學的目標是達到關於日常命題的意
義的澄清，並且這樣做就會揭示傳統哲學問題的混亂或者無意義。
但是澄清現在是透過獲得對我們使用語詞的「可測量的表徵」而達
到的，而不是透過發現某些隱藏在語言的日常用法的下面的東西而
達到的。

與《邏輯哲學論叢》中對語言的本質主義和指涉論的說明相
反，維根斯坦著重強調了語詞和句子各類的多樣性，以及語言用法
的多樣性。他認為，某些語詞是透過代表對象而起作用的，但是許
多語詞並非如此。存在多種不同的語言用法，只有其中一部分用法
才涉及說出某些為真或為假的東西。與此相應，他拋棄了《邏輯哲
學論叢》中的這樣一個指涉論教條，即語詞的指涉以及句子的為真
或為假，在對語言的說明中起著基本觀念的作用。仍然存在一個哲
學上爭論的話題，即維根斯坦放棄《邏輯哲學論叢》的框架是否正
確——或者一個廣泛的《邏輯哲學論叢》式的、指涉論的說明是否
可以在事實上被發展到與他正確地關注的語詞和句子的多樣性種類

相互相容。

　　維根斯坦從《邏輯哲學論叢》中的真值條件意義理論，經過1929-1930年的實證主義階段，轉向了根據用法來構想意義理論。在說意義即使用時，他並不是要提出一個還原式的說明，也就是用其他術語來解釋意義。他的關於命題的用法的觀念是包羅廣泛的，它包括了我們在以不同方式翻譯一個句子時牽涉到「使用」的各種特徵。並且這個觀念又是靈活變通的；按照一個標準，兩個命題可以具有相同的用法，並且因此具有同樣的意義；而按照另一個標準，兩個命題又具有不同的用法，也就是不同的意義。

五、延伸閱讀

　　在維根斯坦1929年回到哲學領域後的思想發展軌跡，可以在他的著述和談話紀錄中尋找到某些蹤跡。參見：

　　"Some Remarks on Logical Form", *Proceedings of the Aristotelian Society Supplementary*, Volume 9:162-71, 1929; reprinted in Wittgenstein, *Philosophical Occasions*.

　　Philosophical Remarks, ed. R. Rhees, trans. R. Hargreaves and R. White, Oxford: Blackwell, 1975.

　　Ludwig Wittgenstein and the Vienna Circle: *Conversations recorded by Friedrich Waisman*, ed. B. McGuinness, trans. J. Schulte and B. McGuinness, Oxford: Blackwell, 1979.

　　1930-1935年間在劍橋參加維根斯坦課程的那些人做的筆記，從中可以繼續為我們講述維根斯坦觀點的演進歷程：

　　Lee, D. (ed.) (1980), *Wittgenstein's Lectures*: *Cambridge*, 1930-1932, Oxford: Blackwell.

　　Moore, G. E. "Wittgenstein's Lectures in 1930-33", *Mind*, 63, 1954:1-15, 289-315，and *Mind*, 64, 1955: 1-27, 264; reprinted in

Wittgenstein, *Philosophical Occasions.*

Ambrose, A. (ed.)(1979), *Wittgenstein's Lectures*: *Cambridge*, 1932-1935, Oxford: Blackwell.

維根斯坦對奧古斯丁語言觀的探討可在下述文獻中找到：

Philosophy Investigations, §§1-136.

The Blue and Brown Books, 1-20, 77-85.

對從《邏輯哲學論叢》到《哲學研究》的轉變諸方面的學術探討，參見：

Hacker, P. M. S. (1986), *Insight and Illusion*: *Themes in the Philosophy of Wittgenstein*, Revised Edition, Oxford: Oxford University Press, ch. 5, 6.

Pears, D. (1988), *The False Prison*: *A Study of the Development of Wittgenstein's Philosophy*, vol. 2, Oxford: Oxford University Press, ch. 9.

Stern, D. (2004), *Wittgenstein's Philosophical Investigations*: *An Introduction*, Cambridge: Cambridge University Press, ch. 2.

維根斯坦對奧古斯丁語言觀的批判的某些主題在以下文獻中得到探討：

Dummett, M. (1977), "Can Analytical Philosophy be Systematic, and Ought it to Be?", in M. Dummett (1978) , *Truth and Other Enigmas*, London: Duckworth.

Fogelin, R. (1996), "Wittgenstein's Critique of Philosophy", in H. Sluga and D. Stern (eds.), *The Cambridge Companion to Wittgenstein*, Cambridge: Cambridge University Press.

McGinn, M. (1997), *Wittgenstein and the Philosophical Investigations*, London: Routlege, chs. 1, 2.

Stern, D. (2004), *Wittgenstein's Philosophical Investigations*: *An Introduction*, Cambridge: Cambridge University Press, ch. 4.

後期哲學：意向性與遵守規則

106　　　　在《邏輯哲學論叢》中，維根斯坦提出了關於表徵的一般理論：一個試圖解釋語言和思想的表徵性特徵的理論。正如我們在前面章節所看到的，維根斯坦逐漸拒斥這種理論。他逐漸拒斥的這種理論，是一種建構哲學分析綱領的理論。它忽視了語詞和語句類型的多樣性。並且它太抽象了，對於哲學上的闡釋來說，綱領性顯得太強了。比如，這種理論所闡述的思想與事態的連繫，被認為是涉及簡單心理學因素與簡單對象之間的種種關聯；但是這些關聯具體地說是些什麼東西，它們又是如何產生和維持的，這個理論未能提供任何資訊。思想與實在之間的關係 —— 思想的表徵特性，或用哲學術語來說，思想的意向性 —— 是維根斯坦 1929 年回到哲學領域中所探討的第一批問題之一。這個問題也是貫穿他整個後期哲學的一個主題。

　　　　我們將會看到，維根斯坦對思想和意向性的處理方式，與他對規則及遵守規則的處理方式密切相關。以每種情況下提出的哲學問題之間存在一個互相照應的關係。維根斯坦探討的各個否定側面之間存在某些互相照應的關係：他對糟糕的或者錯誤的意向性說明和遵守規則的批判。在他探討的各個肯定側面中，也有許多互相照應的關係：不僅在細節層面，也在整體策略層面。在每一種情形中，維根斯坦抵抗了還原性解釋的要求：換一種術語，就是意向性和遵守規則的解釋。他對哲學身分地位的觀點也涉及意向性，在關於遵守規則的關注的身分地位方面同樣如此。他認為，對思想的每一種可能性，或者對於遵守規則的種種可能性的哲學懷疑，依賴於

107　誤解；因而這些懷疑並不能透過推出一個積極的哲學理論來得到提出；取而代之的是，它們應當透過消除導致它們的誤解來得到消除。

一、意向性

　　　　假設我想要一顆蘋果。是什麼使得我想要的正是一顆蘋果的

呢？或者假設我正在想，印度是世界上最大的民主政體。是什麼使得我正在想的正是關於印度的某些事情呢？又是什麼使得我正在考慮的關於印度的事情是「印度是世上最大的民主政體」呢？維根斯坦在《藍皮書》裡說道：「存在大量的哲學困難，與『想要』、『認為』等等表達式的連繫。……這些都可以用一個問題來概括：『一個人如何能認為並不如此呢？』」（BB: 30）（這個問題與《邏輯哲學》試圖去回答的問題——使得一個命題成為有意義但它是假的，它是如何可能的？——之間的呼應關係值得注意。）維根斯坦提出的問題是，我們何以應當理解思想的表徵的或意向的特徵。

維根斯坦之所以能在 1929 年之後發展出一種關於意向性的新的思想，乃是受到了他對《邏輯哲學論叢》中所推進的系列觀點的不滿意所刺激的。另一個刺激源是 1920 年代他在劍橋的那些熟人們所發表的著述，這些著述以一種在他看來深深地誤入歧途的方式來說明意向性問題。他曾經在寫給羅素的信中，嚴厲地提到奧格登（C. K. Ogden）和理查（I. A. Richards）合著的《意義的意義》（*The Meaning of Meaning*）一書。這本書是他在奧地利擔任小學教師時所讀過的。他是這麼批評的：

> 不久以前我收到了《意義的意義》。毫無疑問你也收到了這本書。它不是一本糟糕的著作嗎？不，不，哲學畢竟沒有這本書裡寫的那麼簡單！不過它表明了寫一本很厚的書是一件多麼容易的事情。
>
> （1923 年 4 月 7 日，WIC: 137）

維根斯坦同樣對羅素自己出版於 1921 年的《心的分析》（*The Analysis of Mind*）一書裡所推進的與此相似的意向性理論堅決拒斥。正是他對這些觀點的反駁，激勵他清楚地說出了自己的思想。

1. 意向性：維根斯坦的反面論證

維根斯坦針對兩種關於意向性的觀點提出了強有力的反面論證：意象主義觀點，它是透過訴諸心靈意象來解釋思想的意向性；由羅素、奧格登和理查所推進的因果觀點，它是透過訴諸於思想和事物之間的因果關係來解釋意向性的。

在意象主義者看來，使得我對蘋果的願望成為一個對蘋果的願望的東西，就是它包含或者牽涉了一個對蘋果的心靈意象，使得我把門打開的命令成為一個把門打開的命令的，牽涉到一個關於門被打開的心靈意象，諸如此類。關於表徵的這種意象主義觀點在哲學上有很大影響；值得注意的是，在洛克和休謨（David Hume）的觀念論中，在他們看來，思想是由心靈意象所構成的，而心靈意象是在我們的感覺和反省中所形成的經驗的一個副本。並且這種觀點是訴諸直覺的，因為心靈意象的表徵特性似乎是顯而易見的，因而是毫無問題的；因此它們似乎提供了一個對於思想和語言的表徵的簡明易懂的解釋。維根斯坦寫道：「顯然，一個人可以想要說話而無須正在說話，正如他可以想要跳舞而無須正在跳舞一樣。當我們想到這些事情，我們就抓住了跳舞、說話等等的印象。」

維根斯坦反對意象主義觀點的第一個論證是，持有心靈意象對於思想並不是必要的。當我想要一顆蘋果時，我也許會形成一個關於蘋果的印象；當我在尋找一朵紅花時，我也許會形成一個關於紅花的印象。但是，維根斯坦指出，這些對於我形成心靈意象並不是必要的。他通常是連繫到語言理解來給出這個觀點的。在意象主義者看來，理解一條命令就牽涉到形成一個人所命令去做的事情的印象。

如果我命令某個人「給我從那邊草地上摘來一束紅花」，考慮到我只給予他一個語詞，他又是如何知道要取哪種紅花的？

現在一個人也許首先會這樣為這個問題提供解答，他走過去尋找那朵紅花，腦子裡想著關於一朵紅花的印象，然後拿這種印象與紅花進行比較，看看這朵紅色是否具有印象中的那種顏色。

（BB: 3）

這便是意象主義的觀點。不過，維根斯坦對此評論道：「它並不是尋找的唯一方式，並且它不是通常的方式。」通常是，「我們走過去，走到一朵花前面，然後摘下它，而不是去將它與任何東西進行比較」，也根本無須形成一個心靈意象。簡而言之，一個人可以理解並且服從一個命令，而無須擁有一個關於它被命令去做之事的心靈意象。維根斯坦在下面的文字裡進一步表明了這個觀點：

可以透過以下方式來看到服從命令的過程，即考慮這樣一個命令「設想這裡有個紅色的斑點」。他在這個情況下不會被引誘去認為在服從之前你必須設想到了一個紅色的斑點，來作為你被命令去設想的那個紅色斑點的一個樣本。

（BB: 3；同一個論證的其他例子參見 BB: 12，以及 PI, §451）

心靈意象對於思想並不是必然的這個評論並不是維根斯坦最早提出的：早在威廉·詹姆士和羅素以及諸如華生（J. B. Watson）這樣的 20 世紀初期的行為主義者那裡就已經有了相關的論證（參見 James, 1890; Russell, 1921）。不過維根斯坦的這個觀點仍然是相當不錯的。

維根斯坦反對意象主義觀點的另一個論證開始於這樣的一個評論，即一個心靈意象並不僅憑其自身就充分地決定一個關於什麼樣的思想。對某物的一個心靈意象，正如畫在一張紙上的一個行為圖像一樣，可以透過各種不同方式被採納或者被解釋。因此心靈意象

的重要性就在於它是如何得到理解或運用的。正如往常一樣，維根斯坦經常把這個觀點與掌握一個語詞的意義涉及將它與心靈意象連繫起來的觀點連繫在一起：

> 設想你聽見「立方體」一詞的時候，心裡的確浮現出一幅圖畫，例如：一幅立方體的草圖。在何種意義上這幅圖畫能夠合於或不合於「立方體」這個詞的某種用法呢？——你也許說：「這很簡單：——我心裡浮現這幅圖畫而我卻指著一個三角柱說，這就是立方體，那麼這個詞的用法就不合於這幅圖畫。」——它不相合嗎？我特意選擇了這個例子：很容易想像一種投影方法，使得這幅圖畫竟然是相合的。

(PI, §139)

任何一幅圖畫都可以透過難以確定的多種方式來得到採納或運用。因此關於立方體的圖畫並不表徵立方體自身或某種內在於它的東西，它只是根據以特定方式被運用或被理解成為作為立方體的一種表徵的圖畫功能，而不是角柱或者任何其他東西。同樣的道理適用於心靈意象。即使你將「立方體」一詞與對於立方體的心靈意象連繫起來，那個印象的重要性也並不取決那個印象本身；它取決於你運用這個印象的方式。你也許會將「立方體」一詞與立方體的心靈意象連繫起來，但是誤解了這個語詞，因為你以錯誤的方式運用了這個印象：比如說，你是以三角柱而非立方體的方式運用它的。因此，要理解「立方體」一詞，僅僅將這個語詞與對立方體的心靈意象連繫起來是不夠的；一個人必須以正確的方式運用這個印象——對立方體而不是對角柱或其他任何東西的印象。但是一旦你認識到這點，我們會看到訴諸於心理形象是多餘的。這樣一種理解方式要做的工作不是心靈意象，而是主體運用印象的方式。為

了將對立方體的心靈意象起一種立方體的一般表徵的作用，我們會為一個主體必須運用立方體的心靈意象給出任何說明，這種說明都同樣可以很好地直接運用到主體對語詞「立方體」的使用上去的。心靈意象並沒有扮演著至關重要的角色。這樣一種論證同樣適用於願望、期待及其他情況。即使願望的一個事件涉及關於蘋果的心靈意象，那也不會是使得我的願望成為對一顆蘋果的願望的充分的東西。因為一顆蘋果的印象可以透過多種不同方式得以運用，它能表徵種種不同的事情。因此，永遠不會僅憑心靈意象就能使得我的願望這個情況有一個對象，而必須憑藉我運用這個印象的方式。並且，正如之前一樣，印象最終被證明並不是至關重要的：即便沒有它我們也照樣做得好。

在論證這個關頭，維根斯坦做出了一個有趣的、個性鮮明的推進。他認為，即使我們被反意象主義的論證所說服，我們仍然極可能會認為思想的表徵特點必須透過訴諸某種心理圖像而得到解釋；心理模型仍然在我們的思維方式中根深蒂固，以至於我們無法擺脫它。並且，考慮到一個普通的心理圖像沒辦法做到這一點，我們就會傾向於認為思想必須包含一種特殊的印象類型──一種「奇特的」或「超級的」印象──這種印象不同於普通印象，它不會因被以不同的方式運用或解釋而受到任何影響：

「心靈意象一定比任何圖畫都更像它的對象。因為，無論我把圖畫作得多像它所表現的東西，它總還可以是其他什麼東西的圖畫。但心靈意象的本性就在於它是這一個的心靈意象而不是其他的任何東西的心靈意象。」這就是為什麼可以把心靈意象視為一種超級圖像的原因。

111

（PI，§389）

維根斯坦認為，以一種相似的方式，我們傾向於認為一個思想必須包括它所涉及的對象或事態的「影子」；並且「我們把影子想像成為一幅毋庸置疑的意象的圖像」（BB: 36）；我們把它看做「不再接納任何進一步解釋的明確的影子」（PG: 150）。但是，維根斯坦提出異議說，任何一種不管以何種方式被解釋都毫不受影響的印象或圖像的觀點只是一個神話。當我們在做哲學時，我們可以進入思維心智的框架之中，在那裡必定有這樣的一種東西。但是，實際上並沒有這種東西。意向性不能以普通心靈意象的方式得到解釋。它也不能被「奇特的」或「超級的」印象所解釋，並不存在這種東西。

維根斯坦反面論證的第二個目標，是分別由羅素、奧格登和理查推進的因果理論。那種理論透過訴諸於思想與外部對象之間的因果連繫解釋意向性。他們的目標是為意向性給出一個科學上可接受的說明，這種說明避免了傳統的，並且他們認為是科學上引起反對的一個觀點，即思想涉及在心靈與對象之間的一種特別的 sui generis 關係。從那種立場出發，羅素提出了對欲望和所欲望之物之關係的如下說明：

> 一隻飢餓的動物坐立不安，直到牠發現了食物；吃飽喝足了，牠就安靜下來了。那種將會給動物帶來一種令人坐立不安情況的東西，就是一種被欲想之物。但是僅僅是經驗也可以表明那種意志具有這種鎮靜劑效果，不過這麼說容易犯錯誤。我們感覺到不滿足，然後認為諸如此類的東西會讓我們滿足；但是想這件事情時，我們正在從事理論化工作，而不是去觀察一個明顯的事實。我們的理論化經常犯錯誤，並且當我們犯了錯誤時，我們所認為我們想要的東西與實際上將會帶來滿足的東西之間存在一個區分。

（Russell, 1921: 32）

因此，在羅素看來，那種使得食物成為動物想要之物的東西，也就是給予食物一種能夠使動物不再坐立不安的東西。那種使得蘋果成為我想要之物的東西，也就是蘋果除去我的不滿足之感的東西。羅素以一種相似的方式訴諸語詞和想像的結果來解釋它們的意義（比如，關於這個理論之部分的陳述，可以參見 Russell, 1921: 209）。奧格登和理查輕微地訴諸與之不同的因果事實來解釋那些決定我們的思想內容的東西，但是他們的理論與羅素的理論同屬一個大家族。

維根斯坦對羅素的第一個反駁就是，這個理論對於那種將會除去某人的不滿足之感的那種成為他想要的東西——也就是它成為某人欲望的對象——既不構成必要條件也不構成充分條件。從一方面看，一個東西也許可以成為某人欲望的對象，儘管它並沒有成功除去他的不滿足之感。（比如我想要一個蘋果，但是我吃了一個蘋果並沒有除去我的不滿足之感；即使我得到了想要之物，我仍然會覺得不滿足。）從另一方面看，某物可以除去一個人的欲望而無須成為他想欲望的東西。（維根斯坦是這麼看待羅素觀點的，「如果我想要吃一個蘋果，並且某人在我的胃裡打了一個孔，使得我全然沒有食慾，那麼按照羅素的理論，這個孔就成了我原先想要的東西了」（PR: 64）。但這是荒唐的；這個孔除去我的食慾這個事實並不使得這個孔成為我想要的那個東西。）維根斯坦總結道，我使得某物成為我欲望的對象，並不是基於它除去了我的不滿足之感。在其他的案例中情況也是類似的：那種使得某個事件成為某人所期待的事件的東西，並不是那種除去了某人的預期之感的東西；那種使得一件行動遵循了某人制定的規則的東西，並不是那種產生了滿足之感的東西，諸如此類。

維根斯坦對羅素的因果理論的第二個反駁是，這個理論在根本上錯誤地呈現了我們關於我們自身心靈的知識的特徵。在羅素看

來，一個人對他想要之物的知識，涉及一個他對將會除去他的不滿
足之感的東西的判斷；他的關於他所期望的東西的知識，涉及一個
他對將會除去他的預期之感之物的判斷，諸如此類。而這些判斷都
是基於他過去的關於自己的經驗。因此，根據維根斯坦理解，他想
要一個蘋果或他期待瓊斯會來的判斷，就是一個假定。但是維根斯
坦反駁道，我們通常並非不得不透過對那些將會除去我們的不滿足
或預期之感覺的東西的理論化，去測驗我們想要的或者期待的東西
是什麼。在通常的情況下，我們不假思索就能知道我們想要的或者
期待的東西是什麼，而不需要一個推論：「如果我問一個人『你期
113　待誰到來？』在等到對方回答之後接著問他『你能確定你不期待其
他人到來嗎？』但是，在大多數情況下，這種問題會被看做是荒唐
的。」（BB: 21）對此相反，根據羅素的看法，這麼問絲毫不覺得
荒唐。

　　那麼我們應當如何理解維根斯坦反駁關於思想與意向性的因果
理論所舉的例證呢？這個問題並不是一個純粹的歷史興趣的問題，
因為一個人思想的內容和他的語詞的意義，部分地取決於與他想的
和說的東西的因果關係，這個看法在當代的心靈哲學和語言哲學當
中業已被廣泛接受。維根斯坦的論證在根本上動搖了這個看法的根
基嗎？

　　維根斯坦的探討堅定地將他當下的兩個目標當作目標：第一個
目標是占據羅素理論核心位置的一個看法，根據定義，欲望的對象
就是那種可以除去一個人不滿足之感的東西（對於一個人期待、希
望、害怕等等情況來說，道理是類似的；第二個目標是，一個人對
他當下所想要、期待、打算等等的東西的知識，涉及他關於那些將
會產生或除去特定的感覺的因果性假說。在當代哲學中，這些看法
有時也會重新被提出；當它們被提出時，維根斯坦對此的反駁論證
仍然起著一個非常有效的作用。但是他的論證並不（並且也不打算

去）駁斥那種在當代哲學中占據最主流位置的因果理論。讓我們來看下面的當代因果理論的一個典型形態：

> 在最簡單、最基本的情形中，語詞和句子的意義都是從學習它們時所出現的對象和環境當中溯源而來的。對一個句子的學習過程當中的種種條件限制，導致當說話者面前存在一團火時，火的出現（通常）將被認為是真的；與此類似的是，某人學習一個語詞（比如「蛇」）的種種條件限制，促使他在蛇出現時將會恰當地用「蛇」這個語詞來指涉蛇。

> （Davidson, 1988: 44-45）

上面這段話所表達的最基本的意思就是，說出一個具體的句子「那是一條蛇」的意思，取決於通常會導致說出那句話的種種情況（更為特別地說，取決於通常導致有特定「學習環境」下說出這個句子的種種情況）。戴維森認為，與此類似，一個人在說出一個句子時，他所表達的思想的內容取決於通常會導致那類思想出現的種種外部情況。但是這樣一種因果理論與羅素那種是很不一樣的；維根斯坦對羅素因果理論的反駁並不同時針對戴維森這種因果理論。如果將維根斯坦的基本看法運用於戴維森所舉的例子，那麼應當由一條蛇的出現所導致的思想，並不能使得一個特定的思想成為關於一條蛇的思想的必要條件，也不能成為它的充分條件。一個思想可以被蛇所導致，而無須使它成為關於蛇的思想。（當我們看到一條蛇但是錯誤地以為它是一根棍子時就會出現這種情況：「那是一條蛇」這個思想是由蛇的出現所導致的，但這是一個關於棍子的思想而不是關於蛇的思想。）與此類似，「那是一條蛇」這個思想可以被不是蛇的某個東西的出現所導致（就像當我們看見一根棍子而誤以為牠是一條蛇一樣），但是這些反駁都並不是針對戴維森的因果

114

理論的。戴維森的理論主張特定思想的內容取決於那種思想的通常的原因，而這一點與維根斯坦的一個主張是一致的，即一個關於蛇的思想可以由某個不是蛇的東西的偶然出現所導致；並且同樣在偶然的情況下，一條蛇的出現可以導致並不是關於一條蛇的思想的出現。與此相似，戴維森那種理論並不聲稱，某人關於自己思想內容的知識取決於關於導致那個思想出現之物的假說。維根斯坦對關於自我知識的說明的反駁是正確的，這種說明與羅素關於意向性的說明緊密相連。但是認為任何一種關於意向性的因果理論都面臨對羅素的理論一樣的反駁，則是不對的。

於是，維根斯坦為羅素在 1920 年代提出的關於意向性的因果理論給出了一個決定性的反駁論證。但是這種論證並沒有駁斥在當代心靈哲學和語言哲學當中占主導地位的那種戴維森式的因果理論。

2. 意向性：維根斯坦的正面圖像

維根斯坦拒絕了關於意向性的意象主義解釋；並且他也拒絕了羅素、奧格登和理查的關於意向性的因果理論。然而，維根斯坦是否提供了某種關於意向性的正面理論呢？他又是如何看待我的願望何以成為一個對蘋果的願望這個問題的呢？他又是如何看待我的期待成為一個對瓊斯下午 3 點鐘到來的期待這個問題的呢？在維根斯坦的正面評論中存在兩種循環的主題。第一個主題是認為，「一個期待和對這個期待的實現正是在語言當中發生連繫的」（PI, §445; PG: 140），「一個願望和對該願望的實現正在是在語言當中相遇的」（PG: 151），諸如此類；第二個主題暗含著這樣的意思，就「置於其上的路」（PG: 147）而言，或者就「做了或者會做某些特定的轉換」（LW, i: 308）而言，一個態度具有它所具有的內容。我們可以依次來分析這兩個主題。

一個願望及其實現是在語言中發生連繫的，維根斯坦這麼說包

含兩個意思。第一層意思涉及我們用來描述一個主體的願望及其實現的語言；第二層意思涉及主體已經使用或者將會使用以表達他的願望的語言。

第一層意思表明，願望與願望的實現之間存在一種概念連繫（或者正如維根斯坦會說的那樣，一種「內在連繫」）。而使得某個事情成為一個對蘋果的願望，從而透過得到一顆蘋果被實現、被滿足的東西，部分地包含這層意思在內；而一個被蘋果之外的某個東西實現的願望不會是一個對蘋果的願望。（相反，使得某個事情成為一個一旦得到了蘋果就會被去除的對蘋果的願望的東西，並不部分地包含這層意思在內。一個對蘋果的願望也許是可以透過在胃上打孔的方式來去除，但是即使如此，它仍然是一個對蘋果的願望。）維根斯坦是透過以下語詞表達這層意思的：

> 「對 p 這種情況的願望透過事件 p 得到了滿足」，這個陳述只表明了一個符號規則：
> （希望出現的就是 p 這種情況）＝（希望透過事件 p 得到滿足）。

> （PG: 161-162）

要理解這個評論的意思，我們就需要理解維根斯坦自己的那套術語。對於維根斯坦來說，一個對象或者一個事件「滿足」（satisfies）了一個願望，如果它實現（fulfils）了這個願望的話。因此他在滿足一個願望（比如實現一個願望）與滿足一個人（比如產生關於滿足的感覺）之間做了區分。（運用這層區分，他對羅素理論的反駁就可以總結如下：「某件事打消了我的願望並不意味著它實現了願望。假如當時我的願望被滿足了，我當時也許不會覺得滿足。」〔PI §441〕）維根斯坦所說的要點就在此。如果描述某

人想要成為一位百萬富翁是正確的話，那麼對他的願望被他成為一位百萬富翁這個事件所滿足的這一描述，也自然是正確的。一旦我們已經確立了某人將被描述為想要成為一位百萬富翁，那麼對於什麼東西有助於實現他的願望，這裡就不存在進一步的問題了；而要在特徵上將他的願望描述為想成為一位百萬富翁的願望，正是要在特徵上將這個願望描述為透過他成為一位百萬富翁而實現的願望。這一點顯而易見是正確的。但是這麼一說立即就會引出進一步的問題：在哪種環境下我們描述某人想要成為一位百萬富翁是正確的？是什麼東西使得他就是想要成為一位百萬富翁而不是別的這一點是正確的？這個問題引領我們進入到了維根斯坦以下看法的第二個方面，即一個願望與它的實現正是在語言裡才發生連繫的。

116

維根斯坦認為，當一個人想要成為一位百萬富翁這個願望為真時，這個時候會發生的最簡單並且最直白的事情就是，他說他想成為一位百萬富翁（參見 PG: 140）。在這種情況下，主體使用了語言表達他的願望，並且將他的願望與將會滿足它的特定事件連繫了起來。正如維根斯坦所說的：「我們在哪裡可以找到使得願望成為某個特定願望的東西……？只有在被表達出來的願望當中。」（PG: 150）也就是說，在主體用來表達自己願望的語詞當中可以找到這種東西。但是正如前面的情況那樣，這麼說僅僅是一套說明的開始。從一個方面來看，某人表達了「我想成為一位百萬富翁」這個事實使得他的確想成為一位百萬富翁為真，還依賴於以下兩個條件：條件一，他就像我們那樣使用語詞，因此他的「我想成為一位百萬富翁」這句話就意味著他想成為一位百萬富翁；條件二，他在表達這些語詞時持一種真誠態度。但是，是什麼東西使得說話者的那些話的確意味著他想成為一位百萬富翁呢？又是什麼東西使得他的確在真誠地表達自己的願望呢？從另一個方面來看，某人想成為一位百萬富翁而根本不用將願望說出來，或者他只是想說自己

想成為一位百萬富翁但暫時沒有說出來。在這種情況下就不存在某種語言表達式可以將他的願望與願望的實現連繫起來。那麼，到底是什麼東西使得他想成為一位百萬富翁為真的呢？維根斯坦進而認識到，不聲不語的存在者也有信念、意向和情感。一條狗會相信牠的主人正站在門口；牠也會害怕牠的主人會打牠，諸如此類（參見 PI, §650; PPF, §1 [PI, II, i, p. 174]）。但是狗並不掌握表達這些信念和情感的語言。因此，那些使得牠相信牠的主人正站在門口，或者牠害怕牠的主人會打牠的東西並不是某種語言表達式。那麼是什麼東西給了狗的態度以牠所具有的內容呢？

　　要回答這些進一步的問題就要引入維根斯坦下面主題的第二個方面：即認為那些使得態度之所以具有如此這般的對象的東西乃是「置於其上的路」。他是連繫到以下的問題來表明這個主題的核心要旨的：「是什麼使得我對 N 的印象成為我對 N 的印象？」維根斯坦這樣寫道：

設想我說出這樣的話：「我看到的在我面前的這幅畫並不像 N（而且也許像別人）。相反地，我知道這幅畫就是他，他就是畫裡的那個人」，那麼我可能會問：我什麼時候知道這一點的？知道又是什麼意思？在想像我可能稱之為「知識」的東西時，根本就以這種方式而無需任何事情發生。因此，某些東西可能在想像之後出現，這時我從畫過渡到名字，或許說我想像 N，雖然在想像時，沒有任何東西，除了一種類似，把它描述為 N 的形象。或者存在某種先於形象的東西，而且和 N 有關。因此，解釋並不是某種伴隨形象的東西，相反，給形象以解釋的正是形象置於其上的路。

（PG: 147）

他還說：

是什麼使得我對他的印象成為對他的印象？

我的問題難道不是這樣的：「是什麼使得這個句子成為一個牽涉到他的句子？」

「我正在談論他這一事實」——「那又是什麼使得你的談論成為對他的談論的？」——我們做了或者會做某些特定的轉換。

（LWi: 308）

維根斯坦在這些段落中關於印象所說的道理也可以運用於我們前面考慮過的其他情形。是什麼使得我的願望成了成為一位百萬富翁的願望？我們或許可以說，是「願望置於其上的路」；而那個使我的期待成為期待瓊斯下午 3 點鐘會到來的東西，就是「做了或者會做某些特定的轉換」，諸如此類。但是這麼說是什麼意思呢？

維根斯坦的看法是這樣的：那些給了我們的態度以內容的東西，並不是在那個時刻的某種在主體的心靈裡正在發生的東西。毋寧說，這種東西事關情況發生的周邊環境，以及態度產生的特定條件。這些周邊環境也許已經包括了那些主體在那個時刻說了或者做了的事情；包括那些主體在此之前或之後就說了或者做了的事情；包括主體的那些如果有人問他在想什麼他原本就會說或者會做的事情；還包括他的能力（比如他說英語的能力）、他置身其中的周邊環境、他生活於其中的社群的社會機構和習俗約定，諸如此類。例如．

118　　如果我有兩個同名同姓的朋友，我寫信給他們當中的一個。根據什麼事實可以說我不是寫信給另一個朋友呢？根據信的內容嗎？但內容可能對兩者都適合。（我還沒寫上地址。）此時，

連繫可能存在於在此之前發生的事情中，但也可能存在於寫信這之後發生的事情中。

（Z：7）

因而維根斯坦認為，這種連繫也許會存在於這樣的事實當中，即如果有人問我：「你是打算寫信給其中哪一位朋友呢？」我會透過以自己的方式確認其中某一個朋友而非另一個朋友來回應對方。而那個使得我正在寫信給這個朋友為真的，是我的行動「置於其上的這條路」而非那條路；當我被問到我正在寫信給誰時，我的回應是「我業已做了或者會做的某些轉換」。或者也可以這麼說：

當我等候某人時，——發生了什麼呢？我也許看著我的日曆，並且發現他的名字在今天下午 5 點的旁邊。我對別人說：「我今天不能去看你了，因為我要等候 N。」我正準備接待一位客人。我在想，「N 抽菸？」我想起來看見過他吸菸，於是我拿出香菸。到了下午 5 點，我自言自語地說：「現在，他馬上就到了。」而且我想像一個看起來像 N 的人；接著，我想像他進了房間，而我歡迎他的到來，並且叫了他的名字。這種過程和其他許多類似的過程的含義是：「等候 N 到來。」

（PG：141-142）

我們可以突出維根斯坦觀點的幾個特徵。第一個特徵是，他堅定地反還原論。維根斯坦並不企圖用其他術語來解釋思想，或者將關於人們所想之物的事實還原為可以用非精神、非意向的術語陳述的事實。比如他認為，使得我正在期待 N 將在下午 5 點鐘到來為真的東西，就是相關情況的周邊環境和背景。但是某些相關的周邊環境和背景本身就是被心理的或者意向的術語所描繪的：我做好準

備迎接一位客人；我很想知道 N 是否會吸菸；我記得親眼目睹過他吸菸，諸如此類。維根斯坦的說明並不是還原論的。

第二個特徵就是，維根斯坦的說明是反系統性的。他並沒有對下面的說明給出一個一般性的、系統化的說明，即關於某人相信、欲想或期待之物的事實與關於他所說所想、他會說的會想的以及他所處的周邊背景環境等等的事實之關係的說明。在任何特定的情況下，關於為什麼我們將我們要歸結的態度歸結為一個人是正確的，都可以有些話要說，因此關於一個人所說所做與他的信念、欲望和期待等等之間並沒有什麼神祕之處。（我們可以考慮一些例子來看到這一點，也可以透過提醒我們自己，關於我們根據他人自己所說所想之物來說出人們相信和想要什麼，我們實際上是怎麼做的，從而看到這一點。）但是這種關係並不被任何系統化的理論所俘獲。

第三個特徵是，維根斯坦的說明強調了在決定一個人的思想和態度的內容時，背景起著一種至關緊要的作用。比如：

> 我現在坐在屋裡，希望 NN 會來，帶錢給我；假定這種狀態中有一分鐘可以被隔絕開來，從其前後連繫中切下來。在這一分鐘裡發生的事難道就不是希望嗎？ —— 你想一想，例如：想想你在這一時間裡可能說出的話。它不再屬於這個語言。在另一種環境裡，也不存在錢這種機構。
>
> （PI, §584）

維根斯坦認為，在一種背景裡希望某人到來並且帶錢給我，換到另一種背景，就成了希望別的什麼事情。並且，在第三個背景當中，可能又會出現不對任何事情持希望態度的情況。

曾經聽人說過，維根斯坦關於意向性的以下的評論太粗略了：他並沒有為形如這樣的問題給出一個充分的、具有高訊息量的回

答，即「是什麼使得史密斯期待瓊斯下午 3 點鐘會到來的？」維根斯坦告訴我們的一切，目標都在於說明，那些使得史密斯期待瓊斯下午 3 點鐘會來這一情況出現的東西就是他說的話或者他做的事情，或者他會說的話、會做的事情，以及關於這個情況的全面的背景。但這麼說是不夠的。我們想要確切地知道關於他和他的背景是如何使得他的期待成為他所期待的事情的。而告訴我們這一點，正是哲學家的分內之事，而不能滿足於為回答這個問題指出一個大致的方向。

維根斯坦對這個異議的回應可以分成兩部分。第一個部分是，關於說出使某人願望如何這般或者期待如此這般為真的東西是什麼，他會單純地否定存在任何更為一般化和和更為資訊豐富的東西。關於人們所希望或期待之事的事實，與關於他們說了什麼或做了什麼以及關於周邊環境的事實之間有一種重要的連繫；但是上述第一種事實無法被還原為第二種事實：每一個事物都是它自身而不是其他事物。

第二個部分是，維根斯坦會認為，必須可能給出一個資訊更為豐富的說明這種感覺，就是既有的哲學成見的一種產物（維根斯坦的這個處理方式的線索在麥克道威爾〔McDowell, 1992〕那裡得到了清楚明白地闡述）。他認為，當我們採取一個與這種成見相分離的哲學立場，並且從這種立場來反思思想的本性時，我們就會傾向於認為存在某些關於思想的意向特徵——關於思想表徵其自身之外的某個事物的能力——的神祕之物。維根斯坦認為，這個看法——認為存在某些關於思想的內在的難題，即某些有待解釋的難題——乃是基於物理現象模式的所有現象這一觀念傾向之產物的一個部分，也是把物理科學中的解釋當作理解任何事物之範例這一觀念傾向之產物的一個部分。這種觀念傾向引向了要求以自然科學上的那套術語來解釋思想的意向特徵。（我們看到，這種思想傾向，正是

羅素、奧格登和理查的因果理論所具有的外在動機。）與此相反的
是維根斯坦的看法，他認為並不存在關於思想的原本就固有的神祕
之物；思想中的表徵對象和事件的能力是世界中的自然而然和習以
為常的一個特徵。只有當我們從特定的哲學觀點來反思時，我們才
能看到某些神祕之物：比如當我們假定唯一真正的現象就是我們根
據自然科學術語得以描述或解釋的現象之時，或者當我們假定，為
了表徵一個事態，一個思想必須包含關於那個事態的「並不承認進
一步的解釋」的一種「明確的影子」（PG: 150）。但是，維根斯
坦堅持認為：

> 「人們在這裡必須牢記：所在現在使我們如此值得注意的現象
> 都是非常熟悉的現象，至少在它們發生時，我們並不感到吃
> 驚。它們並沒有使我們顯得十分奇怪，直到我們對它們進行哲
> 學思考。」

（PG: 169）

他還說：

121
> 「思想，這是個多麼奇怪的東西！」——但是我們思想時並不
> 覺得它多麼奇怪。我們思想時也不覺得思想有多麼神祕，而只
> 有在我們彷彿反省時才會說：「這是怎麼可能的？」這時我們
> 才覺得思想多麼神祕。思想剛才怎麼可能處理這個對象本身呢？

（PI, §428）

　　他這裡引出的一個教訓就是，我們不應當接受這樣的看法，即
存在一種關於思想的內在的神祕之物，或者一種必須透過以其他術
語來解釋思想才能得以解決的神祕之物。毋寧說，我們應當拒斥那

種在上述第一個部分當中創造了神祕感覺的哲學假定。只要我們做到了這一點，我們將重新奪得關於思想的熟知性和非神祕性的一種日常的感覺。並且我們也將看到，關於思想、語詞、行動和背景之間的關係，除了維根斯坦提供給我們的那些，並不需要去說出任何更為一般的或者資訊更豐富的東西。

二、規則與遵守規則

在《哲學研究》的序言中，維根斯坦這樣寫道：「這本書裡的哲學札記就像是在（這些）漫長而錯綜複雜的旅行途中所作的一系列風景速寫」，他「穿行在一片廣闊的思想領地上，在各個方向上縱橫交錯地穿行」。接著又寫道：「我當時一次次地從不同的方向重新論及同樣的要點，畫出新的圖畫。」（PI, p. 3）對規則與遵守規則的探討，占據了《哲學研究》的一個核心的位置，是對他這裡所說的一個很好的闡明。這種探討拾起和發展了一系列的在本書的前半部分的不同背景裡探究過的想法。其中一個側面就來自於維根斯坦對思想的意象主義觀點的探討：他認為，任何一幅圖像，都可以用大量的不同方式來得到解釋；因此一幅圖像所代表的東西並不是它的內在特徵而是如何被運用或被理解的；對於心靈意象而言情況同樣如此。另一個側面來自於對家族相似的探討，維根斯坦在那裡認為我們對遊戲概念的掌握取決於這樣一個偶然的事實，即將一個語詞引用到一系列示例的關聯之中，我們所有人都能發現以同樣的方式在新的案例中繼續運用它是很自然的。正如我們將要看到的，這兩個觀點的說法在維根斯坦對掌握和遵循規則的探討中占據了核心的地位。

假設我們教某人數數。我們從教他「0, 1, 2, 3, 4……」這個系列開始，我們到達了這個點上，即根據通常的標準來判斷，這個學生已經掌握了這個系列（PI, §143ff）。然後我們教他另外一個數

列，「2, 4, 6, 8 ……」這個系列，以及「3, 5, 7, 9 ……」這個系列，諸如此類。「我們做了練習，在 1000 以內的數裡對學生的理解做了測驗。」（PI，§185）並且，以通常的標準來判斷，這個學生也掌握了這個系列。

> 現在我們讓這個學生寫一個系列（比方是＋2）一直寫到 1000
> 以上──而到了 1000 他寫下的是 1000, 1004, 1008, 1012。
> 我們對他說：「瞧瞧你做的！」──他不明白。我們說：「你
> 應該加 2；看看你是怎麼開始這個系列的！」──他回答說：
> 「是呀，這不對嗎？我還以為不得不這樣做呢。」──或者假
> 設他指著這個系列說：「可我是在應用和以前一樣的方式做
> 呀。」──這時再說：「可你就看不出來……嗎？」再重複原
> 來的解釋和例子已經毫無用處了。──在這種情況下我們也
> 許可以說：這個人透過我們的解釋理解到了那樣一個命令，
> 可謂本性使然，就像我們聽到：「加 2 直到 1000，加 4 直到
> 2000，加 6 直到 3000 等等。」
>
> （PI，§185）

維根斯坦關於異常學生的例子提出了兩個問題。第一個問題是，存在關於規則和正確性標準的基本性問題。是什麼使得「＋2」這個系列正確地繼續的情形，符合規則「+2」的繼續，成為「1000, 1002, 1004, 1006 ……」而不是「1000, 1004, 1008, 1012 ……」？是什麼使得以第一種方式繼續這個系列的某人這個情形會以同樣的方式進行，而以第二種方式來繼續的人就不會以同於之前的方式進行？第二個問題是，存在一個關於我們知道或者掌握規則的問題。大而泛之地說：一開始就是怎麼掌握加 2 的規則的；是什麼使得我掌握了這個規則？更加專門地說就是，如果我正在遵守「+2」的規

則，我是如何知道我必須在隨後的每一步應該做什麼，以便算作是在遵守規則？「在算出『+2』系列時我如何知道我必須寫下『20004, 20006』而不是『20004, 20008』？」（RFM: 36）

維根斯坦將這些問題與一個數列的情形連繫了起來，但是在將之與日常的描述性語詞連繫起來時會出現同樣的問題。就好像是在對「+2」系列中在一個正確的繼續與不正確的繼續之間存在一個區分一樣，因此也可以說，在對語詞「紅色」的正確運用和不正確運用之間存在一個區分：存在一種規則規定了什麼才能算作這個語詞的正確運用。並且，正如在數學的情形中那樣，我們可以同時提出關於規則的繼續和我們對規則的知識這兩個問題。是什麼使得將語詞「紅色」運用到這個顏色（指著一個成熟的番茄）時就是正確的，而運用於那種顏色（指著一片菠菜葉子）就是不正確的呢？我是如何知道這個顏色就被叫作「紅色」而那種顏色不被叫作「紅色」的？

1. 基本問題

是什麼使得「+2」這個系列正確的繼續的情形，符合規則「+2」的繼續，成為「1000, 1002, 1004, 1006……」而不是「1000, 1004, 1008, 1012……」？是什麼使得被給予了語詞「紅色」的通常訓練之後，繼續將之運用於一個成熟的番茄的那個人，正是以同於之前的方式運用這個詞，而那些將之運用於一片菠菜葉子的人是以不同的方式運用這個詞的呢？

傳統上的哲學家們會以兩種不同的方式來回答這樣的問題。第一種回答來自於關於規則的柏拉圖主義。從這個觀點看來，存在一個關於從一個數列中的一個初始步驟繼續進行是正確地繼續的一個絕對客觀的事實，也存在一個關於什麼樣的東西被繼續用來以同於之前的方式描述給定語詞的絕對客觀的標準。在柏拉圖主義者看來，那些標準是由實在的本性所規定的。第二種回答來自於關於規

則的建構論的或者反實在論的回答。在建構論者看來，並不存在關
於什麼可算作是正確地繼續一個系列的絕對客觀的標準；因此存在
無限多樣的不同可能地繼續一個系列的方式，這些方式中沒有任何
一種是絕對優於其他方式。可算作繼續一個系列的正確方式則取決
於我們自己；正確地繼續一個系列的標準是由我們在我們繼續它時
實際上採取的步驟所建構的。在運用一個描述性語詞時情況是一樣
的；可算作對一個描述性語詞的正確運用是由我們在運用這個語詞
時的實際運用所建構起來的。

　　在這場爭論中維根斯坦站在一個什麼樣的立場呢？顯然維根斯
坦拒絕關於規則的柏拉圖主義觀點。但並不太清楚的是，他對柏拉
圖主義的反對在哪些方面。有些研究者認為，他接受了某種形式的
建構論觀點。另外一些研究者則認為他對規則採取了一種寂靜主義
或者壓縮主義的觀點。基於這種解釋，維根斯坦將柏拉圖主義與建
構論之間的整個爭論視為根本上誤入了歧途。因此他對柏拉圖主義
的反對並不意味著對建構論的贊成。他在這個傳統爭論中同時駁斥
兩邊的立場。

(1) 柏拉圖主義

　　根據柏拉圖主義者，「2, 4, 6,……996, 998, 1000」這個數列的
正確的延續是「1002, 1004, 1006……」，這是一個絕對客觀的事
實。他會認為，這樣的一個延續絕對是最為簡單、最為自然的。
對這個系列的任何其他的延續方式——比如那個異常學生所給的
「1004, 1008, 1012」這樣的延續方式——就沒這麼簡單，也沒這麼
自然。並不是說後面這種延續方式對我們來說沒有那麼簡單和自
然，在柏拉圖主義者看來，它們是在絕對的意義上沒有前面那個正
常的延續方式那麼簡單、那麼自然。因此，在他們看來，一個人如
果給出「1002, 1004, 1006……」這樣的延續，那麼他就繼續了最前
面的延續，而要是給出「1004, 1008, 1012」這樣的延續方式，那麼

他就沒有繼續最前面的延續方式，這是一個事實——是一個絕對客觀的事實。對於描述性語詞的運用標準來說，道理也是如此。某人如果受關於「紅」這個語詞的使用的正常的訓練，那麼當他繼續將這個語詞運用到成熟的番茄和英國的郵筒時，他就會像之前受訓練時那樣運用這個語詞，而要是他將這個語詞運用到菠菜葉子上和愛爾蘭郵筒上，那麼他並不是以與之前同樣的方式在運用這個語詞——這一點是一個絕對客觀的事實。

維根斯坦拒斥了柏拉圖主義觀點。第一個理由是，他認為，存在著不確定的許多種可能的方式來延續這個數列，其中沒有一種延續方式有資格說它比其他方式絕對地更為正確或者更為簡單，或者更為自然，這是一個不容否認的證據。對於運用一個描述性語詞，道理也是一樣的。例如：

如果我已經學會了一種語言的技術，然後我指著這件外套對你說：「裁縫現在稱這種顏色為『Boo』」。於是你去替我買一件這種顏色的外套，並且幫我取回來。這裡的關鍵之處就是一個人指著某件東西說「這是如此這般」，然後任何一個事先按照這種方式進行訓練過的人都會以同樣的方式對這句話有所反應。我們也可以假設這種情況並沒有出現。如果我只是說：「這個東西叫做『Boo』」，你可能並不知道我是什麼意思；但是事實上，只要你之前受過類似訓練，你會自動地遵守特定的規則行事。

我們應當說你會遵守正確的規則嗎？——你會知道「Boo」這個語詞的意思嗎？不，顯然不一定會知道。這個語詞什麼意思呢？「Boo」這個語詞難道不是可能有成千上百種意思嗎？——這麼回答似乎是說，你正在學習這個語詞的用法跟你知道它的意思是兩回事。但是問題的關鍵就在於，我們所有人對這

125

個語詞都遵守同樣的用法。知道這個語詞的意思就是與其他人以同樣的方式使用這個語詞。而這裡的「以正確方式」是個空洞的說法，它並不意指什麼。

（LFM: 182-183）

「Boo」這個語詞是這麼定義的：指著某個東西說「這就是『Boo』」。維根斯坦說，與對這個語詞的定義相一致的是，「Boo」這個語詞「可能會有成百上千種意思」。維根斯坦認為，這成百上千種可能的意思當中並沒有任何一種是絕對正確的，這是顯而易見的：沒有一種對這個語詞的繼續運用的方式是絕對正確的，或者絕對簡單的，或者絕對地最為自然的。

第二個理由是，維根斯坦認為為這樣一個觀點辯護是不可能的，即主張我們繼續一個數列的方式是一種絕對正確的方式，而其他的繼續方式則是絕對錯誤的。比如，我無法證明這樣的觀點，即我們對數列「2, 4, 6, 8, ……」的延續方式就是正確的，這一點正是基於對這個數列給出「1000, 1004, 1008, 1012, ……」這種延續的人並不是以與之前同樣的方式延續這個系列。當然，根據我們的標準，這個人的確並不是以與之前同樣的方式延續這個系列。但是，如果根據他自己的標準來判斷，他的確又在正確地延續這個系列。我們沒有任何理由表明我們的正確性標準就其自身而言便是正確的標準，根據我們的標準所給出的延續就是絕對正確的，或者在客觀上就是正確的。

這樣就引入了維根斯坦的第三個理由，也就是最為基本的要點：認為存在一種對數列的絕對正確的延續方式，而這個延續方式便是絕對簡單或者最為自然的，這個看法沒有什麼意義。然而這裡的關鍵之點不在於，我們無法說出我們對數列的延續標準是不是絕對正確的：它是不是絕對地比其他的延續方式更為簡單或更為自

然。而是這樣：說某個人的延續方式是絕對正確的，或者其他人的延續方式絕對地更為簡單、更為自然，根本就沒有這麼回事。他認為，下面這種看法是一種幻覺：關於根據我們的標準哪一種延續方式是正確的，或者最為簡單的，或者最為自然的，這個事實後面還有一個更為基本的事實就是，關於哪一種延續方式是絕對地正確，或者絕對地最為簡單、最為自然的。對於描述性語詞的運用來說，道理也是一樣的。

　　許多讀者都發現維根斯坦對柏拉圖主義的規則觀的這個反駁論證是完全令人信服的。但是這樣一些論證並不被所有人接受。柏拉圖主義者在回應維根斯坦時會接受一點，即從一個數列的初始步驟出發，的確存在許多種可能的延續方式。但柏拉圖主義者會說，存在許多種對一個數列的延續方式，這一事實並不表明它們所有這些方式都處於同等地位。他會堅持認為，其中有一些延續方式比其他的方式絕對地更為簡單或更為自然；而經常出現的情況是，其中有一種延續方式是絕對地最為簡單的。第二點，柏拉圖主義者會同意說我們無法為這樣的一個主張提供有效辯護，即基於我們的標準，我們對這個系列的延續方式可以被表明是絕對正確的。但是他會說，可能我們可以用其他某種方式來證明這一點。比如他也許會爭辯道，我們的簡單性和自然性的標準，對於從成功的人類對外部世界的反應的長期歷史當中進化而來的思想系統是不可或缺的，這一事實正好給了我們理由認為，長期以來在我們心中形成的關於最為簡單的和最為自然的東西的觀念，它們在絕對的意義上也是最為簡單、最為自然的。第三點，柏拉圖主義者會乾脆否認維根斯坦的這一主張，即我們關於什麼叫絕對正確，或者絕對地最簡單、最自然的東西——也就是在他看來那些根據實在的標準而成為正確的，或者最簡單的、最為自然的東西——的看法是根本無法理解的。他會堅持認為，要理解這樣的思想是沒有任何問題的，即我們的正確

126

的、簡單和自然性的標準可以或者不可能與實在當中建立起來的標準相互匹配。

　　我不打算進一步追蹤維根斯坦與柏拉圖主義者之間的爭論。但是認識到當代相當多的哲學家都接受了一個寬泛的柏拉圖主義的規則觀及正確性標準觀，這一點是很重要的。這些哲學家並沒有簡單地忽略維根斯坦的考慮。他們了解維根斯坦的論證，他們只是並沒有發現這些論證有多麼地令人信服（這方面的例子可參見 Lewis, 1983, 1984）。

　　然而維根斯坦本人毫不含糊地拒斥了柏拉圖主義者對下面這個問題的回答，即是什麼東西使得用「1000, 1002, 1004, 1006, ……」這個系列來連接「2, 4, 6, 8, ……」這個系列就是正確的？但問題的關鍵是，他對柏拉圖主義的拒斥，從他的角度看來，有哪些方面是值得我們注意的？

　　(2) 建構論

　　在許多研究者眼裡，在規則問題上，維根斯坦提倡了某種形式的建構論或反實在論觀點（比如可以參見 Dummett, 1959, 1993；Wright, 1980: Chs. 2, 12；Kripke, 1982）。在建構論者看來，在任何給定的情況下，什麼東西可以被看做是規則的正確運用，這一點取決於當我們在考慮那個情況並且做出一個判決時實際上拿什麼當作正確的東西（或者當我們假定要考慮這種情況的話我們將會拿什麼東西當作是正確的）。因此，舉個例子來說，在「+2」這個數列中的任何一點上，什麼東西可以算作是正確的延續取決於當我們到達這一點時實際上所採取的延續這個系列的方式。我們所有人都發現用「1002, 1004, 1006……」這種方式來延續這個系列是很自然的，這一事實使得它是一個正確的延續。

　　維根斯坦說過的某些話似乎暗示了某種建構論的觀點。例如：他這樣問道：「是否存在（基數系列）的延續標準呢，除了那些可

被忽略的古怪之徒外，在我們正好採取的那種延續方式之外，是否存在正確的或錯誤的延續方式之分呢？」（LFM: 183）他認為，對這個問題的回答是「否」：延續「0, 1, 2, 3, ……」這個基數系列的正確方式只不過是那種我們所有人實際上都會那樣延續的方式。此外他還說：

> 羅素說過：「在計算 12×12 = 144 時我們總是會犯錯誤，這是可能的。」然而在這裡犯錯誤是一種什麼狀況呢？對此我們不是會說「這就是我們在完成我們稱之為乘法運算時所做的事情，而 144 正是我們所謂的正確的結果」嗎？
> 羅素接下來說：「因此 12×12 = 144 這只是可能的。」但是這麼說沒有任何意義。如果我們所有人都總是計算 12×12 = 143，那麼這就是正確的——這會成為某種運算方法。
>
> （LFM: 97）

（我們將在下文中看到，對這段話的解釋是頗有爭議的：這段話既可以被解讀為暗示了一種建構論觀點，也可以被解讀為是一種反建構論觀點。）

在特殊情況下，建構論者也會允許說，在運用我們的規則時，我們所有人都會犯錯誤，這是可能的。假設有一個邪惡的精靈用毒藥汙染了我們的飲用水源，導致我們每次都發現用「1000, 1004, 1008, 1012, ……」這個系列延續「2, 4, 6, 8, ……」這個系列是自然而然的。建構論者並不需要得出結論說，採用「1000, 1004, 1008, 1012, ……」這個系列是正確的延續方式。因為他可以說，當毒藥的效果消失殆盡後，我們就能發現這種延續方式乃是錯誤的。然而他會堅持認為，說我們所有人在正常情況下延續這個數列的方

128　式都是錯誤的，這是不可能的。因為對於一個給定的延續成為正確的延續方式來說，使之正確的東西就在於，它是我們所有人在正常的情況下已經採用的或者會採用的延續方式。

　　我們很自然地會這樣反對上述建構論者的觀點，當我們遵守某種規則時，我們並不覺得我們在特定場合中實際遵守這種規則的方式對如何算正確遵守該規則有所影響，我們倒是覺得，我們在遵守這種規則時試圖滿足的那種標準是完全獨立於我們或任何人在實際遵守該規則時的各種方式。建構論者同意，這就是我們在遵守一個規則時事情看起來的樣子。但是他會堅持認為，規則遵循的現象學對於規則的實際本性並沒有任何的指引作用。真相就在於，在每一個步驟當中，什麼東西可以算作是對規則的正確運用，都是由我們在那個步驟當中實際上所運用的方式所構成的。與此類似的是，建構論者會承認，像「全人類普遍同意將用『1000, 1002, 1004, ……』這樣的數列當作『+2』系列的延續」這個句子與下面這個句子的意思並不相同：「『+2』系列的正確延續是『1000, 1002, 1004, ……』」。前面這個句子是關於在人們延續以上數列時實際所做的事情的一個經驗性主張，而第二個句子是關於正確地延續以上數列的規範性主張。但是他會堅持認為，這兩個主張在意思上的截然不同這一事實，與下面這個建構論主張是完全相容的，即根據關於人們實際上是如何繼續這個系列的經驗性主張，關於正確地延續這個數列的規範性主張是真的。維根斯坦在下面的這個段落中似乎恰好採取了這樣的一種看法：

　　　　對「25×25 ＝ 625」這個命題所作的辯護自然是這樣的：誰受過如此這般的訓練，誰在正常情況下作「25×25」這個乘法，誰就會得出 625。然而，這個算術命題所說的不是這個。它可以說是一個被強化為規則的經驗命題。

（RFM: 325）

　　這種關於規則的建構論觀點有兩個重要的後果；這兩個後果與我們通常關於規則的思維方式有著尖銳的衝突，而這一點使得建構論觀點深深地違反直覺。第一個後果是這樣的：我們通常會認為「+2」的系列是一個無限系列。我們會認為，「+2」這個規則規定了對「n+2 是多少？」這個問題的回答，不管這裡的 n 代表什麼數字。即使 n 是一個大得讓人無法想像的數字，以至於沒有任何人甚至可以計算出 n 加上 2 等於多少，儘管這樣也仍然存在一個關於這個加法運算的正確結果是多少這一事實。但是建構論者否認這一點。在他看來，當我們考慮一個給定情況並且得到一個結論時，在這個情況下的規則的正確運用取決於我們所做或者會做的判斷。在對我們來說數字太大以至於我們無法計算的情況下，我們是如何運用規則的，對此並不存在一個我們可以做出的判斷，因為我們的運算能力到達不了那麼遙遠的地方。因此基於建構論的觀點，關於在這種特殊情況下「+2」的規則的正確運用是什麼樣的一個情形，對此說白了並不存在一個事實，因為沒有任何東西可以決定正確的運算將會是什麼樣子的。並且同樣的一點得到了相當廣泛的運用：對於什麼東西可以被看做對任何規則的正確運用的標準，不可能擴展到我們人類關於那個規則的有限的計算能力之外的地方。毫無疑問，建構論的這個觀點與我們關於規則的日常看法是相衝突的。

129

　　建構論的第二個違反直覺的觀點是關於客觀真理的看法（參見 McDowell, 1984: 46）。我們通常會認為，不管一個句子是真的還是假的，都獨立於我們判斷它為真或者為假。以「這張桌子是方的」為例。我們認為，這個句子是真是假，取決於兩件事情：這些語詞是什麼意思；世界的真實情況如何。我們會透過建立一個關於「方的」這個語詞運用的正確性標準，來決定這個語詞意指什麼。但是一旦我們這麼做了，「方的」這個語詞是否運用於這張桌子，取決

於這張桌子是否滿足了這個語詞所給出的標準,而不取決於我們最終判定這張桌子是不是方的時我們說了一些什麼。但是建構論者必然會否認這一個看法。在他看來,對於一個獨立於我們在考慮到這個語詞是否運用到那個對象這一問題時所能達到的結論的特定對象來說,並不存在關於語詞「方的」之運用的正確性標準。不過這麼一說就相當於放棄了這樣一個直覺上的看法,即這個句子是否來真取決於世界的實際情況如何,而不取決於當我們考慮這個問題並且得到一個結論時所做出的任何判斷。進而言之,我們應當注意到,維根斯坦堅持認為我們必須不能放棄這樣一種看法:

> 「那麼你是說,人們的一致決定什麼是對的,什麼是錯?」
> ——人們所說的內容有對有錯;就所用的語言來說,人們是一致的。這不是意見的一致,而是生活形式的一致。

(PI, §241)

130　　正如我上面說過的,沿著我描述過的線索,許多研究者都認為維根斯坦發展了關於規則的某種建構論觀點。然而其他的研究者會認為,建構論觀點的上述反直覺性對於不將這種立場歸結於維根斯坦身上是一個很好的理由。他們說,建構論並沒有注意到維根斯坦的這個主張,即哲學「讓一切如其所是」(PI, §124)。

(3) 壓縮主義

對維根斯坦的另外一種解讀,將他關於規則的觀點視為某種形式的壓縮主義或寂靜主義(比如參見 McDowell, 1984, 1992)。在下面這點上,壓縮主義者同意建構論的解釋:維根斯坦拒斥了關於規則的柏拉圖主義觀點;它拒斥了這樣一個核心的柏拉圖主義觀點,即只存在一種延續數列的方式,只存在一種繼續使用一個描述性語詞的方式,而這種唯一的方式是絕對正確的,並且是最簡單

的、最自然的。但是在關於維根斯坦是如何反對柏拉圖主義的解釋上，壓縮主義者並不同意建構論者。建構論的解讀方法認為維根斯坦描繪了這樣一種圖像：從某些非規範性的事情（事實上人們由於接受了正常的訓練，大多數人都會在「1000」之後沿著「1002, 1004, 1006, ⋯⋯」這個方式延續下去）當中建構出某些規範性的事情（即一個關於「2, 4, 6, 8, ⋯⋯」這個數列之延續的正確性標準）。但是壓縮主義者的解釋剛好相反，他們認為維根斯坦將關於規則和正確性標準的事實看做是最基本的，並且是不可還原的；他並不試圖從那些更基本的非規範性事實當中建構出那些規範性事實。並且，基於這種看法，維根斯坦會理所當然地認為，規則在事實上的確具有我們通常認為它們所具備的特徵。當我們掌握了「+2」的規則後，我們實際上就掌握了可以應用於未來情況的正確性的標準了，而這些標準是獨立於我們對未來情況的判斷的。並且我們實際上所掌握的正確性標準是一個「無限」的標準——也就是一個並不限制於我們運用這個規則的實際能力的有限性的標準。基於這個看法，維根斯坦對規則的討論並沒有提供一個關於規則的正面理論；他也沒有拒斥或者修正任何我們關於規則通常所認為的看法。維根斯坦的目標僅僅是虛構的、柏拉圖式的規則圖像。

　　我們關於連繫到維根斯坦的以下觀點來帶出建構論者與壓縮主義者在解釋上的分歧：數列「2, 4, 6, 8, ⋯⋯」的正確的繼續方式只不過是我們發現的自然而然地繼續這個系列的方式。維根斯坦說我們發現的自然而然地繼續這個系列的方式，是什麼意思呢？在建構論者看來，我們發現自然而然去做的事情，由於經過了之前的正常訓練，所以就是在「1000」之後以「1002, 1004, 1006, ⋯⋯」作為延續。基於這個看法，「我們發現的自然而然去做的事情」可以這麼理解：也就是根據其自身並不預設規範性或正確性標準的方式行事。這一說法是至關緊要的，因為基於這個看法，訴諸我們發現的

131

自然而然去做的事情，是從那些非規範性的事實當中建構出一種規範性的事實這項事業的一個部分。而對於壓縮主義者來說，情況恰恰相反，他們認為，當我們學會數字運算之後，我們發現的自然而然的事情並不只是在「1000」之後繼續用「1002, 1004, 1006, ……」來繼續「2, 4, 6, 8, ……」這個數列，我們發現的自然而然的事情是，我們將「2, 4, 6, 8, ……」這些步驟當作「+2」的數字運算系列的一個初始階段。與此相類似，當我們學會如何使用語詞「紅色」之後，我們所發現的自然而然的事情並不是繼續說出語詞「紅色」來對這個、那個具體事物做出反應；我們在使用語詞「紅色」時所發現的自然而然的事情，以如此這般的方式來解釋，「紅色」就意指紅色。基於對維根斯坦的這種解釋，我們發現的自然而然的事情（將「2, 4, 6, 8, ……」這些步驟當作「+2」的數字運算系列的一個初始階段；用語詞「紅色」意指紅色）是以一種預設了規範、意義和正確性標準（「+2」的規則；語詞「紅色」的意義）的方式而被說明的。因此，維根斯坦訴諸我們發現自然而然之物的意圖並不是要從那些非規範性的東西之中建構成某些規範性的東西。他的意圖是提供某種對柏拉圖主義的反駁。柏拉圖主義者認為存在一個延續數列「2, 4, 6, 8, ……」的一個唯一的、絕對正確的方式：這是一個絕對最簡單，也是最為自然的方式。維根斯坦拒斥這樣一種絕對正確性的觀點：他認為，存在不可窮盡的許多種延續這個系列的可能方式，其中沒有一種可以說是絕對正確的，或者最為簡單、最為自然的。因此系列的正確延續並不是那種絕對地最簡單並且最自然的延續方式，並不存在這種方式，正確的延續恰恰在於我們所發現的最為簡單或者最為自然的延續方式。但是，基於壓縮主義看法，維根斯坦並不需要持一種建構論的看法來達到反柏拉圖主義的目的。「我們發現的最為自然而然的延續方式」就是「+2」的數列。「+2」的系列所進行的那種方式是一種基本的、數學上的事實；這個系列

無法從一個關於我們人類事實上如何操作的非規範性事實中還原出來，也無法從後面這個非規範性事實中建構出來。

在上面第二節第一小節的開始，我們就提出了一個基本的問題：是什麼使得「1000, 1002, 1004, 1006……」成為「+2」系列的正確延續，而不是「1000, 1004, 1008, 1012……」呢？在壓縮主義者看來，使得它正確的只不過是「+2」意指加 2 的這個指令，遵守「+2」的規則要求在「1000」之後給出「1002, 1004, 1006……」這樣的延續。當壓縮主義者這麼說的時候，他就理所當然地將「+2」視為意指加 2，他也會理所當然地認為，遵守「+2」的規則要求在「1000」之後給出「1002, 1004, 1006……」這樣的延續。但是他會說，將這些東西視為理所當然之物是完全正當的，因為它們是顯而易見的真理──就像其他顯而易見的真理那樣。在現實生活中，如果某人懷疑「+2」並不意指加 2（他毋寧會這麼認為：加 2 加到1000，加 4 加到 2000，加 6 加到 3000，諸如此類），我們可以這麼回應這種懷疑，即用我們通常所解釋的那樣去向對方解釋「+2」這個表達式的意思。與此類似，如果有人懷疑遵守「+2」的規則並不要求在「1000」之後給出「1002, 1004, 1006……」這樣的延續，我們也可以透過向對方解釋「+2」是什麼意思來給予回應；我們會再一次地用我們在日常生活中所解釋的方式來向對方解釋。在給出這種解釋時，我們會不可避免地按照我們所認為的那些意思理所當然地理解這些語詞，也就是說，在 1000 之後加 2 涉及我們是如何認為的。但是正如前面所說的那樣，壓縮主義者會堅持認為，這麼做是完全正當的，因為任何解釋歸根到底都會將某些東西視作理所當然之事。如果沒有將某些語詞的意思當作理所當然之事接受下來，沒有人可以解釋正確地遵守一個給定的規則是什麼意思。

基於兩個討論觀點，有助於我們看到作為一方的壓縮主義與作為另一方的柏拉圖主義和建構論之間的關係。所有這三方觀點都會

認為，從一個內在於我們的加 2 實踐的觀點看——也就是從我們實際上在處理加 2 的運算時占主導的觀點上看——「2, 4, 6, 8, ……」這個數列的正確延續是「1000, 1002, 1004, 1006, ……」。以上 3 種觀點都會一致同意，從這樣的一種內在觀點看來，那種使得這種延續成為正確延續的東西，只不過是那種在 1000 之後加 2 所涉及的東西。但是，柏拉圖主義者和建構論者都會認為，哲學家可以為以下問題給出一個資訊更為豐富的回答，即什麼東西使得這個延續成為正確的延續。這兩方觀點都會認為，除了我們加 2 的實踐的內在觀點之外，還存在一種外在的觀點：一種當我們在哲學上反思我們的加 2 實踐時以及考慮如下問題時可以採取的一個觀點，這個問題是：是什麼使得「1000, 1002, 1004, 1006, ……」成為「2, 4, 6, 8, ……」這個系列的正確延續？柏拉圖主義者和建構論者分別為這個問題給出了不同的回答。柏拉圖主義者認為，使得「1000, 1002, 1004, 1006, ……」成為正確延續的東西是數字的本性：存在一種正確地延續數列的絕對標準；正是這個標準要求在「1000」之後給出「1002, 1004, 1006, ……」這樣的延續。建構論者認為使得延續成為正確的延續的東西，乃是我們的本性：我們在各種類似情況中，事實情況就是，我們所有人都同意用如此這般的方式來延續這個數列。不過柏拉圖主義者和建構論者都會同意，採取一種外在的觀點並進而為下面的問題尋求一種消息豐富的回答是有意義的，這個問題是：是什麼使得「1000, 1002, 1004, 1006, ……」成為上面那個系列的正確延續。與此相反，壓縮主義者認為這個問題完全沒有意義。他會認為，我可以可理解地考慮我們的加 2 實踐的唯一的觀點，就是一種內在於這種實踐的觀點：該觀點將加法視為一種面值（face value），並不試圖將之還原為別的東西。一旦我們為自己寫的系列即加 2 的系列給出了解釋後，就並沒有任何關於為什麼「1000, 1002, 1004, 1006, ……」系列是正確系列的進一步的解釋

了。所有要說的話就是，這就是在 1000 之後加 2 的意思所在。

關於維根斯坦對規則的探討的壓縮主義解釋看起來非常合理。這種解讀在許多方面都比建構論的解讀方式更忠實於維根斯坦的哲學。這種解釋認真地看待了維根斯坦的反還原論立場。基於壓縮主義的解讀，維根斯坦將規則和正確性標準看做我們的實踐的基本特徵；他並不試圖去將關於一個規則所要求的規範性事實還原為關於人們運用這個規則時實際所做事情的非規範性事實。而這樣的一個立場與他的另一個聲言是步調一致的：「根據規則行事對於我們的語言遊戲來說是**基本的**。這一點說明了我們稱之為描述的東西。」（RFM: 330）此外，這種壓縮主義解釋照顧到了維特根斯坦對哲學上的正面的理論化的反對，以及他的這一主張：哲學既不能為日常實踐提供辯護也不能為之提供批判。

然而，並非維根斯坦關於規則所說的所有東西都清楚明白地與壓縮主義的觀點相一致。尤其是，他的某些關於數學真理的宣稱在精神氣質上屬於決定的建構論者。比如，考慮到他關於哥德巴赫猜想（Goldbach's conjecture）的一些說法：該猜想宣稱，每一個偶數都是兩個質數之和。這個猜想至今並沒有被證明為真，也沒有被證明為假。並且我們認為，這個猜想為真或者為假，完全取決於它所包含的語詞的意義，而不會取決於我們面對一個關於它的真或假的證明時會說一些什麼東西。這種看法不管如何都是一種常識觀點。一個壓縮主義者關於數學規則就會採取這樣一種觀點。但是維根斯坦採取了另外一種觀點：

134

> 哈迪教授說過：「哥德巴赫理論要麼是真的，要麼是假的。」——我們只能說這條路至今沒有鋪好。就當下來說，你有權利說它要麼為真要麼為假，我也有權利去假定它是真的，或者假定它是假的。

（LFM: 138）

在這段話裡（這是從 1939 年的講演錄中摘取出來的），維根斯坦顯然拒斥了這個常識觀點，即哥德巴赫猜想為真或者為假直接地遵守了我們業已為它所包含的組成部分所給成的意義，不管我們是否有任何證據表明它是真的或者是假的。他認為，不管該猜想是真是假，都只是事關我們以這種或者那種方式「鋪路」，事關我們創造某種人們把它接受為真的或者假的證據的東西。而這麼一說就牽涉到關於數學規則的一個顯著的建構論立場。

因此關於維根斯坦對規則的探討的壓縮主義觀點，確定無疑地比建構論解讀更加忠實於維根斯坦評論的主要方面。但是在維根斯坦的著作當中仍然存在某些很難被認為是壓縮主義而實際上屬於顯著的建構論的段落。真相也許就在於，在維根斯坦關於規則的思考當中存在某些真正的相互衝突的思路。其中占主導地位的思路是趨向於壓縮主義的；但是也不可否認維根斯坦有些時候會說出一些更為明顯地趨向於建構論的觀點。

2. 掌握一個規則

當我遵守一個規則時，我是如何知道我為了遵守這個規則每一個階段要做什麼事情的呢？比如，我是如何知道「+2」這個規則要求我在 1000 之後應該怎麼做呢？顯然我僅僅知道「2, 4, 6, 8……」這些初始步驟是不夠的，即使將這個數列加到 1000，知道其中的每一步是怎麼加出來的，仍然是不夠的。因為正如我們所看到的，存在無窮無盡的不同延續數列的可能方式，它們在達到 1000 之前所走的步驟都一模一樣，但是過了 1000 這個點之後就分道揚鑣了。因此我無須知道過了 1000 之後我必須怎麼做，就可以知道 1000 之前的每一個步驟。從這種觀點看，自然而然就會認為這裡所需要的就是這樣的一個指令：它可以非常準確地清晰明確地規定哪一種系列的延續方式是正確的：比如，「你必須總是在 2, 4,

6, 8, 0, 2, 4 等等這些單位裡寫下相同的後續數字」（RFM: 36）這
個指令。這個指令似乎將會把「1000, 1004, 1008, 1012, ……」這樣
的數列排除在外；對於那些以那種方式繼續這個數列的人來說並沒
有「寫下在單位欄裡的相同的數字」。不過，當然這一點也取決於
什麼東西可以算作是「在單位欄裡寫下相同的後續數字」。並且由
於在數列裡以不同的方式來延續初始數列總是可能的，因此以不同
的方式來執行進一步的指令也是可能的。因此我們容易認為，這個
進一步的指令（「你必須總是寫下單位裡的相同的後續數字」）必
須其本身可以被一種解釋所補充，這個解釋詳細說明了執行這個指
令的正確方式。但是不管我們提出什麼樣的指令，也不管我們對指
令能提供什麼樣的解釋，僅僅知道這些指令和解釋，並不足以明確
為了遵守規則，我們在每一階段應該做什麼。因為任何指令和任何
解釋，都幾乎可以以多種方式去理解。正如維根斯坦說的，「解釋
僅憑其自身並不能決定意義」（PI, §198）。

　　維根斯坦認為，人們很容易去否認這一點。人們容易假定必
須存在某種解釋，其自身經得起以不同的方式被解釋：一個稀奇
的或者「奇怪的」（PI, §195），或者「最佳的」（PI, §192）解
釋；一個透過對算作是在某一個步驟中都以某種絕對意義上的不含
糊的方式得到正確的運用的規則進行詳細說明，「使得規則僅僅以
這種方式而被允許的」（RFM: 341）的解釋。除非理解牽涉到一
些諸如此類的東西，我們才會傾向於認為，我們是如何知道我們為
了去遵守一個給定的規則而不得不做的事情呢？但是，維根斯坦堅
持認為，並不存在這樣的東西，這種解釋自身經得起不同的解釋方
式——正如（我們看到他較早時期所堅持認為的那樣），並不存在
這樣的一種圖片或圖像，它自身並不受到任何處理方式的影響。一
種解釋有其必然的理解方式是一個哲學上的虛構。

　　至今為止的結論是反面的：當我延續「+2」的數列時，並不是

透過參考我們知道的我必須給出「1002, 1004, 1006」而不是「1004, 1008, 1012」的某一種類的解釋而進行的。那麼，我是如何知道這一點的呢？對諸如「綠色」這樣的描述性的語詞的用法所提出的一個與此非常相似的問題是，「我是如何知道我現在看到的顏色是『綠色』的呢？」（RFM: 336）維根斯坦這樣寫道：

136
> 如果我掉進河裡，呼喊「救命！」，我如何知道「救命」這個詞意指什麼？此時，在這個周邊環境中，我作出如此的反應。——因此，我也知道「綠色」意指什麼，也如我在這個特殊的周邊環境下遵守規則那樣。
>
> （RFM: 337）

維根斯坦認為，在遵守規則的最基本的情形中，我並不需要參考任何告訴我如何運用規則的東西。我只不過按照自己曾經受過的訓練，順其自然地行事：「我盲目地遵守規則。」（PI，§219）「這像是不言自明的一樣」（PI，§238），「無須任何理由」（PI，§211）。維根斯坦認為，當我運用一個熟悉的規則時，在運用時並不涉及理智過程；我只不過是依據恰當的方式行事。我知道規則的要求，但是這裡又不存在我憑什麼知道這個問題。

維根斯坦關於遵守規則的反智識主義似乎是正確的。當我遵守一個熟悉的規則時，我的確是在盲目地遵守規則，而不需要任何理由。但是現在我們面臨了一個新問題，那就是什麼東西使得我的行動成為遵守規則的一個案例的呢？為什麼那些我盲目地遵守並且不需要理由去做的事情可以被看做是關於一個規則的正確的或者不正確的運用，而並不是純粹的本能反應呢？某些東西我也是順其自然去做的，但是它們不能被評定我在正確的或者不正確的遵守規則。維根斯坦問道：「當一隻畫眉在牠的歌唱中總是不斷地重複同樣

的幾個曲調時，我們會說牠那麼做是因為牠每次都給了自己一個規則，然後遵守這些規則嗎？」（RFM: 345）在畫眉的行為裡存在某種規則性的東西：牠唱出某種曲調，然後不斷地重複它。但顯然牠這樣做並不是給自己定下一個規則然後去遵守它。牠只不過是以一種規則性的方式去行為而已。因此，在當我遵守一個規則時所做的事情與一隻畫眉唱歌時所做的事情之間存在什麼樣的區別呢？又是什麼東西使得當我寫下「2, 4, 6, 8, ……」這個數列時，我只不過是盲目地在行動，就像是一件不言自明的事情那樣去遵守「+2」的規則，而不是像一隻畫眉那樣僅僅是以一種規則性的方式行事呢？

維根斯坦對這個問題的回答在關鍵點上訴諸於我的行動的背景。他這麼寫道：「在一個複雜的周邊環境裡，我們稱之為『遵守一個規則』的東西，如果將之放到一個孤立的環境下，我們確定不會這麼稱呼它。」（RFM: 335）然而，為了使某些東西可以算作是遵守規則的情形，哪種類型的「複雜的周邊環境」會成為必不可少的呢？他考慮到了一個例子：

我們考察一些非常簡單的規則。這種規則表達是一個圖形。137
例如：

| — — |

人們透過畫出這樣的一些圖形的筆直系列（也許作為一種裝飾
圖案），來遵守這條規則：

| — — | | — — | | — — | | — — | | — — |

在什麼樣的周邊環境中，我們會說，透過寫下那樣的一個圖
形，某人提出一條規則呢？在什麼樣的周邊環境中，一個人透
過畫出那個系列而遵守了規則？很難把這一點描述出來。
如果在兩隻黑猩猩中，有一隻曾經在地上畫出 | — — | 這個圖
形，另一隻接著畫出 | — — | | — — | | — — | ，如此等等，那

麼前面一隻黑猩猩並沒有提出一條規則，後面那隻黑猩猩也沒有遵守這條規則，不論這隻黑猩猩當時在心中想些什麼。

然而，譬如說，如果某個人觀察一種訓練的現象，示範和模仿的現象，成功的或不成功的嘗試加以獎勵、懲罰等等的現象，如果黑猩猩在此之前沒有看見過這些如此排列的圖形的末端，就像在頭一個事例中所排成一行的那樣，那時我們可以說，這一隻黑猩猩寫下了規則，而另一隻黑猩猩遵守了規則。

（RFM: 345）

　　維根斯坦關於黑猩猩所說的東西似乎是非常合理的：我們不會將一次性的（one-off）重複的情形看做是一個確定規則並且遵守規則的情形；我們可能會將一個更複雜的情形看做是遵守規則的例子。但是為什麼我們會以這種方式來描述這些情形呢？在這兩種情況之間存在著什麼樣的差異？

　　維根斯坦說：「遵守規則是一種實踐」（PI，§202）「去遵守一個規則，去做一個報告，去下一個命令，去下一盤西洋棋，都是一種慣例（用法、機構）」（PI，§199），與此類似的說法還有：「僅當存在著某種穩定的用法，一種慣例，才說得上一個人依照路標走」（PI，§198）。他認為，當一隻黑猩猩有一次在地上畫了一個圖形，然後另外一隻黑猩猩重複這樣做時，並不存在關於給出或遵守規則的實踐或慣例；這就是為什麼我們不會說有一個規則被給出和被遵守了。然而，在具備更複雜的周邊環境的第二種情況下，存在某種遵守規則的實踐；正是這種實踐使得描述第一隻黑猩猩給出一個規則並且第二隻黑猩猩遵守這個規則才是合乎情理的。但是在遵守一個規則，按照路標走路等等諸如此類的情況中，成為一種實踐或慣例或機構，又應當如何理解呢？

　　在維根斯坦那裡，實踐的觀點至少包含兩方面的因素。第一個

方面的因素是，一個實踐涉及規律性和重複性：行動的規則性的或者重複性的模式。第二個方面的因素是，一個實踐涉及我們以特定的方式對規則、路標或其他任何東西的使用。我們下面依次詳述這兩個方面。

維根斯坦問道：「我們稱之為『遵守一條規則』的事情，會不會是只有一個人能做，在他一生中只能做一次的事情？」（PI，§199）他的回答是乾脆俐落的：

只有一個人只是那麼一次遵守一條規則，這是不可能的。不可能只那麼一次作了一個報告，只下達了或者只理解了一個命令等等。

（PI, §199）

他認為，只有在存在規則被有規律地遵守，或者作報告和下命令成為一種重複性的行為這樣的背景中，某件事情才能算作是遵守一個規則、作一次報告或下一個命令的一個實例。與此類似的話還有：

我可能在今天發明一種紙牌遊戲，不過這種遊戲從來沒有被玩過。但是，這並不是說，在人類歷史上只有一次發明過某種遊戲，而這種遊戲從來沒有被玩過。不是這個意思。這不是因為它與心理學規律相抵觸。「發明一種遊戲」、「玩一種遊戲」這些話只有在一個意思確定的周邊環境裡才有意義。

（RFM: 346；也參見 PI, §204）

維根斯坦認為，這裡的「意思確定的周邊環境」，是這樣一種周邊環境：其中存在玩遊戲的實際行為，並且重複出現了玩遊戲的

行為。

　　他預想到可能有人會反駁他。為什麼如果我們要有意義地說某人有一次發明了一種遊戲但從來沒有人玩過這種遊戲，就必須存在一種玩遊戲的實際行為呢？為什麼某件事情被看做是一個遊戲所要求的所有東西──也就是玩遊戲的實踐的實際存在所提供的整個背景當中的事情──不能包含在遊戲發明者的意圖中，即使從來沒有人玩過任何遊戲？維根斯坦將這個反駁表述如下：

> 「但這正是意向之為心靈活動的奇特之處：它無需習俗、技術的存在。例如：可以設想兩個人在一個沒有其他遊戲的世界裡下西洋棋，哪怕他們只是剛開始──接著就被打斷了。」
>
> （PI, §205）

　　但這裡是什麼東西使得一個人的確打算去下一盤西洋棋呢？正如我們在本章的第一部分所看到的，根據維根斯坦，使得一個做 Φ 的意向成為做 Φ 的意向的東西，並不是關於在孤立狀態下的行動所考慮的東西：它不是一個關於正在做 Φ（Φ-ing）的心靈印象，也不是正在做 Φ 的明確的影子，也不是在那個時刻在他腦子裡縈繞的任何其他東西。他打算去做 Φ 取決於意向發生的整個背景。他認為，特別是打算下一盤西洋棋的可能性依賴於下西洋棋實踐的實際存在：「意圖鑲嵌在周邊環境、人類慣例和機構當中。若沒有西洋棋技術，我就不可能有下西洋棋的意圖。」（PI, §337）維根斯坦認為，這是一個一般性的收穫：我們不能訴諸於主體遵守規則的意向，而迴避遵守規則必然要求遵守規則的實際實踐的背景這一觀點，因為打算遵守規則這件事情本身就依賴於遵守規則的實際實踐的存在。

　　維根斯坦認為遵守規則是一個實踐的第二個關鍵要素是這個

主張，即遵守一個規則涉及以特定的方式對規則的使用或關聯。讓我們來考慮沿著路標走路的例子。遵循一個路標行走和純粹只是與一個招牌並行之間是有區別的。部分區別在於，遵循一個路標要求重複性和規律性，而與一個招牌並行則不需要：「這種行為並不能被說成是……人類歷史當中的某個時刻的確有一個人沿著路標走路。然而卻可以說，在人類歷史上的某個時刻，的確有一個人與一塊招牌並行走路。」（RFM: 346）但這一點並不是兩者之間的唯一區別。因為也許會存在某些規律性地和重複性地沿著與一塊招牌並行，而不沿著路標走路的人。為了沿著路標走路，這些人必須也同時將那塊木板用作路標。但是要做到這一點還有什麼要求呢？為了將那塊木板用作一個路標，人們必須怎麼樣才能與某些東西關聯起來呢？維根斯坦認為，一個沿著路標走路的實踐活動，將會涉及以下特徵：人們將路標看做以特定的方式走路的一個理由；他們會指著那塊路標解釋說他們為什麼會走那條路；他們會指著那塊路標糾正自己和其他人的路徑選擇，諸如此類。正是這麼多的特徵的出現，才使得我們將沿著路標走路作為一個慣例的這一情況與人們只是規則性地沿著與那塊木板走路而無須沿著路標走路這一情況區分開來。更為一般地說，這個道理同樣適用於遵守其他規則的情況：將我們遵守一個規則的情況與我們純粹只是以規則性的方式行為的情況區分開來的東西，就是這樣一些事實，即他們透過指向規則為他們的行為提供了辯護和解釋；他們透過指著規則糾正了自己和其他人的行為；他們教會人們怎麼遵守規則，諸如此類。

140

對遵守規則所涉及之事的上述說明與維根斯坦對意向性的說明以及他對意義和使用之關係的說明（這些內容在第五章第一節第一小節以及第四章第三節中相應地得到了討論），這三者之間具有大致相同的特徵。從一個方面看，維根斯坦的說明是反還原論的。他並不試圖用一些更為基本的術語去解釋遵守規則到底是怎麼一回

事。當他說哪些地方存在遵守規則的實踐時所使用的術語——即透過指向一個規則或諸如此類的東西來辯護、解釋或糾正行動——並不比遵守規則這一概念本身更為基本。不過這麼說並不意味著維根斯坦的說明並不能給我們一個清晰的闡明。透過對存在一個規則所要求的複雜結構的反思，我們學會了某些關於遵守規則是怎麼回事的知識。但是這種闡明在特徵上並不屬於還原論性質。

與此相關的第二個方面是，維根斯坦並沒有提出關於某人遵守規則，或者遵守這個而不是那個規則是怎麼回事的一個普遍的、系統化的說明。他認為，對於某人遵守規則來說，並不存在一套非循環的必要條件和充分條件。但是在任何特定情況下，我們都可以為我們說某人正在遵守特定的規則提供某些理由。維根斯坦這樣問道：「我們怎麼能判斷一個所意謂的可曾就是如此這般呢？」（PI，§692）比如在小學數學課上，我們怎麼能夠判斷教師的意思就是讓學生給出「1000, 1002, 1004, 1006, ……」作為對之前數列的延續呢？他認為，我們在實際生活中並不難回答這類問題：「比如，某人掌握了某種算術技術和代數技術，他用通常的教學方法教另一個人怎麼展開這個數列，諸如此類的事實就是這樣的一些標準。」（PI，§692）當然，以這種方式告訴我們某人意謂的是什麼，或者某人所遵守的規則是怎麼回事並不是絕對可靠的。但是它們又正如我們通常所講述的其他事情那樣可靠。維根斯坦堅持認為，在實際生活中，關於某人遵守的是什麼規則並沒有一個原則上的困難。

第三點就是，正如我們業已看到的，維根斯坦對遵守規則的解釋著重強調了背景的至關重要的分量：「在一個複雜的周邊環境裡，我們稱之為『遵守一個規則』的東西，如果將之放到一個孤立的環境下，我們確定不會這麼稱呼它。」（RFM: 335）某人是否在遵守一個規則，他所遵守的是什麼樣的規則，並非僅僅事關他在孤立背景下視哪些東西為真。它在本質上依賴於周邊環境或背景。

　　結合到維根斯坦對意向性的說明，也許會有人反駁道，他對遵守規則的說明並不是充分地提供大量資訊的。他告訴我們說，遵守規則就是一種慣例或一種實踐。然後他對關於遵守規則的實踐是怎麼一回事給出了一些大致的評論。但是他並沒有非常確切地告訴我們其中涉及哪些東西。因此就會有人說，維根斯坦的說明並不能讓大家滿意。正如之前一樣，維根斯坦會從以下兩個方面來回應這種異議：第一個方面是，他認為，用其他的術語分析遵守規則的概念根本就是不可能做到的；因為遵守規則的概念本身就與其他的概念一樣基本。因此他並不認為沒有給出一個這樣的分析就算是一種失敗。第二個方面是，他會說，要求給出一個這樣的訊息量大的分析，預設了從某種角度看，遵守規則的現象是成問題的，或者至少需要一些補充解釋。但是維根斯坦堅持認為，關於遵守規則並不存在一個本質上的神祕之處。只有當我們在特定的哲學預設的觀點下考慮問題時，它才會顯得有點神祕。例如：假設我們從這樣的一個預設開始，即遵守規則要求對掌握規定規則在每一步所要求的東西給出解釋，並且並不存在任何的錯誤解釋的可能性。這樣一來，遵守規則的可能性看起來確實是神祕的，因為遵守規則將似乎依賴於一種不可能性：依賴其自身可以免於被多種方式來解釋。

142

「人們如何能夠遵守規則？」我可能這樣發問。

可是，在我對遵守規則沒有任何疑惑的場合下，我怎麼會如此發問呢？

在這裡我們顯然誤解了擺在我們面前的那些事實。

（RFM: 341）

　　之所以看起來彷彿存在某種關於遵守規則是一種「誤解」何以是可能的問題，就在於：存在一個關於遵守規則究竟是怎麼回事的

陷入歧途的哲學預設。維根斯坦認為，只要我們揭露並且除去了這個預設，關於遵守規則的可能性我們就看不到任何真正的問題。

3. 規則與社群

維根斯坦說遵守一項規則就是一種「實踐」，一種「習慣」，一種「使用」，一種「慣例」。但是他是否認為這是一種至關重要的社會實踐：遵守一項規則必須牽涉到規則遵守者的社群嗎？或者說他是否認為一個個體的實踐對於這種規則遵守的存在是充分的？在關於維根斯坦對這些問題的回答上，各路研究者之間存在尖銳的分歧。

一種解讀者認為，維根斯坦持有一種關於規則遵守的社會的、社群的立場：他認為如果沒有規則的社群就不會存在規則。這並不是說一個個體不能孤立地遵守規則——即使像丹尼爾·笛福（Daniel Defoe）小說裡的魯賓遜·克魯索（Robinson Crusoe）那樣，他的孤立是綿綿無盡的。但是基於這個觀點，對於像一個魯賓遜那樣的與世隔絕的人來說要遵守一項規則是可能的，取決於他是或者他曾經是某個規則遵守者社群的成員。贊成維根斯坦的這種「解釋社群」是這樣的事實，即那些翻譯成為「慣例」、「用法」和「機構」的德語詞（Gepflogenheiten, Gebräuche 以及 Institutionen），全都有一種在本質上屬於社會性的或者社群的強烈傾向：比這些詞的英語譯名具有更強的這種傾向（參見 Kusch, 2006: 248-250）。此外還可以考慮下面這段話：「的確可以為自己定下一個規則然後我自己去遵守它。但是它難道不是一個基於這個理由——即它是對我們在人類行為中稱之為『規則』之物的類比嗎？」（RFM: 344）這段話暗含了這層意思，即規則當中存在某種本質上屬於社會性的或者社群的東西。因為它意味著「人類行為中的」規則的存在是基本的或典型的情形，只有將這種共同性的情形進行類比，某一個個體

所做的一些事情才算是一個規則。

但是如果維根斯坦的確認為遵守規則在本質上乃是社群的事情，他這麼認為的理由是什麼呢？一個最為常見的解讀是，他認為只有社群對規則在每一階段的要求的結論，才是個體的規則遵守者行為的正確性標準（參見 Wright, 1980: chs 2, 12; Kripke, 1982; Malcolm, 1986: ch. 9）。為了讓每一個人都遵守規則，在正確地運用規則與不正確的運用規則之間就必須存在某種真正的區別。現在讓我們來考慮某一個個體對「+2」系列進行展開。假設他按照通常的加法將這個系列增加到 1000，然後他突然改變加法，採取了「1004, 1008, 1012……」這樣的加法。是什麼東西使得這個延續是錯誤的呢？如果我們孤立地考慮這個個體，那麼這裡就似乎暗示，在正確的延續和錯誤的延續之間並不存在任何區別：不管他採用哪種加法延續這個數列，他的加法對於他自己來說都似乎可以被看成是正確的。並且如果不存在一個拿來與他自己的延續方法進行比較的，與他屬於同一社群的其他人的延續方法，那麼就根本不會存在一個獨立的標準可以被用來作為判斷他的延續方法是對是錯的指涉的系統。但是在這種情況下，說他以一種正確的或者錯誤的方式延續了這個數列這個觀點本身就沒有了內容：「只要他覺得似乎正確，那就是正確的。這麼說僅僅意味著我們根本無法談論什麼叫正確。」（PI, §258）另一方面，如果這個個體屬於遵守規則的社群，事情將有很大不同。因為以這種而非那種方式延續一個數列的社群的共識提供了一個標準，這個標準可以作為判斷某個個體試圖去延續這個數列時將會被看做是正確的或者錯誤的一個指涉的系統。這就是遵守規則要求一個社群這一主張的標準原理，而這個原理又使得維根斯坦看起來好像採取了一種廣義的建構論的規則觀：一個人關於規則的運用的正確性的標準是從由社群的其他成員所制定的運用標準當中建構起來的。（其他研究者以不同的方式激發了

社群的要求。其中的一個方案可以參見 McDowell, 1984: 69-73；另外一個方案可以參見 Bloor, 1997: ch. 3。）

與對維根斯坦的社群解釋形成鮮明對照的是，其他一些研究者爭辯道，在維根斯坦看來，關於遵守規則的行為並不存在本質上的共同的東西。他們同意，對維根斯坦來說，規則的存在要求一個遵守規則的慣例或實踐。但是基於他們的解釋，維根斯坦並不要求這種實踐就是一種社群的實踐。相反他們認為，個體的實踐可以提供必備的規範，它可以為某個東西被視為一個規則提供必要的背景，它可以為主體試圖運用一個規則供應一個真正的正確性的標準（參見 McGinn, 1984: 77-92; Baker and Hacker, 2009: 149-168）。為這個解釋提供佐證的這樣一個事實，即維根斯坦的確似乎認為一個個體可以遵守語言規則而無須隸屬於那些遵守同樣規則的人們的社群。他在《哲學研究》中這樣寫道：「我們甚至可以設想一些人只對自己說話，他們一邊做事一邊自言自語。——一個研究者觀察他們，悉心聽他們談話，最終有可能把他們的語言翻譯成我們的語言。」（PI, §243）這個段落並不是決定性的；因為它在措辭上似乎暗示著，儘管那些獨白者只用語言對他們自己說話，但他們仍然屬於與他人共用語言的社群之中。然而在這段話的較早的版本中，維根斯坦清楚明白地說出，並不需要一門共用的語言：「每個人類個體都應當只為自己想事情，只對自己說話，這難道不是可以想像的嗎？」（在這個情況下每一個人甚至還可能擁有他自己的語言。）（MS, 124: 213；轉引自 Baker and Hacker, 2009: 163）。因此，至少在他寫出這段話的時刻，維根斯坦的確看來是認為指導某個人語言的規則作為一種規則並不是並且從來都不是與其他人所共用的，這在概念上是可能的。

於是，從一個方面看，維根斯坦基於得到強烈建議的社群觀念的術語來描述一個規則：他說，遵守一個規則，就是一種「實

踐」，一個「慣例」，一種「用法」，一種「機構」。從另一個方面看，他允許每一個人也許都只遵守他自己的語言規則，而這些規則從未被其他人遵守過。我們應當得出什麼結論呢？對此的一個建議是，維根斯坦在關於遵守規則是否在本質是一項社會性事業這個問題上持一種真正的不可知論的態度（參見 Pears, 1988: 374-382）。另一個與此不同的建議是，他的確認為遵守規則在本質是社會性的——也就是說，遵守規則就其本性而言是一種社會現象；但是值得注意的是，基於維根斯坦對什麼東西可以算作是「本質上屬於社會的」理解，這與作為一種特殊的情況的終其一生的孤獨的規則遵守者的可能性是相容的，或者說這種社會性允許出現這種可能性（參見 Canfield, 1996）。

當維根斯坦談到某些現象的「本質特徵」時，他並不是談論關於該現象的逐個事例所具有的系列特徵。例如：當他把自己說成是嘗試去理解語言的本性或本質，也就是語言的功能、結構時（PI, §92）。但是他解釋道，在他那裡，理解語言的本性或本質並不牽涉到「指出我們稱之為語言的所有東西的共同性質」，與此相反的是，他這麼說：

> 我們根本不是因為這些現象有一個共同特點而用同一個語詞來稱謂所有這些現象——不過它們透過很多不同方式具有親緣關係。由於這一親緣關係或者這一些親緣關係，我們才能把它們都稱為「語言」。
>
> （PI, §65）

這樣一幅圖像暗示我們，我們稱之為「語言」的那些清晰的、核心的、範例性的情形，與同樣稱之為「語言」的那些清晰的、核心的、範例性的情形之間將在或大或小程度上具有相似之處；我們

準備稱之為「語言」的那些情形與我們不準備稱之為「語言」的另外一些情形之間會有一個漸進的過渡。對於遵守一個規則而言，道理同樣如此。有某些情形中，我們可以確定無疑地說我們在遵守規則，有另外某些情形中，我們能確定無疑地說我們沒有遵守規則，而在兩者之間存在一系列的過渡狀態。（在從上面 RFM: 345 一書中引用的關於兩隻黑猩猩和一幅圖的段落中，我們可以看到一個例子。這種過渡狀態的另一端是這樣的情形：我們確定地說我們沒有遵守規則。存在相當寬泛的空間，容納中間情形。）在這樣一個框架下，一個對於遵守規則來說是「本質的」特徵，也就處於最為清晰、最為核心的情形之中：只要它以某種方式牽涉到我們在那些情形中稱之為「遵守規則」的活動的要旨或意圖。正是在這個意義上，說維根斯坦認為遵守規則在本質上是一種社會現象，有一定道理。規則的最清晰的示例——也就最核心的或最有範例性的示例——就是這樣一些示例：它們的要旨涉及人們之間的相互作用或交往：存在某些規則是由一個人或一個社群所鋪墊好的，用來控制或指導其他人的行為；存在某些規則是諸如婚姻這樣的社會機構所建構起來的；存在某些規則允許人們協調自己的行為；存在某些規則促使人際交往，諸如此類。所有這些規則的要旨本質上都牽涉到它們在「人類交往」中所扮演的角色。並且，對維根斯坦來說，這些就是規則的範例性示例。這麼說並不意味著否認存在某些與人際交往無關的規則：一個人可以根據某項規則單獨地協調他自己的行為。但是維根斯坦暗示道，這樣一些個人行為，只有在它們與範例性情形相似時才可以算作遵守規則的示例；遵守規則的範例性示例情形就是那些牽涉人際交往的情形。

三、小結

　　思想的意向性——它的表徵對象和事態的力量——是維根斯坦

1929 年回到哲學領域之後占據最重要位置的幾個話題之一，在他的整個後期哲學中同樣扮演著核心的角色。從反面看，他提供了對意象主義觀點的一種強有力的批判（從這種觀點看來，思想的表徵性特徵是根據心靈意象的表徵性質得到解釋的），以及羅素關於意向性的因果理論（從這種觀點看來，意向性是透過訴諸於一方面是思想和感覺之間的因素關係，另一方面是對象和事態之間的因果關係得到解釋的）。從正面看，在維根斯坦的探討中有兩個主題引人注目：一個期望與它的實現是在語言中發生連接的；一個思想根據它所「處於的通道」而具有內容——在這種通道中思想與其他的思想、主體所說所做，以及它所發生的背景等等之間發生連繫。維根斯坦對意向性的說明，就像他對語言意義的說明一樣，都是非還原論的，非系統化的。他並不把意向性看做某些固有的神祕性質的東西，這種東西需要根據其他東西來解釋，而是把它視作我們應當在字面意義上接受的世界的一個自然特徵。

　　維根斯坦關於規則和遵守規則的探討提出了兩類問題。第一類是構造性問題。是什麼使得這種數列的計數方式，或者這種使用一個描述語詞的方式是正確的？是什麼使得遵守「+2」的規則這樣的情形需要在這一點寫出諸如此類的東西？第二類的問題是關於我們對規則的掌握的。例如：我們如何知道規則需要在這一點做諸如此類的事情？維根斯坦對構造性問題的探討的一個主要推進就是，朝著一種關於規則的壓縮主義立場，這種立場把規則視為是理所當然的，拒絕要求對什麼使得一個規則以給定方式被正確遵守給出一個解釋。在回應我們如何掌握規則的問題時，維根斯坦提出了一個對遵守規則的反智識主義的說明：當我遵守一個熟悉的規則時，我是盲目地行動的，我並沒有理由。他認為遵守一個規則是一項實踐：這個觀點的一個方面是規則遵守牽涉規律性和重複性；它在另一個方面牽涉到以特定方式與規則發生連繫。

147

四、延伸閱讀

對意向性問題的反思出現在維根斯坦的許多著作中。下面是他早期的一些重要評論：

Philosophical Remarks, 63-74.

下面的文獻直接涉及維根斯坦對意象主義觀點和羅素理論的反駁：

The Blue and Brown Books, 1-43.

《哲學研究》裡探討這方面的重要段落有：

Philsophical Investigations, §§437-445, 572-586.

維根斯坦所反駁的羅素關於意向性的因果理論，參見：

Russell, B. (1921), *The Analysis of Mind*, London: Allen and Unwin, chapter 3.

關於維根斯坦對意向性問題的探討，比較有用的文獻是：

Budd, M. (1989), *Wittgenstein's Philsophy of Psychology*, London: Routledge, chapter 6.

對於維根斯坦反駁哲學理論的正面立場做過特別的強調，並且突出了維根斯坦關於意向性之處理的一些診斷性和治療學上的因素的一個卓越的探討，參見：

McDowel, J. (1992), "Meaning and Intentionality in Wittgenstein's Later Philosophy", in P. Frence, T. Uehling, and H. Wettstein (eds), *Midwest Studies in Philosophy* XVII: *The Wittgenstein Legacy*, Notre Dame: Universtiy of Notre Dame Press; reprinted in McDowell, J. (1998), *Mind, Value and Reality*, Cambridge, MA: Harvard University Press.

關於規則和遵守規則，最重要的文獻是：

Philsophical Investigations, §§139-242.

Remarks on Foundations of Mathematics, part VI.

克里普基（Saul Kripke）關於維根斯坦遵守規則的探討產生了
極大的影響。此外它還是一個卓越的導引，並且異常地清晰和明白
易懂。克里普克的解讀引起了廣泛的爭議。但是它對維根斯坦的許
多思路都把握得非常好。參見：

Kripke, S. (1982), *Wittgenstein on Rules and Private Language*,
Oxford: Blackwell.

關於《哲學研究》中的涉及遵守規則的段落，有兩份導引性的
探討材料，這兩個材料都比克里普克的文獻提供了更多的壓縮主義
觀點：

McGinn, M. (1997), *Wittgenstein and the Philosophical Investiga-
tions*, London: Routledge, chapter 3.

Stern, D. (2004), *Wittgenstein's Philosophical Investigations*: *An
Introduction*, Cambridge: Cambridge Unviersity Press, chapter 6.

還有一本有幫助的，一本書厚的關於遵守規則段落的探討，同
時也是對克里普克式解釋的一種批評，參見：

McGinn, C. (1984), *Wittgenstein on Meaning*: *An Introduction and
Evaluation*, Oxford: Blackwell.

關於遵守規則這個聚訟紛紜話題的其他重要的文獻包括：

Backer G. P. and Hacker, P. M. S. (2009), *Wittgenstein*: *Rules,
Grammar and Necessity*, 2nd edition, extensively revised by P. M. S.
Hacker, Oxford: Wiley-Blackwell.

McDowel, J. (1984), "Wittgenstein on Following a Rule", *Synthese*,
58: 325-363; reprinted in McDowel, J. (1998), *Mind, Value and Reality*,
Cambridge, MA: Harvard University Press; and in A. Miller and C.
Wright (eds) , (2002), *Rule-Following and Meaning*, Chesham: Acumen.

最近問世的關於遵守規則在文獻上的綜合性考察，捍衛了克里
普克對維根斯坦的解讀，參見：

148

Kusch, M. (2006), *A Sceptical Guide to Meaning and Rules*, Chesham: Acumen.

後期哲學：
心靈與心理學

一、感覺與感覺語言

我們如何使用語言談論我們自己和他人的感覺呢?不妨拿「牙痛」這個語詞來舉例。這個語詞具有第一人稱的用法(「我牙痛」)和第三人稱的用法(「他牙痛」)。但是,這兩種用法之間是一種什麼關係呢?在第一人稱用法與第三人稱用法之間,「牙痛」這個語詞具有相同的含義,還是它在不同用法中具有不同的含義?在這兩種用法中,它的含義又是如何能夠準確地得到理解呢?

在維根斯坦 1929 年回到哲學領域之後的第一批著作中,關於感覺語言以及第一人稱觀點與第三人稱觀點關係的討論,涉及上述問題。對這些問題的討論在他從 1930 年代的著述和《哲學研究》中占有中心的位置。對這些問題的探討進一步直接導致了他 1946-1949 年間所做的對心理學概念的研究,而這些研究成果,構成了後來出版的《心理學哲學——一些片斷》(在其早期版本中,又稱為《哲學研究》的第二部分)的研究基礎。

1. 維根斯坦 1929-1939 年間對感覺語言的闡述

我們在維根斯坦回到哲學領域不久之後的 1929-1930 年間的著作和講座中,可以發現他對感覺語言的最早論述。這種探討意在權衡兩種不同的直覺。第一種直覺是,我們可以成功地交流我們自己和他人的感覺。第二種直覺是,我們與自己感覺的關係,跟我們與他人感覺之間的關係比起來,二者是根本不同的;相應地,在感覺語詞的第一人稱用法與第三人稱用法之間,同樣存在著某些根本上的不對稱。維根斯坦認為,正是我們日常的談話方式使得這種不對稱幽晦不明起來。從表面上看,「我牙痛」與「他牙痛」這兩個命題之間的區別僅僅是被說成牙痛的人在人格同一性上的區別。在一個案例中,被說成牙痛的人是我;而在另一個案例中,被說成牙痛

的則是他人。但是，在表面上看，命題的其他部分——「牙痛」這個部分——在每種案例中都是完全一樣的。然而，從維根斯坦的角度看來，這兩個命題之間存在著一種更為深刻得多的區別。為了使這種區別明晰化，他說道：

> 我們可以採用表徵事物的以下方式：如果我維根斯坦牙痛，那麼就可以採用命題「牙痛」這個方法來表達。但如果正是這麼回事，那麼我們現在用命題「張三牙痛」所表達的，就是這樣的：「張三正表現出維根斯坦牙痛時的那種樣子」……當它逐漸成為可理解性和歧義性完全消失的問題時，這種說話方式對我們來說就是等價的。但是這種語言根本上可以把任何人當作其中心，這一點顯然也是平等的。
>
> 現在，在許多我所能理解的不同的人們在其中扮演著中心角色的語言中，那種我在其中占據中心位置的語言擁有一種特權身分。這種語言特別地恰如其分。

（PR: 88-89）

　　他在這段話的後面一頁又接著說，在語詞僅僅運用到我自己的當下經驗中，「感覺與料」這個詞取得了一種含義；當這些詞在那種含義上使用，要說他人也擁有感覺與料，這是「不可思議的」（PR: 90）。但是他又指出，存在另一種意義上的感覺語詞，諸如「牙痛」，在這種含義中，「語詞『牙痛』在『我牙痛』與『他牙痛』這兩個命題中具有同樣的意思。」（PR: 91）

　　實際上，維根斯坦的意思是，每個人的感覺語詞都有兩種含義：一種是私有的、純粹內省性的含義，在這種含義中，他的感覺語言只能運用於他自己的感覺，並且只有他自己才能理解這種語言；另一種是公共的含義，這種含義能夠被其他人所理解，正如能

被他自己所理解那樣。當我在其私有含義上使用語詞「牙痛」時，這個語詞指涉我經驗中的「那些私密之物」（PR: 91）：也就是指涉那些我自己牙痛的當下的、主觀的特性，這種特性只有我自己知道，他人一無所知。以這種方式使用這個語詞，它就透過直接地、內省式地附著在我自己的感覺之上，從而取得含義。並且，這種含義無法被任何其他人理解。然而，我同時也可以在公共含義上使用「牙痛」這個語詞。當我以這種方式使用這個語詞時，它就透過與疼痛的個體性特徵的有區別的行為模式發生連繫，從而取得其含義。因此「約翰牙痛」這個語句，從我（威廉・恰爾德）的嘴裡說出來，就意味著「約翰正經歷著我（威廉・恰爾德）牙痛時的那種行為表現」。與此類似，當約翰說「威廉・恰爾德牙痛」時，就意味著「威廉・恰爾德經歷著我（約翰）牙痛時的那種行為表現」。沒有人可以理解其他任何一個人用來描述他自己感覺的私有語言。但是，維根斯坦設想，我們所有人都可以理解我們用來描述他人感覺的感覺語言的行為意義。

　　這種闡述體現了維根斯坦從未放棄的兩個洞見：一個人把感覺語詞應用到自己身上，並非基於他對自己行為的觀察；我們運用他人身上的感覺語詞的意義，必須以一種可以使他們的行為有十分重要的指涉的方式來得到理解。然而，他逐漸意識到，發展這些洞見的早期嘗試是錯誤的。首先就是，對感覺語詞的第一人稱用法——那些談論自己經驗中的「私密」之物的人們對這些語詞的使用——闡釋，想當然地認為，語詞可能透過一個附著於感覺的純粹內省來給定，無須依賴於與外部環境或外部行為的任何連繫。然而，他逐漸意識到，這是不可能的。其次就是，我們在後文中將會看到，對感覺語言的公共意義的闡釋，使得感覺的特徵與交流互不相關了。結果，他後來意識到，這是令人無法接受的。

　　我們可以把維根斯坦從上文那個觀點——也就是他在 1929 年

到 1930 年間對感覺語言的闡釋——到他後來在《哲學研究》中所包含的闡釋，這個漸進過程分為 3 個階段。首先，我們將會看到他為什麼會逐漸認為並不存在私有的、純粹內省式的感覺語言。這是《哲學研究》中的「私有語言論證」所承擔的任務。其次，我們將考察他對私有語言企圖解釋我們如何理解對他人的感覺歸屬的批判，考察他對我們關於感覺知識的探討。第三，我們將考察維根斯坦在《哲學研究》及其他地方所探討的感覺語言的正面觀點。

2. 私有語言論證

我們可以從勾畫維根斯坦打算破壞的關於感覺和感覺語言的觀點開始。

是什麼使感覺個體化的？是什麼使得一種感覺成為它所屬的那一種感覺？維根斯坦認為，當我們反思這些問題時，我們發現很自然地就會認為感覺是被其主體性的、可反省的特徵所個體化的。並且也會很自然地認為，它的這種主體性特徵單純是感覺的一種內在特性：這種特性的身分完全獨立於伴隨著主體的行為或外部環境所做的任何事情。因此我們認為，兩個人成為受到完全一樣外部刺激的主體，並且在每一個行為方面都極其相似，這些都是完全可能的，但是對於他們感覺的主體性特徵來說，則又是截然不同的：比如，「人類的一部分對紅色有一種視覺印象，另一部分則對紅色有另外一種視覺印象」（PI，§272），這是可能的。（用當代的哲學術語來表述同樣的意思：不同的人擁有不同的顏色質感，而他們之間不存在任何行為上的或者環境上的區別，這是可能的。）這樣一種關於感覺的觀點在哲學史上占據了統治地位，在當代哲學中仍然相當流行。並且，維根斯坦認為，對於任何一個反思感覺之本性的人來說，它都施加了一種自然感染力；儘管正如我們將會看到的那樣，他認為這種觀點的感染力依賴於對我們的感覺語言的「語法」

152

的誤解。評論者經常將這種觀點描述為笛卡兒的感覺觀點（笛卡兒
為促進這種觀點做了很大貢獻，「笛卡兒的感覺觀點」就是在他之
後形成的）。此外，儘管維根斯坦自己並未在這個關節點上使用
「笛卡兒式」這個術語，但它對於他所批判的那種感覺觀點來說是
一個方便的標籤。

關於是什麼使得感覺個體化的笛卡兒觀點與關於感覺的知識以
及關於感覺語詞的意義的特定觀點同時發生的：這些觀點在歷史上
占據重要地位，當我們反省感覺的知識論和語義學時，它們具有一
種自然的感染力。因而，它誘使人們認為，那個唯一能夠真正知道
某人持有什麼感覺的人，就是主體自己。人們會認為，「只有我知
道我是否真的痛；別人只能透過推測」（PI, §246）。或者，可能
會這麼認為：「也許我只知道他身上痛，但是我永遠不會知道他到
底有多痛。因此這裡有著某種他知道的東西，但他對疼痛的表述並
沒有告訴我這一點。這就是某種純粹私有性的東西。」（Z: 536）
類似的，如果感覺是以某種與行為或者外部環境完全無關的方式被
個體化的，就會誘使人們認為，關於各種類別的感覺的語詞，必須
透過直接的、反思性的附屬於感覺自身才得獲得意義：我「把語詞
與感覺連繫起來，當我的感覺再次出現時，我便使用這個語詞」
（參見 Z: 545）。但是，如果感覺語詞是透過直接附屬於感覺而獲
得意義的，並且如果沒有人可以知道任何其他人的感覺的本性，那
麼，看起來就似乎是，沒有人能夠知道任何其他人的感覺語詞的意
義了。因此似乎就是，每一個人的感覺語言都是一種私有語言：一
種只有他自己才能理解的語言。

維根斯坦認為，這種關於感覺和感覺語言的系列觀念是非常具
有誘惑力的。事實上，他自己在 1929-1930 年間對感覺語言的說明
就包含了這個系列觀念的某些因素。但是他在《哲學研究》§243-
315 又認為，這幅感覺圖像在根本上是錯誤的；他打算驅逐這幅圖

153

像的每個部分。

《哲學研究》對感覺的討論是從這裡開始的：

> 是否也可以設想這樣一種語言：一個人能夠用這種語言寫下或
> 說出他的內心經驗 —— 他的感情、情緒等等，以使他自己使
> 用？ —— 我們不就能用我們的日常語言這樣做嗎？ —— 但我的
> 意思不是這個，而是：這種語言的語詞指涉只有說話者自己才
> 能自己的東西；指涉他的直接的、私有的感覺。因此，另一個
> 人無法理解這種語言。
>
> （PI, §243）

這段話建立在一個重要的假定之上：假定我們來談論我們
的「內在經驗」 —— 我們的疼痛、牙痛，諸如此類 —— 的「日常語
言」，並不是一種私有語言。維根斯坦認為，當我說「我感到疼
痛」或者「我牙痛」時，我的語詞「疼痛」和「牙痛」並不指涉只
有我一個人知道的東西；只有我一個人能夠理解我所說的語詞，這
也不是真的。相反，當我說我牙痛時，有充分證據表明他人完全知
道我是什麼意思。但維根斯坦所問的是，是否存在某種以他所描述
的方式使用的語詞呢？在像「牙痛」這樣的每個人都能理解，每個
人都能明白別人說到它時的意思，像這樣的日常語詞之外，是否存
在僅僅是他自己關於牙痛的感覺，只有他自己才知道的語詞呢（參
見 PI, §273）？維根斯坦認為，並不存在這樣的語詞。

他的論證始於這樣的一個問題：名稱與私有感覺之間的連繫是
如何建立起來的？私有語言學家的觀點是「我單單把一些名稱與感
覺連繫在一起，在描述中使用這些名稱」（PI, §256）。但是維特
根斯坦問道，我們如何做到這一點的？他寫道：

154　　　讓我們來設想下面的情況。我將爲某種反覆出現的特定感覺作
一份日記。爲此，我把它與符號 E 連繫起來，凡是有這種感
覺的日子，我都在一本日曆上寫上這個符號。——我首先要註
明，這個符號的定義是說不出來的。——但我總可以用指物定
義的方式來自己給出個定義來啊！——怎麼個給法呢？我能
指向這些感覺嗎？在通常意義上這是不可能的。但我說這個符
號，或寫這個符號，同時把注意力集中在這種感覺上——於是
彷彿內在地指向它。——但這番儀式用意何在呢？因爲這看上
去徒然是儀式！定義的作用卻是確立符號的含義。——而這恰
恰是透過集中注意力發生了；因爲我藉此給自己印上符號和感
覺的連繫。——「我把它給自己印上了」卻只能是說：這個過
程使我將來能正確加快起這種連繫。但是在這個例子裡，我全
然沒有是否正確的標準。有人在這裡也許會說：只要我覺得似
乎正確，就是正確。而這只是說：這裡談不上「正確」。

（PI, §258）

　　為了給出一個語詞的含義，我必須建立一個正確使用這個語詞
的標準：一個怎麼樣才算正確地應用這個語詞的標準。現在，維根
斯坦問道，在語詞用來描述私有感覺這種情況下，如何才能確立這
樣一種標準呢？私有語言學家認為他可以透過將自己的注意力集中
於特定的感覺，並且在所有同一種類型的感覺出現時，都會約定好
使用語詞「S」，從而建立起一種正確使用語詞「S」的標準，他
認為，有了這麼一種定義，如果新的感覺與他原先稱之為「S」的
感覺屬於同一種類型，那麼把語詞「S」運用於一種感覺將會是正
確的；如果新的感覺屬於另外一種類型，這麼運用將會是錯誤的。
但是問題在於，什麼叫做某種感覺與那原先那種被稱作「S」的感
覺屬於同一類型？《哲學研究》§§143-242 裡對遵守規則的討論

留給我們的一個教訓是，我們不能想當然地將某種東西視為與表記
（ostended）樣本同屬一類。當我們展開「2、4、6、8」這樣的數
列時，可以被看做與此以同樣方式進行的並不是由世界所規定的；
這一點取決於人類所創造的相似性標準。這樣的道理可以運用於這
樣一個問題：以跟之前同樣的方式繼續運用語詞「S」是怎麼一回
事。衡量一個私有感覺與另一個私有感覺是否同屬一類，並非取決
於事物的本性，它必須透過人類創造的相似性標準為指涉的系統而
得到理解。並且，維根斯坦認為，不管假定的私有語言學家用他的
語詞「S」做了什麼，他也無法建立一個真正的相似性標準：以語
詞「S」的未來運用將被視為正確的或不正確的作為指涉的系統的
標準。但是，我們也許會問，為什麼不可以這樣呢？私有語言學家
阻止他建立一個使用語詞「S」的一個真正的正確性標準的處境是
什麼？不同的解釋者，為維根斯坦對這個問題的回答提供了不同的
觀點。

　　一種解釋認為，維根斯坦反對私有語言之可能性的論證，根本
上取決於採取了一種關於規則的社群觀點。從社群觀點看來，作為
一個個體正確或者不正確地運用一個語詞指涉的系統的唯一標準，
是同一個社群所制定的運用這個語詞的標準。這個要點交叉運用於
多個方面：顏色、形狀、數量、動物以及諸如此類的名稱，以及那
些感覺的名稱。現在私有感覺語言的一個核心特徵就在於，它的語
詞只對於那些私有語言學家本人才是可理解的。這意味著並不存在
這些語詞運用的共同一致性；因為在私有語言學家本人之外根本沒
有人可以運用它們。從社群觀點看來，這麼說就意味著，並沒有對
於私有語言學家運用他的語詞的正確性的標準了。但是如果真的不
存在他運用自己語詞的正確性的標準，這些語詞就根本算不上是有
意義的了。從這個解讀看來，私有感覺語言的不可能性只不過是個
體無須以社群為參照而遵守規則的一種特例了。

155

　　這是對維根斯坦論證的一種流行解釋（其中最有影響的例子，參見 Kripke, 1982），但它仍然引起不少爭論。因為正如我們在第 5 章裡所看到的，我們有很好的理由懷疑維根斯坦是否真的認為，一個個體運用一語詞的正確性標準，是由社群對這個語詞的運用所構成的。因此，是否存在對於這個論證的一種替代性解讀：這種解讀要問的是，根據維根斯坦，為什麼一個個體的實踐不能建立起他對私有感覺語詞「S」的運用的真正的正確性？

156　　私有語言學家認為，他可以透過一種內在的實指界說（ostensive）定義賦予語詞「S」一個含義。並且他似乎很容易做到這一點。畢竟維根斯坦承認表面定義在總體上是定義一個語詞的極好方式，只要「這個語詞被假定在語言中扮演的角色已經是清楚的」（PI, §30）。並且他也承認，只要使得表面上得到定義的語詞的角色得以清楚的方式，是清晰明確地規定了我們命名的事物的我屬類別：也就是說，透過說「這個顏色叫做『紅褐色』」或者「這個數字叫做『2』」（PI, §29）。因此為什麼私有語言學家無法單純地確定他所命名的事物所屬的類別：「我將把這種感覺叫做『S』」？這一點不能足以保證他他的內在的表面定義，透過確定這個語詞想要具有的許多種可能的正確性標準，為他的語詞「S」的將來運用建立一個正確性的標準嗎？維根斯坦對這個自然的建議的回應是抓住這個問題：當私有語言學家對自己說「我將把這種感覺叫做『S』」時，他用「感覺」這個詞所意指的是什麼？維根斯坦說：「『感覺』是我們共同語言裡的一個詞，而不是只有我才理解的語言中的詞。」（PI, §261）但是，如果我嘗試用私有含義，用那種只有我能理解的含義建立一個語詞，我不得不持有一個從公共語言中引進的正確性的概念或標準。尤其是，如果我確定語詞「S」為一個表達一類「感覺」的語詞，而「感覺」這個語詞則意指通常的那個意思，那麼我的「S」這個語詞將根本無法具有一種私有含義，它對

別人也同樣是可理解的。（維根斯坦這裡的論證依賴於前文提到的假定：我們日常語言中的感覺語詞的含義是公共可理解的，他將之視為一個顯然的真理。）因此，維根斯坦論證道，要成功地賦予語詞「S」一種私有含義，我必須發現一種確定我所命名之物所屬的類別的方式，而在任何方面都根本無須依賴我們日常的、公共語言的資源。然而這是一個不可能滿足的條件。例如：

> 說它不必是一種感覺，這麼說（對私有語言學家來說）於事無補；當他寫下「S」時，他有某種東西——我們說不出更多的。「有」和「某種東西」同樣屬於我們的公共語言。
>
> （PI, §261）

　　因此私有語言學家不能合理地為自己定義語詞「S」。維根斯　157
坦認為，事實上，他根本不能使用任何我們的日常語詞，因為這些日常語詞都屬於一門共用的、公共的語言。然後他必須絕對地祈求他需要定義自己私有語詞的每一件東西都完全屬於他自己的內省性的資源。維根斯坦認為，他能夠做到這麼一件事情的想法，純粹是空想。

　　這樣一種路線的確富有啟發。它使得私有語言學家所面臨的挑戰突顯出來。根據維根斯坦，那個挑戰無法被克服，對此我們能否說出一些更加肯定的或者更為確定的東西呢？考慮到，第一，這個案例並非關於感覺語詞的，而是關於顏色語詞的（「紅色」、「綠色」、「藍色」，諸如此類）。一個與世隔絕的個體能否為自己的顏色語詞建立起一套正確性標準，而無須以任何方式依賴於一門共用的、公共的語言的資源呢？如果我們站在規則的社群觀點上，我們對這個問題的回答是「不」：從這個觀點看來，並不存在一套運用一個語詞的正確性標準，除非那裡還有一套運用這個語詞的共

同實踐。不過，在此假設我們拒斥這種社群觀點，那麼我們也許會認為，一個獨居的個體的實踐為一個顏色語詞配給一種真正的正確性標準的存在所需要的一切，這在原則上是可能的。因為我們也許會認為，這個獨居的個體能夠連繫關於那種顏色的樣本系列，定義他自己的顏色語詞（稱之為「無奇」（wodj））。當他繼續把語詞「無奇」運用到其他事物上時，將不會出現在正確或不正確的運用之間的一個真正的區別，因為原先的樣本提供了判斷這個或那個新事物是不是「無奇」的正確性標準：這套標準獨立於他自己對那個事物是無奇的印象。他也許會認為，當他將某個事物與原先的樣本做比較時，將語詞「無奇」運用到這個事物上去，他發現錯了。但是，在維根斯坦看來，在私有語言學家試圖建立關於他的私有感覺的語詞這個案例中，情況與此有所不同。因為在那個案例中，並沒有一種東西可以扮演一種類似於獨居個體使用語詞「無奇」所使用的顏色樣本那種角色。當這位私有語言學家試圖今天運用他的語詞「S」，想知道這種運用是否正確，他無法拿今天的感覺與昨天的作比較——正如那個獨居的個體可以將他今天叫做「無奇」與連繫他定義這個語詞的樣本系列進行比較。因為就這個案例的本性來說，昨天的感覺不再可以為他提供檢驗；感覺僅僅是瞬間發生的。維根斯坦認為，當這位私有語言學家對自己說「語詞『S』指涉與此相同的那類感覺」時，他最多能夠將今天的感覺與他昨天擁有的感覺的記憶印象做比較。但是這並未提供一套為他將語詞「S」運用到今天的感覺上去的真正的正確性標準，一個顏色樣本系列的記憶印象也無法提供運用　個顏色語詞的真正的正確性標準（參見 PI, §265）。

當維根斯坦以這種方式展開論證時——正如他有時會做的那樣——這樣看起來彷彿他的觀點只不過是，感覺的短暫性使得它不可能為私有語言學家說出他是否正確地運用了他的語詞「S」。這

樣就引起了一個異議：即使他無法確切地知道他的語詞「S」的運用是否正確，這也並不意味著並不存在這種運用是正確還是錯誤的標準。因此維根斯坦並未表明，不可能存在一種私有的感覺語言；他只不過表明了，私有語言學家在使用他的私有感覺語言時，他很難說出他所做的陳述是不是真的。但是這種異議錯失了這個論證的真正要點。維根斯坦的根本看法並不是說，當私有語言學家成功地建立起為他使用語詞「S」的正確性標準後，卻無法說出他什麼時候能夠滿足這種標準。毋寧說，他認為私有語言學家根本不能成功建立一套使用語詞「S」的正確性標準。在獨居者的顏色語詞「無奇」這個案例中，獨居語言學家在建立運用他的新語詞的正確性標準時，存在一些持久的物理對象可以供他使用。他可以將那些進行分類整理、再整理，以便將之歸入屬於無奇的那一類和不屬於無奇的那一類；他可以將新的對象與原先的對象系列進行比較；他還可以根據各自的無奇性（wodj-ness）的程度來排列它們，諸如此類。在維根斯坦看來，所有這些行為都在建立使用語詞「無奇」的正確性標準中扮演著至關重要的角色。為了建立一套正確性標準，獨居的語言學家必須建立一套根據各自的顏色進行排序、分類的實踐。並且，他能夠這麼做只是因為，顏色是一種相對比較持久的性質，而正是這種性質支撐了這一套實踐。但是，對於私有語言學家來說，這些做法都是不可能的。他無法將那些私有感覺進行分類整理、再整理，以便將之歸入屬於 S 的那一類和不屬於 S 的那一類；因為私有感覺只在他的注意力集中於此的那一小段時間裡，才是可以被審查的；他在當下無法找回同樣的感覺，然後再次考慮它的性質。他也無法比較一種私有感覺的特徵與另一種在彼時彼刻享有的私有感覺的特徵；他也無法遵循它們所顯示的某些特徵的強度將它們分成等級序列。因此沒有什麼東西可以支撐排序、分類的實踐，而如果私有語言學家要能夠建立起使用私有感覺語詞的正確性標

159

準，這些排序、分類的實踐是必不可少的。這就是為什麼建立起這種正確性標準的嘗試不能成功的原因。

維根斯坦的論證成功嗎？他是否成功地表明，並不存在這樣一種語言，它的語詞「指涉只有說話者能明白的東西——指涉他的當下私有感覺」？挑戰這個論證的一種方式，就是挑戰維根斯坦對柏拉圖主義的拒斥。這個論證的一個關鍵前提就是一個反柏拉圖主義原則，這個原則便是，當私有語言學家嘗試把自己的語詞「S」引入到與特定私有感覺的連繫之中時，感覺的本性本身並不能決定，對於他人來說，與原先的樣本同一種類型的私有感覺是什麼樣子，但是一個持異議者也許會拒絕這個主張。如果柏拉圖主義關於私有感覺的觀點是真的，他會說，那麼私有語言學家自身宣稱的定義的確建立了對於他的語詞「S」的未來使用的真正的正確性標準。因為如果柏拉圖主義是真的，那麼老實說，這些其他的私有感覺屬於與原先的樣本同樣的類別，而那些其他的私有感覺則不是，這麼說都是對的：因此把語詞「S」運用到這些私有感覺上去便是對的，將之運用到那些感覺上去便是錯的。因此，某個人如果拒絕接受維根斯坦反對柏拉圖主義的案例，那麼他也可以拒絕接受私有語言論證。對維根斯坦反對私有語言論證的一種與此不同的挑戰，則是接受他的反柏拉圖主義立場。因此也就接受了他的這一觀點，即私有語言學家不能僅僅是想當然地認為某些東西就是與原先的樣本屬於同一類別的私有感覺；同時也接受了維根斯坦所認為的，這位私有語言學家必須做一些事情，以便為私有感覺建立一個相似性標準。但是，從這個挑戰看來，維根斯坦認為不可能僅僅以私有性的、內省性的資源建立一個真正的相似性標準，這一觀點是錯誤的。採取這種思路的異議者認為，私有語言學家透過模仿他的私有性的內在世界，可以建立起對於關於自己語詞的真正的相似性標準，而不管我們在共用的世界裡為了顏色、數字，諸如此類的語詞的給予含義

做了什麼（關於那些方面的異議，可以參看 Blackburn, 1984: 100-101）。

3. 他心

160

我們是如何理解這一思想的，即他人擁有感覺和經驗？用維根斯坦的話來說：「某些生物、某些物體，能有所感覺——單說這個想法，我們竟是從哪裡得來的？」（PI, §283）

當哲學家們在討論「他心的問題」時，一般而言這屬於一個知識論上的問題。他們想當然地認為我們理解這一主張，即他人擁有思想、感覺，諸如此類的東西。他們的問題是我們持有什麼樣的理由相信那個主張是對的。但是，當維根斯坦問：「某些生物、某些物體，能有所感覺——單說這個想法，我們竟是從哪裡得來的？」時，他並不是在詢問一個知識論問題。他提出的是一個關於他心的概念問題：一個人是如何理解這一思想的，即他人在他自己之外擁有感覺？這個問題為笛卡兒的感覺觀點提出了一種特別的挑戰。

在笛卡兒觀點看來，「只就我自己而言我只是從自己的情況知道『疼痛』這個詞的含義是什麼」（PI, §293）。我全神貫注於我自己的疼痛感覺，把語詞「疼痛」指派到那處內在特徵之上，那就是我知道語詞含義的方式。正如我們剛才所看到的，維根斯坦認為不可能以那種方式為一個感覺主詞給予一個含義。但是，為便於論證起見，先來假定它是可能的。假定在第一種情況中，我們每一個人都是以一種純粹內省性的方式理解語詞「疼痛」的。那麼，我們是何以能夠理解把疼痛指派到他人身上的呢？私有語言學家的看法是，我們每個人都可以使用我們對語詞「疼痛」的純粹內省性理解，正如它被運用於我們自己一樣，逐漸把握對於他人感覺到疼痛是什麼樣子。但是，從第一人稱情形到第三人稱情形的這種轉換到底是如何假想成起作用的呢？維根斯坦考慮了 3 種建議，認為它們

中的每一個都是不成功的。他得出結論說，即使私有語言學家可以為自己的私有感覺給予名稱，他也無法把這些感覺指派給他人。並且他認為，由於我們基於顯而易見的原因，可以理解將感覺指派給他人，這就構成了拒斥私有語言學家關於感覺和感覺語言的笛卡兒觀念的進一步的理由。

　　私有語言學家的第一個建議是，在透過內省了解我感到疼痛是什麼，然後透過我的例子進行富有想像力的投射可以理解別人的疼痛是什麼。透過這種內省，我知道了我自己感到疼痛時是什麼樣子的。這一點使我形成了一種疼痛的印象，我可以運用這種印象來想像他人感到疼痛時的事態如何。這給了我一種理解說或者想他人感到疼痛的一種方式。維根斯坦對這種方案的評論是簡明扼要的：

<blockquote>
如果我不得不以自己的疼痛爲樣本來想像別人的疼痛，這絕非易事：因爲我必須根據我感覺到的疼痛來想像我尚未感覺到的疼痛。這可不是單單在想像中把疼痛從一個部位轉移到另一個部位，例如：把手上的疼痛轉移到手臂上。因爲我要想像的不是我感覺到他身體的某個部位上的疼痛。

（PI, §302）
</blockquote>

　　維根斯坦注意到，當我想像一種疼痛時，我想像的僅僅是處於疼痛中，但是想像處於疼痛中不可能給我關於他人處於疼痛中的感覺。正如他所說，我無法透過想像和感覺到的疼痛來衍生出被他人感覺到的疼痛——那種我無法感到的疼痛——的觀念。

　　第二個方案是，在把握了在我自己身上發生的語詞「疼痛」的含義之後，透過運用對他人來說感到疼痛就是對他們來說處於與我感到疼痛時我所處的同樣狀態這個原則，我逐步理解了它對他人的運用：「倘若我假設某人感到疼痛，那我乾脆就假設他有的和我經

常有的是一樣的東西。」（PI, §350）但是他拒絕這種方案：

> 這麼說未能領我們多走一步。就像我說：「你知道有什麼叫『這裡是 5 點鐘』；而且你也知道什麼叫『在太陽上是 5 點鐘』。這就是說：這裡 5 點鐘的時候，那裡的鐘點和這裡的鐘點一樣。」——用一樣來解釋在這裡行不通。因為，我雖然知道可以把這裡的 5 點鐘和那裡的 5 點鐘稱為「一樣的時間」，但我卻不知道在何種情況下人們會講到這裡和那裡有一樣的時間。
>
> 同樣，說假設他有疼痛就是假設他有的和我有的一樣，也不算什麼解釋。因為這一部分語法我足夠清楚：如果人們說，爐子有疼痛和我有疼痛，人們就會說爐子有和我一樣的體驗。
>
> （PI, §350）

「當他感到疼痛時就是處於與我感到疼痛時同樣的狀態」這個原則是對的。但是，維根斯坦認為，如果我並非已經理解了他人感到疼痛是什麼意思，我就不能透過這個原則來最終理解它。因為，如果我未能理解他人感到疼痛時是什麼樣子，那麼基於同樣的表徵，我也不能理解他人處於與我疼痛時一樣的狀態。因此這個原則儘管是對的，對於某人嘗試要獲得關於他人處於疼痛中的觀念仍是毫無助益的。

第三個方案是，從單純內省性的、第一人稱的疼痛觀念中，掌握對他人處於疼痛狀態的觀念，這種轉換可以透過利用私有感覺和行為之間的關係來獲得。在第一個例子中，我使用了語詞「疼痛」指涉我自己的對疼痛的私有感覺。然後，我使對疼痛的私有感覺與我自己的疼痛行為相互關聯起來。並且我理解這個主張，即他人是透過指涉對他的疼痛行為的方式而感到疼痛的。因此，「約翰感到疼痛」意味著「約翰做出了我感到疼痛時的那種行為」。（正如我

162

們上文看到的，這就是維根斯坦自己在 1929-1930 年間的看法。）
但是維特根斯坦逐漸看到，這種說明也是無法讓人接受的；因為它
會導致這樣一個後果，即我們實際上從來不會就各自的感覺特徵展
開交流。維根斯坦是在《哲學研究》中的一個著名段落中指出這一
點的：

> 假設每個人都有一個盒子，裡面裝著我們稱之為「甲蟲」的東
> 西。誰都不許看別人的盒子；每個人都會說，他只是透過看
> 他的甲蟲才知道什麼是甲蟲的。——在這種情況下，很可能每
> 個人的盒子裡裝著不一樣的東西。甚至可以設想這樣的一個
> 東西在不斷變化。——但這些人的「甲蟲」一詞這時還有用途
> 嗎？——真有用途，這個用途也不是用來指涉某種東西。盒子
> 裡的東西根本不是語言遊戲的一部分；甚至也不能作為隨便什
> 麼東西成為語言遊戲的一部分：因為盒子也可能是空的。——
> 是的，我們可以用盒子裡的東西來「約分」，無論它是什麼東
> 西，它都會被消掉。
> 這就是說：如果我們根據「對象和名稱」的模型來構造感覺表
> 達式的語法，那麼對象就因為不相干而不在考慮之列。

（PI，§293）

163　　　維根斯坦並不認為人們的感覺的特徵與日常語言中的感覺語
詞的含義毫不相關。他的要點毋寧是，如果我們把感覺語言設想成
為他所考慮的下面那個樣子，那麼二者之間才會毫不相關：在第一
個例子中，每個人都將語詞「疼痛」當作一個他們自己的私有的、
內省性的個體化感覺的名稱來使用，對感覺語詞的交流上的使用根
據行為而得到整體的解釋。根據維根斯坦，對他人感到疼痛時是什
麼樣子的說明，在本質上是以對疼痛的行為表達式作為指涉的系統

的，這麼說是對的。但是在第三人稱情形中，解釋語詞「疼痛」的含義的訴諸於行為時，是與對在第一人稱情形中對該語詞的含義的一種純粹內省性的解釋相結合的，我們於是就得到了一個荒謬的結果：感覺的特徵自身與感覺語詞的交流上的使用毫無關聯。

維根斯坦在《哲學研究》中所引出的一個教訓是，我們必須放棄這樣的笛卡兒式看法，即每個人關於他自己疼痛的觀念都是一個純粹內省性的觀念。維根斯坦認為，即使當我們思考我們自己的疼痛時，我們使用的疼痛概念已經結合了與行為和肢體傷害的關係，而當我們把疼痛指派給他人時，依賴的正是這層關係。我們將在下面的第五節探討維根斯坦對這種觀點的正面發展。

4. 感覺的知識

關於我們和其他人的感覺，我們知道什麼？我們又是如何知道的呢？回答似乎是顯而易見的：每個人都有關於他自己感覺的確定知識；沒有人真的知道他人感覺的特性。但是維根斯坦拒斥這種觀點的兩大要素。一方面，他宣稱「一個人一般不能用『我知道我痛』這話來說他自己（除非在開玩笑之類）。——這話除了說我有疼痛還會是說什麼呢？」（PI, §246）另一方面，他又說：「如果我們依正常的用法使用『知道』這個詞（否則我們又該怎麼用？），那麼我痛的時候別人經常知道。」（PI, §246）

許多讀者看到維根斯坦聲稱說我知道我痛是沒有意義的，會覺得困惑。但是一旦我們看到為什麼他會這麼說，不管我們是否同意維根斯坦，他的主張就沒那麼令人困惑了。他的起點是這樣的看法，即知道的概念是其他知識論概念家族的一員：它本質上與證據、證成、觀察、發現、懷疑、錯誤等等諸如此類的概念相連繫。因此，他認為，當某人能夠學會 p 時，當他相信 p 可以被證據所證成時，當他能夠融貫地懷疑是否 p 時，在諸如此類的情形中，說他

知道 p 才是可能的。但是維根斯坦主張，對於命題「我感到痛」來說，這些條件沒有一個被滿足了。當我說「我感到痛」時，我並未推斷出我是基於證據而感到痛的；我的話語並不是我已經學會，或者發現我感到痛，而只是對疼痛的一種即刻的、非推論性的反應。維特根斯坦認為，相似地，我不能融貫地懷疑我是否疼痛：「如果有人說『我不知道我現在有的是疼痛還是別的什麼東西』，我們大概會認為他不知道『疼痛』是什麼含義。」（PI, §288）並且他認為，由於證成、證據、懷疑等等概念並未運用到命題「我感到痛」上去，知識的概念也未能運用到該命題上去。至少在正常環境下，說「我知道我有疼痛」是不可理喻的。

　　我們該如何面對這個論證呢？維根斯坦說我們不是我們自己精神生活的觀察者，我們沒有發現關於我們自己基於證據的感覺，諸如此類，他這麼說絕對沒錯。但並不因此就可以認為，說一個人知道他有疼痛是錯誤的，甚至是毫無意義的。說一個感到疼痛的人的確正常地知道他有疼痛，這麼似乎更好，或者更加切近常識，儘管我們同意維根斯坦認為某人關於他有疼痛的知識，不像他關於外部世界的真理的知識那樣，並不是正常基於證據或觀察的。在當代哲學中被廣泛接受的一個關於知識的似乎正確的看法是：如果某人相信某件事情，並且他的信念是真的，並且他的信念並非偶然為真，那麼他就知道這件事情。從這種知識觀來看，一個感到疼痛的人的確正常地知道他有疼痛。畢竟他相信他有疼痛，他對自己有疼痛的信念是真的，並且他的信念並非偶然為真。（維根斯坦也許會這麼回應：一個感到疼痛的人不能被說成是相信他有疼痛——根據信念的概念就像是知識的概念一樣，是與證據、觀察以及諸如此類的概念緊密相連的。但是正如前文所言，說他的確相信他有疼痛似乎會更好些，儘管我們承認他並非正常地基於證據而相信它。）

　　維根斯坦關於我們對他人感覺的知識有什麼樣的評論呢？他

承認在哲學思考過程中，會被誘使認為一個人可以從不真正知道他人有什麼樣的感覺。但是他認為，這種誘惑是應當被拒斥的。他指出，在現實生活中，我們會不假思索地認為，知道他人感覺的本性是不可能的：「試一試——在某種實際情況下——去懷疑別人的恐懼，或者別人的疼痛！」（PI, §303）；並且他又說：「如果我看見某人帶著顯而易見的痛苦表情寫字，我不會認為：他的所有感覺都是對我隱藏著的。」（PPF, §324 [PI, II, xi, p. 223]）但是維根斯坦拒斥了這樣的懷疑論主張：我們從不知道他人的感覺如何，並不僅僅取決於訴諸日常語言：事實上我們的確會在日常生活中說我們知道他人的感覺。因為他嘗試表明，誘使我們做出這處懷疑論主張的推理錯在哪裡。例如他說：

> 「我只能相信別人有疼痛，但我若有疼痛我就知道。」——是的：我們可以決定不說「我有疼痛」而說「我相信他有疼痛」，但如此而已。——這裡看來像個定義或像關於心靈過程的陳述的東西，其實是用一個做哲學時似乎更中肯的說法替換了另一個說法。
>
> （PI, §303；也參見 BB: 53-54）

維根斯坦認為，如果我說我從未能真正知道某人疼痛，這並非因為我認為我的證據，對於使我相信某人疼痛有資格成為知識來說，不能作為一個足夠堅實的事實，而是因為我認為並沒有可能的證據足以使得這個信念有資格成為知識。但是在那種情況下，我僅僅是規定了，不管我對他者痛的知識論定位如何，它都不能被看做是知識。我們無法阻止某人決定以那種方式說話。但是即便某人的確以那種方式說話，在我沒有關於他人感覺的證據的情形與我有對此的極好證據之間，仍然存在一種真正的、重要的區別：例如在

「我看到某人帶著顯而易見的痛苦表情寫字」這個情形中。並且，維根斯坦也認為，否認在後一種情形中我知道他人感到疼痛純屬幻想。對於知道他者痛來說，除了我們所有人通常都承認是最好的可能證據之外，我們還需要什麼呢？

5. 維根斯坦對感覺和感覺語言的積極觀點

維根斯坦拒絕了私有語言學家對感覺語言的說明。那麼他自己的正面看法是什麼呢？他寫道：

> 語詞是如何指涉感覺的？——這裡似乎沒有任何問題；我們不是天天都談論感覺，稱謂感覺嗎？但名稱怎麼就建立起了與被稱謂之物的連繫呢？這和下面的是同一個問題：人是怎麼學會感覺名稱的含義的？——以「疼痛」這個詞為例。這是一種可能性：語詞和感覺的原始的、自然的表達連繫在一起，取代了後者。孩子受了傷哇哇大哭；這時大人對他說話，教他感嘆，後來又教他造句。他們是在教孩子新的疼痛行為。
> 「那麼你是說，『疼』這個詞其實意味著哭喊？」——正相反；疼痛的語言表達代替了哭喊而不是描述哭喊。

> (PI, §244)

這段話暗示，「我感覺痛」這個表達式是一個被教會的對我們關於疼痛的自然的、前語言表達的附加物。在後期的作品中，維根斯坦關於我們對「疼痛」這個詞運用到他人身上提出了一個相應的建議。他提出，我們對「他感覺疼痛」這個表達式的使用，是我們對他者痛的自然的、前語言的反應的一種發展：

> 如果人們認為，照顧、處理別人的而不僅是自己的疼痛部位是

一個原始行為，那在此很有用——關注別人的疼痛行為，正如並不看重自己的疼痛行為。

「原始」這個詞在這裡意指什麼呢？大概是指這種行為方式的前語言的：語言遊戲建立在它的基礎之上，它是一種思維方式的原型而非思考的結果。

（……）

確定他者痛，懷疑他人是否疼痛，諸如此類，都是對待他人的一些自然的、本能的行為方式，語言只是這些行為方式的輔助手段以及對這種關係的進一步擴展。我們的語言遊戲是原始行為的擴展。

（Z: 540-541, 545）

從這些段落中浮現的是什麼樣的感覺和感覺語言圖像呢？

在說到語詞「我感到疼痛」或「痛死了」是對自然的、前語言的疼痛表達的代替物時，維根斯坦指出了兩個要點。第一點是關注我們對疼痛概念的獲得。在一個兒童學會語詞「疼痛」之前，他對痛的前語言表達已經能夠在他感到疼痛時的情形與他沒感到疼痛時的情形之間進行區別了。當他在已經非語言性地表達了疼痛的情況下我們教他學會使用語詞「我感到疼痛」時，他就在學習在自己感到疼痛的情況下將語詞「疼痛」運用到自己身上。這一點導致了他對疼痛的感覺與他對「疼痛」的使用之間的關聯。維根斯坦認為，關鍵在於這種關聯是以一種並未依賴於內省性的或者任何假定的內在的實指界說定義的方式而獲得的。當然，在一個人感到疼痛的情況下被訓練成產生語詞「疼痛」，並不足以表明他明白這個語詞的含義。他也需要掌握這個語詞的其餘的用法，包括將它運用到他人身上。但是，維根斯坦認為，一個人學會用疼痛的語言表達式補充或代替疼痛的自然表達，是至關緊要的第一步。維根斯坦的第二個

167

要點是，著重強調了語詞「我感到疼痛」是對涉及知識論上對痛的前語言達的一種學會的附加物。兒童對痛的前語言達是對自己身上疼痛的一種當下的、不假思索的反應；這些表達不是任何內省性的或自我觀察的過程的結果。正如他學會到用口頭表達來代替他對疼痛的自然的、前語言的表達，他反應的特徵也發生了變化：原先對疼痛的不能說話的叫喊被說出「我感到疼痛」這句子取而代之。但是，維根斯坦認為，口頭表達具有與原先的前語言表達一樣的認知直接性：說「我感到疼痛」，就像感到疼痛時發出叫喊一樣，在典型特徵上並不是任何自我觀察過程的結果。

　　第三人稱情形下對語詞「疼痛」的用法又會是什麼樣子的呢？我們傾向於認為，「你注意到了那個呻吟的人，因為經驗讓你學會了，在諸如此類的情況下，你也會發出類似的呻吟。」（Z: 537）但是在維根斯坦看來，這麼說是錯誤地看待問題。真實情況是，注意到呻吟的人的傾向最先發生，而對這個人疼痛的信念是這種反應的一個發展。正如前文所說，這裡有兩個要點。第一個要點涉及我們對他者痛的概念的獲得。一個用同情和關心對他者痛的表達發生反應的前語言兒童，仍並不擁有他人感到疼痛的充分成熟的信念；他仍然並不擁有對疼痛的充分成熟的概念。但是透過自己的行為，他已經可以辨別他人明顯地感到疼痛的情形與他人並不感到疼痛的情形了。透過模仿和學習，在他已經透過自己的同情性行為發現他者痛的情況下，他學會了說出「他感到疼痛」，學會了在他人真的感到疼痛的情況下，將語詞「疼痛」運用到他人身上。這一點，正是學會語詞「疼痛」的一個關鍵要素。並且，維根斯坦還認為，這個說明表明兒童是如何獲得他者痛的概念的——透過某種並不依賴於對關於疼痛的純粹內省性觀念的第三人稱情形的推斷的方式，而這種純粹內省性觀念是從他自己的情況中得到的。維根斯坦的第二個要點涉及他心的知識論。前語言兒童對他者痛的前語言回應，是

168

一種當下的、不假思索、本能的反應。這種反應並不是任何猜想或者推理的產物。當一個成年人看到某個顯然在遭受痛苦的人，相信對方處於疼痛之中，這個成年人對他者痛的反應並不同於兒童對前語言行為，並且也比後者更為複雜。但是，維根斯坦也認為，存在一個重要的方面，即成人的反應——也就是最終相信他者痛——與兒童的前語言反應有相似之處：因為成人的反應就像兒童的反應一樣，都是一種對他者痛的當下的、非推論的反應，它並不是任何推理過程的產物。他認為，這個要點是對認為我們對他人感覺的知識的傾向的一種重要的矯正，而這種傾向過度理智化了我心與他心之間的關係：正如對「我感到疼痛」的話語是某人疼痛的當下的、非推論的反應這個評論，是對過度理智化了我們與我們自己的心靈之間的關係這種傾向的一種重要的矯正一樣。

維根斯坦關於我們對語詞「疼痛」的用法與我們對我們自己和他者痛的自然的、前語言的反應之間的關係的評論，是非常富有洞見的。但是這些評論只是走向對感覺語言的豐富說明的第一步；維根斯坦也只是打算將之視為第一步。當我們試圖發展維根斯坦的意見時，可以考慮超越了他的當下要點的 3 個問題：維根斯坦關於「我感到疼痛」的話語是對疼痛的一個表達這個觀點，究竟隱含著什麼意思？維根斯坦的說明是如何適應這個事實的，即語詞「疼痛」在第一人稱話語「我感到疼痛」與第三人稱指派「他感到疼痛」之間具有相同的含義？另外，維根斯坦的說明能否被擴展到疼痛之外的其他感覺、擴展到感覺之外的其他心理現象？

(1) 表達 VS. 描述

一個發出對疼痛的非口頭叫喊的人——比如說，一個驚呼「啊！」或者「哎喲！」的人——由此表達了他的疼痛。其他人可以從他的叫喊聲中斷定，他感到疼痛。但是他並未把自己說成是處於疼痛之中，或者說出他感到疼痛。然而，假設他叫喊的不是「哎

喲！」而是「我感到疼痛！」或者「痛死了！」，在這種情況下，將他的話語視為一個疼痛的表達，似乎也是對的：尤其在這種情況下，就像是對疼痛的非口頭喊叫，這個話語是對疼痛的當下的、情不自禁的反應。但是這麼認為也是很自然的，即在說出句子「我感到疼痛！」時，他不僅表達了自己的疼痛，也同時將自己說成是處於疼痛之中。畢竟，當他說出句子「我感到疼痛！」時，他說了某些真的或假的東西，這個句子的真或假取決於他實際上是真的還是假的疼痛。這對他來說似乎足以算作是描述了自己。

　　但是維根斯坦似乎並不同意這種看法。在他看來，只有當一個人退回到自己內心，進行一個反思或自我觀察的過程時，才能說他描述了自己。這就是我們某些時候做的某些事情。並且他承認，在這類情況下，一個人可以真正被說成描述他的心理狀態。但是他認為，在正常情況下，當某人只是發出「痛死了」或「我感到疼痛」這樣的話語，而並不需要停下來反思時，他的話語根本就不是一個陳述或者描述（維根斯坦的這一觀點，可以在 PPF, §67-85 [PI, ix] 中得到了強烈的暗示）。某個說出「我感到疼痛」這個句子的人，也許做了某些不同於這個句子在其他語境下所做的事情，維根斯坦這麼認為顯然是對的。在一種情況下，他也許會發出對疼痛的情不自禁的叫喊；在另外一種情況下，他也許又會向自己的醫生做出一份考慮周全的報告，諸如此類。但是他彷彿這樣寫道，這些可以被劃分等級的話語同處於一個層面之中：因此，如果一個給定的「我感到疼痛」的話語是一個表達，那它就是一個描述，反之亦然。我們最好承認，話語可以與隨著一系列不同的層面來劃分。某個說「我感到疼痛」的人是否參加了任何反思或者自我觀察的行為，這是一個問題：這個人所說的語詞是否具有描述說話者的語義功能，這是另一個問題。如果我們做出這種區分，就可以接受一個自然而然的觀點，即一個喊出「我感到疼痛」的說話者，同時既表達了他

的疼痛，又將自己說成是處於疼痛之中。

(2) 疼痛概念的統一

曾有人說過，維根斯坦對語詞「疼痛」的說明，極少提到關於統一該詞的第一人稱和第三人稱用法：它未能解釋我們是如何無需證據而運用這個語詞到自己身上的，它們可以與我們基於它們行為而運用到他人身上的語詞具有相同的含義。據說他的說明讓人覺得，好像語詞「疼痛」的第一人稱用法與第三人稱用法具有不同的含義。他是這樣描述語詞「疼痛」的兩種不同用法的：其第一人稱用法及第三人稱用法。但是，反對者抱怨說，他並沒有說是什麼將這兩種用法統一起來的。

這種異議似乎不公平，因為維根斯坦在某種程度上著重強調了語詞「疼痛」的第一人稱與第三人稱用法的互相依賴。在用「我感到疼痛」這樣的語言表達教會兒童代替他的自然的、前語言的疼痛表達時，我們教他對這個語詞採用了第一人稱，而這種用法並非根據對他行為的觀察。但是，在開始之初，我們只有在他已經在非語言層面表達了他的疼痛的情況下，因此，就是在我們可以基於他的行為而將語詞「疼痛」運用到他身上的情況下，我們才教會他這種第一人稱用法。並且，如果他的第一人稱運用與我們基於他的情況和行為而將這個語詞運用到他身上的方式是一致的，那麼他只不過取得掌握語詞含義的資格；如果他在那種情況下有規則地說「我感到疼痛」，基於第三人稱標準，我們知道他未能適當地掌握第一人稱用法。過後，當我們確信他掌握了第一人稱用法時，在我們沒有使用關於疼痛的第三人稱指派的獨立根據的決定性情況下，我們將接受他對疼痛的自我指派。但是，即便在那個時候，他對這個術語的整體使用必須不能與第三人稱標準分隔開。如果他在那些並沒有獨立證據表明他感到疼痛的情況下，有規則地將語詞「疼痛」運用到自己身上，我們便會開始懷疑他是否真的多多少少理解了這

個語詞。因此，第一人稱用法並不獨立於第三人稱用法。維根斯坦認為，與此類似，感覺語詞的第三人稱用法與第一人稱用法緊密相連。一個語詞是基於他人行為而被運用到他人身上的，但是他建議，這些人如果沒有拿自己的行為作為參照，就無法將之運用到自己身上，就根本不會是一個對於心理現象的語詞了。他連繫到思想概念指出這一點：

> 一個人可以根據兩隻不同的黑猩猩一舉一動的方式來區分牠們，關於一隻，說牠在思考，關於另一隻，說牠不在思考。可是，在這裡我們當然還沒有充分使用「思考」。這個語詞以一種行為方式作為指涉的系統。直到牠發現牠在第一人稱方面的特別用法，牠才會獲得心理行為的含義。
>
> （RPP, ii: 229-230）

他會說，關於語詞「疼痛」，情況也是一樣的。

(3) 擴展超越疼痛案例的說明

維氏對語詞「疼痛」與我們的前語言表達和同情性行為之間的「緊密連繫」的方式的描述，是對單個的心理概念的說明。他如何從疼痛的案例繼續向前，達到對其他感覺語言的說明呢？關於感覺之外的心理現象的語詞，又是如何達到呢？

疼痛為維根斯坦的研究方法提供了一個特別好的案例。存在某種前語言的表達行為的模式，它區分了疼痛與其他的感覺，這是相當合理的說法；對疼痛的行為表達是有特色的，它與對其他感覺的行為表達之間有著明顯的區別。存在關於一個前語言的嬰兒藉以對他者痛做出反應的明顯方式，這種說法至少是值得爭議的：兒童對他人的疼痛表達的前語言反應，不同於他對其他感覺的表達的反應。但是，即使在疼痛的情形中，說我們在語言中所區別開來的每

一類型的疼痛都有著它自身頗具特色的前語言表達行為模式，並不是那麼合理。我們區別開諸如刺痛、劇痛、陣痛、心悸、咬痛、螫痛、隱隱作痛等等疼痛類型。但是很難相信每一種這樣的疼痛類型都與一種獨一無二的前語言表達行為模式相連繫。在疼痛案例之外，也少有哪種感覺是由非常明顯的前語言行為表達所獨特地確定的。更極少存在哪種感覺，它與對他人感覺的前語言反應之間在模式上有顯明區別。因此也極少會有這樣的情形，即針對感覺的語詞的觀念是對我們的自然的、前語言反應的一種學會的附屬物，這種反應可以完全像維根斯坦針對「疼痛」這種情形所發展的那樣去發展。但是維根斯坦不會把這看做對他的說明的一種反駁。他會辯解說，他討論語詞「疼痛」的使用的目標，不是要提出一種適合於每一種感覺語詞的關於感覺語言的一般性理論。他只不過是嘗試要給出對特定的語詞「疼痛」如何起作用的一種精確說明。對其他感覺語詞的說明將需要遵守同樣的基本原則：它們不可以將感覺語詞的含義描述為依賴於內在的實指界說定義；它們必須認識到感覺的同一性條件並不單純是內省性的，而是與行為和外在環境相連繫的；它們必須說在第一人稱情形和第三人稱情形中的感覺語詞的不同全是互相連繫的使用；它們不可以將我們對他人感覺概念的掌握描述為牽涉到從對我們自己感覺概念的純粹的內省性掌握中的一種推斷。但是在那個一般性框架之內，也預留了這樣的餘地：在說明我們為不同種類的感覺給予不同的主詞的種種說明之間存在著一些重要的差別。

因此，比如維根斯坦承認存在許多種經驗，並沒有唯一的確定前語言行為的模式與它們相對應。他認為，在這些情況下，對一個經驗的最為基本的表達將會是一種語言表達。就像是疼痛，這個經驗將會以一種連繫於外在環境和主體行為的方式被個體化。但是，相關的行為從開始就將會包括語言行為在內。比如，維根斯坦問

道：「說我在一張圖上『看見有一個球體飄浮在空中』，這是什麼意思？」他寫道：

> 但怎麼表達：我不僅僅是這樣理解這幅畫（知道它表現的應當是這個）而且是這樣來看這幅畫的呢？——這類表達是：「這圓球看起來是在飄浮」，「看見它在飄浮」，甚至以某種特殊的語調說：「它在漂浮啊！」

> （PPF, §169 [PI, II, xi, p. 201]）

並不需要對在畫中看到一個球飄浮在空中存在自然的、前語言的表達。維根斯坦認為，對那個經驗的最基本的表達，也許是一種語言表達。他認為，在那種情形下，我們只有在擁有一種可以表達它的語言時，才可以擁有這種經驗。（這與疼痛的情形形成對照；因為一個人可以顯而易見地體驗到疼痛，根本無須掌握一門語言。）在許多其他情形中，情況同樣如此。他認為，存在許多種類的經驗，對於這一點，他說：「唯當一個人能夠這樣那樣，學會了、掌握了這個那個，說他經驗到了這個才有意義。」（PPF, §224 [PI, II, xi, p. 209]）例如：當你看見一個三角形，只有你「恰恰知道頂角、底邊，諸如此類的概念」，才能擁有關於看見「現在這是一個頂點，那是底邊——現在這是頂點，那是底邊」（PPF, §222 [PI, xi, II, p. 208]）的經驗。維根斯坦這個觀點的一個後果就是，我們對語言的習得，用它來描述或表達我們的經驗，拓展了我們能夠擁有的經驗的範圍。並且，這是一個似乎合理的觀點。例如：嶄露頭角的葡萄酒鑑賞家對用來描述不同葡萄酒口味的複雜詞彙量的習得，以一種更為豐富、複雜的方式逐一地體驗不同的口味。並不是他學會了更為準確地描述他已經擁有的經驗，而是他逐漸擁有了不同的經驗。

Chapter 6

　　維根斯坦對經驗的說明的主題，與他對經驗之外的心理現象的說明是同等重要的。例如：在他對信念的說明中，這一點可以得到清楚解釋。他問道：

> 我們怎麼一來就用起「我相信……」這類表達式了？是我們在某個時刻注意到了某種（相信的）現象了嗎？
> 是我們觀察了自己和別人，因而發現了信念這東西了嗎？
>
> （PPF, §86 [PI, II, x, p.190]）

　　維根斯坦認為，信念的概念簡單地不是透過觀察我們自己或者其他人並且發現了一個相信的現象而習得的。他認為，毋寧是這樣：「我相信」這個措辭是作為對行為的前存在（pre-existing）模式的一個附屬物而習得的，那就是對信念的表達。在第一個例子中，一個小孩學會了說一些關於世界的事情：「那是紅的」，「有一隻知更鳥」，諸如此類。在做出這些判斷時，他正在談論世界，而不是在談論他的信念。但是他同時表達了他的信念；當他判斷「有一隻知更鳥」時，也就是說，他表達了鄰近有一隻知更鳥的信念。一旦他已經掌握了做出關於世界的判斷的實踐時，於是我們就在他已經準備去判斷「p」的情景中，教他如何使用「我相信 p」這個措辭。這給予了他一種從表達自己信念的判斷轉移到關於他的信念的判斷。維根斯坦的觀點是，「我相信」這個表達式是對於已經表達了我們的信念的那種語言的一種更為基本的用法的一個學會的附屬物——也就是我們對「我感到疼痛」這個表達的用法，是對我們對於疼痛的自然的、前語言的表達的學會的附屬物。並且，正如疼痛的情形那樣，維根斯坦還提出了兩個要點：一個是關於習得概念，另一個是關於知識論的。習得相信 p 的概念的一個重要方面，就是學會在一個人相信 p 的情景中，將這個概念運用到自己身

上，維根斯坦的建議表明我們是如何無需依賴於反思性的或者內在的實指界說定義而做到這一點的。更進一步就涉及知識論。我們通常知道我們當下和不經思索所相信的是什麼；我們不必學會訴諸於任何關於我們所相信之物內省性的或者行為證明，就可以將相信指派給自己。掌握「我相信」這個表達式涉及學會將它前置於我們已經準備好的關於世界的判斷之上，這個觀點有助於解釋那種我們對信念的自我指派的直接性。

同樣的一般性特徵出現在維根斯坦關於意圖概念的評論中。他認為，存在某些關於意圖的自然的、前語言的表達。我們使用語言為我們自己指派意圖，是嫁接在前語言的基礎上的。「什麼是意圖的自然表達？」他問道，「看看貓是怎麼悄悄接近一隻鳥；看看一隻想要逃脫的野獸。」（PI，§647）一個前語言的小孩正是以同樣的方式展示了對意圖的自然表達的：他試著拿一個玩具，他準備投擲一個球，諸如此類。在習得意圖概念的一個重要的階段，維根斯坦認為，就是學會用口頭表達式去補充或者代替那些關於意圖的自然表達式：「我打算……」，「我正要……」，「我意圖……」。正如前文所說的，這個觀點表明了我們是如何能夠無需依賴於任何被假定的對意圖的內在狀態的內省性的識別，而習得意圖概念的。也表明了我們是如何無需依賴於自我觀察的過程，或者依賴於從我們自己的情景或行為中的推斷而將意圖指派給我們自己的。

維根斯坦關於信念和意圖的評論，表明了他在為其他心理現象提供說明時，改寫和拓展了他對感覺的說明的核心要素的某些方式。這樣一種基本原則貫穿到了他對心靈哲學和心理學哲學的大量著述當中。

175

二、心理學哲學中的諸主題

維根斯坦對感覺和感覺語言的探討比他對心理現象的其他方面的探討吸引了更多的注意力，但是他在 1946-1949 年間圍繞超出感覺領域的其他主題寫下了大量的文字：思想、意向、信念、想像和心靈意象、感覺和感覺經驗、記憶、情緒、身體意識，諸如此類。維根斯坦的這些著述，後來摘錄編成了《心理學哲學——一些片斷》（也就是《哲學研究》早期版本中的第二部分），其他一些部分發表在《關於心理學哲學的評論》第一卷和第二卷以及《關於心理學哲學的最後著作》的第一卷。在他 1946-1947 年間的最後的劍橋系列講座中同樣處理了這些問題。在這裡不可能對所有這些工作進行概括性描述。但是我們可以透過闡述維根斯坦對 20 世紀初的心理學和哲學產生了很大影響的兩位學者的著作的反應，來說明其中的某些重要主題。這兩個學者是：威廉·詹姆士和沃夫岡·柯勒。維根斯坦的涉及這些兩位學者的著述和講演包括了一些清晰明確的部分，也包括了一些不那麼清晰明確的部分，這對維根斯坦來說也是不尋常的。正如他的學生傑克森（A. C. Jackson）所記錄的：「維根斯坦在他的（1946-1947）年度講演中非常頻繁地提及詹姆士，有一次甚至以這樣的方式提及詹姆士——這讓所有人感到驚訝——就是提到詹姆士著作的一個精確頁碼！」（轉引自 Passmore, 1946: 434）

1. 維根斯坦與威廉·詹姆士

在《心理學原理》（*Principles of Psychology*; James, 1890）的第九章〈思想之河〉中，詹姆士打算描述我們內在的、有意識的生活的一些基本特徵。他的一個主要目標就是糾正在洛克和休謨的哲學中包含的關於意識的看法。根據詹姆士的描述，這種觀點認為我

們僅僅是對對象和感覺有所意識，而所有的心理內容都是由「完全確定事物的……印象」所構成的（James, 1890: 246）。但是他認為，這種觀點在根本上錯誤地呈現了我們有意識生活的實際特徵。一方面是因為，我們不僅能夠有意識地注意到對象及它們的可感覺的性質，也可以注意到對象之間的關係；他認為，對關係的感覺，在思想之河中屬於一個至關重要的組成部分。例如：

176

我們應當說有一種關於「並且」的感覺，一種關於「如果」的感覺，一種關於「但是」的感覺，一種關於「經由」的感覺，這些感覺正如我們說一種關於藍色的感覺或者一種寒冷的感覺那樣毫無困難。然而我們並沒有認識到這些感覺：因為我們的習慣是如此的根深蒂固，它們僅僅能認識到有實質性的成分的存在，語言幾乎拒絕將自己運用於其他領域。

（James, 1890: 238）

詹姆士認為，在這些關於關係的感覺之外，還有一些關於傾向的感覺。例如：存在一種傾向於說一件某個人正要去說的特定的事情的明顯的意識：

讀者從未詢問過自己，在說出一件事情之前的說出它的傾向是某種心理事實嗎？它是一個全然明確的意向，它與其他所有的意向都有所區別，因而它是一個關於意識的絕對明確的狀態；然而它包括多少明確的感覺印象，關於語詞的也好，關於事物的也罷？簡直不包括任何東西！……它因而具有一種其自身的關於最為肯定的本性，然而如果沒有運用屬於後來的取而代之心理事實的語詞，我們關於它能說什麼呢？去說如此這般的意向就是它可以被構想出來的唯一的名稱。

（James, 1890: 245）

　　詹姆士的意思是說，存在某種關於傾向於說出特定語句的明確的有意識經驗；說出任何其他語句的意向都會牽涉到一種與之不同的經驗。並且他提出了關於這種「傾向的感覺」的另外一個例子：某個人當他探尋一個語詞時的感覺，關於話到嘴邊卻一時說不上一個語詞的那種感覺：

> 設想我們嘗試去回憶起一個早就遺忘的名字，我們這種意識狀態是獨特的。因而這裡會出現一條鴻溝：但又不僅僅是鴻溝，這是一條激烈地想要行動的鴻溝。它裡邊好像包含著涉及人名的「陰魂不散」的東西，從一個給定的方向召喚我們進入，就在那一刻我們會為自己對那個人名有所意識的觸及而興奮不已，過後我們會沉靜下來，慢慢地搜索，無須任何對語詞的渴望。如果進入我們意識的是一個錯誤的名字，這種獨特而又明確的鴻溝又會立即否定這些思索。因為這些思索並不符合自己想要的東西。在一個語詞的關口，這種感覺不同於在其他語詞的鴻溝。當某一個名字被描述成為一個鴻溝時，任何一個虛空的內容都可能被看做是必要的。當我徒勞地試圖回憶起斯巴丁的名字時，我的意識又從當我徒勞地回憶起鮑爾斯那裡移開了。
>
> （James, 1890: 243）

177

　　維根斯坦同意詹姆士拒斥這樣一種看法，即意識是完全由感覺和心靈意象的連續性所構成的；他認為，經驗的內容比這些東西更為豐富也更為多樣。但是他也認為，詹姆士在相反的方向走得太遠了，因為詹姆士把有意識的經驗現象的特徵看做絲毫也不屬於經驗上的東西。他將自己的看法與詹姆士剛才提到的兩個例子連繫起來：關於關係的感覺以及關於趨向的感覺。

　　維根斯坦針對詹姆士的下面觀點提出了一系列的反駁，即我

們擁有關於「並且」、「如果」、「但是」以及諸如此類的感覺。
首先,他認為,即使存在某些與語詞「如果」的使用密切連繫的感
覺,說存在我們不管任何時間使用這個語詞都存在某種特定的感
覺,也是難以置信的:

> 你肯定有唯一一種對「如果」的感覺嗎?不會有好幾種嗎?你
> 試過在很不相同的上下文中說出這個詞嗎?例如:有時它是句
> 子的重音,有時它後面那個詞是句子的重音。
>
> (PPF, §39 [PI, II, vi, p. 181-182])

其次,某人是否理解了語詞「如果」事關他對這個語詞的使
用,而與這個語詞給他帶來感覺的方式無關:

> 設想我們發現有個人向我們講述他對語詞的感覺:他對「如
> 果」和「但是」的感覺是一樣的。——我們不可以相信他這話
> 嗎?我們也許會覺得很奇怪,可能會說:「他做的根本不是我
> 們的遊戲」;甚至說:「這是另一種類型的人。」
> 如果他像我們一樣使用「如果」和「但是」,我們難道不該認
> 為這個人理解這兩語詞一如我們理解這兩語詞嗎?
>
> (PPF, §40 [PI, II, vi, p.182])

第三,在與語詞「如果」發生連繫時,在我們實際上所擁有
的特定的感覺範圍內,它們並不是某種我們不管什麼時候使用這
個語詞都會經驗到的東西。毋寧說,只有當我們在使用這個語詞及
玩「感覺一個字的意義」這個「語言遊戲」時,當我們故意地將注
意力集中於我們的感覺時,經驗才會出現。但是我們在那種情況下
擁有如此這般的感覺這一事實並不表明我們對語詞的日常用法中

也會有相同的感覺；事實上，維根斯坦暗示我們通常並沒有這種感覺：

> 如果我透過仔細看到我在那個遊戲裡時而這樣經驗這個語詞，時而又那樣經驗這個語詞，——我豈不是也就看到我在談話過程之中經常全然不經驗到它嗎？
>
> （PPF, §272 [PI, II, xi, p. 215-216]）

我們該如何理解對詹姆士的這些批評呢？維根斯坦上面所說的那些對於他心中的目標來說都是相當有說服力的。然而，對於詹姆士本人是否持有維根斯坦攻擊他的那些觀點的，我們並不是太清楚。比如，詹姆士並不認為一個「如果」感覺的句子的出現是語詞「如果」的有意義使用的必要並且（或者）充分的條件。他也並不反對並不存在唯一的一個「如果」感覺這個暗示。他清晰明白地拒斥了這樣一個假定，即同樣的一片草總是能夠給我們同樣的關於「綠色」的感覺，同樣的一片藍天也總是能給我們關於「藍色」的同樣的感覺，諸如此類（James, 1890: 225-227）。我們甚至可以認為他同時也拒斥了這樣一個假定，即同樣的關係總能給我們關於同樣的關係的感覺。然而維根斯坦反駁的第三點——即我們關於「如果」的感覺的經驗只有在我們積極地尋求它們的背景下才會出現——無疑與詹姆士的看法形成鮮明的對照。對於詹姆士來說，這樣一些關於關係的感覺在我們的有意識的認識當中是一種無所不在的要素。如果維根斯坦是對的——似乎很有道理——那麼詹姆士透過將我們的有意識的生活移入到我們實際上並不擁有的許多經驗的地盤中，進而錯誤地呈現了我們的有意識的生活的特徵。

維根斯坦也認為詹姆士錯誤地呈現了他所將之與「趨向的感覺」連繫起來進行探討的現象的本性。在維根斯坦看來，詹姆士

對說出什麼事情的意圖的處理，錯誤地「將意圖當作一個經驗來處理了」（LW, i: 843）。根據詹姆士，「即使在我們開口說話之前，完整的思想都已經以一種打算要說出這個句子的形式呈現在我們的腦海裡。」（James, 1890: 269）可能就是根據這段話，維根斯坦認為詹姆士的觀點是「在說話之前思想就已經完成了」（RPP, i: 173）。他為這種觀點的動機提出了一個診斷分析：

179　　　打斷一個人事先毫無準備的、流利的講話，然後問他：「你原想說什麼？」在大多數情況下，他會繼續那個已經開頭的句子。——「他腦海中一定已經浮現出他要講的話。」——難道不是那個現象也許會成為我們為什麼說繼續的內容也在他腦海中的原因？

　　　　　　　　　　　　　　　　　　　　　　　　　　（Z: 38）

　　詹姆士的觀點是一個人想要說的話在他說出來之前就精確地「浮現在他的腦海中」。提出這種觀點的動機，在維根斯坦看來，就是這種觀點解釋了某種以其他方式很難理解的東西：當被打斷時，說話者的繼續說出他已經開始說的話的能力。因為（正如這個觀點所認為的）如果在他開口說話之前這個句子就已經在他腦海當中浮現出來了，那麼就很容易地解釋他為什麼可以在打斷之後繼續說出他的句子。維根斯坦對這個觀點提出了 3 點反駁意見。

　　第一個反駁意見是，這個觀點歪曲了在這種情況下實際所發生的事情真相。當我們回憶起我們打算說的話時，我通常不會透過回憶一些有意識地說出它的決定，或者透過對我原本就要使用到的語詞的一種有意義的排演來做到這一點的；因為在多數情況下並沒有這樣一種決定或者排演的過程。我也沒有回憶任何其他的在我腦子裡那時正在發生的有意識的過程，然而從這裡我可以緊隨其後地

讀出我原本打算說的話。我們並沒有透過解釋我那個時刻就擁有的思想和行動，或者我那時正處於其中的狀態來測驗我將要說出什麼話。我只不過是回憶起我將要說的話，無須回憶任何的經驗，也無須從其他任何東西當中推斷出這句話來（參見 PI，§663-667）。於是，在維根斯坦看來，在經驗當中就不存在詹姆士下述觀點的一個基礎，即認為某人將要說出的整個句子都在他說出來之前就已經在腦海當中浮現出來了。

　　維根斯坦的第二個反駁意見是，詹姆士在處理說出作為某種經驗的意圖時犯了一個根本錯誤。詹姆士認為，即使我說話之前的意向狀態並不是特別清晰明確地（explictly）包含了我要說的話，它在某種程度上仍然含蓄地（implicitly）包含了這句話；用詹姆士的話來說，就是「一種絕對明確的意識狀態」規定了我打算說出來的特定的句子。或者正如維根斯坦對這個觀點的描述一樣：「從我一開口，（我要說的）每一句話都已經在腦海裡了，並且已經包含在了初始的經驗當中。」（LW, i: 843）因此當我正要報告我打算說什麼話時，我只不過是把那些已經在我經驗當中的話清楚地說出而已。維根斯坦承認也許存在某些經驗，它們是我們說出某些話的意圖的特徵。但是他認為下面這個觀點是錯誤的：即使我打算說出來的語詞並不沒有在我那一時刻所擁有的經驗中被清晰明確地表現出來，它們仍然在某種程度上從開始就內置於（built into）經驗的本性之中。將我在那時所擁有的經驗表現為預期語詞的一種「邏輯病菌」（LW, i: 843）是錯誤的：這種東西「成長為任何東西」，它天生就要成長我正要說出來的那套特定的話語。我認為並不存在只能長成特定的那套話語而不會長成其他話語的經驗，這種東西是不存在的。關於這種東西存在的觀念——正如認為圖像可以僅僅作為對某一個東西是表徵，或者認為解釋只能以某種特定的方式進行這樣的觀念一樣——是哲學家們的一個幻覺。

維根斯坦的第三個反駁是，他認為詹姆士的理論是毫無必要的。為了理解一個人當他說話被打斷之後報告他正要說什麼的能力，我們並不需要訴諸任何有意識的預料的經驗。在這種情況下，我們的確知道我們正要說的是什麼話。但是那種知識是原始的；它並不基於任何有意識地呈現在我們腦海當中的其他東西。這個觀點是維根斯坦反智識主義的另外一個例證。此外這也是他對遵守規則探討的一個基本要點的回應：他堅持認為，我們關於如何展開一個數列的知識，或者如何繼續使用一個描述性語詞的知識，是基本的和原始的——這些知識並不基於規則遵守者腦海當中其他任何的較早浮現的東西。

2. 維根斯坦與柯勒：看到一個面相

《心理學哲學——一些片斷》第十一節包括了維根斯坦稱之為看到一個面相這一現象的廣泛的探討。他是這樣引入這個觀點的：

> 「看」這個語詞的兩種用法。
>
> 其一：「你在那裡看見了什麼呢？」——「我看見的是這個」（接著是描述、描繪、複製）。其二：「我在這兩張臉上看到了某種相似之處。」——聽我說這話的人滿可以像我自己一樣清清楚楚地看著這兩張臉呢。
>
> 這裡的重要之點就在於：看的這兩種「對象」在範疇上的區別。
>
> （……）
>
> 我端詳一張臉，忽然注意到它和另一張臉的相似。我看到它並沒有改樣，但我看得卻不一樣了。我把這種經驗稱作「注意到某個面相」。

181

（PPF, §111, 113 [PI, II, xi, p. 193]）

　　維根斯坦接下來探討了關於注意，看見一個面相的各種各樣的情形。比如他還探討了一個著名的「鴨兔頭」圖形（PPF, §118 [PI, II, xi, p. 194]），正如下面的圖 6.1 所示：

圖 6.1

　　我們既可將之視為一個鴨頭圖，也可將之視為一個兔頭圖；我們還可以一下子從這個經驗跳到那個經驗，從鴨子突然看出句子或者從句子突然看成鴨子。維根斯坦的另外一個著名的例子如下面的圖 6.2 所示，這個圖形也可以從多種方式來看：我們可以將之視為一個玻璃立方體，也可以看做一個朝上的打開的盒子，可以看做那種形狀的鐵線架子，還可以看做 3 個木板完成了一個固體的角，諸如此類（PPF, §116 [PI, II, xi, p.193]）。此外維根斯坦還探討了其他的題材廣泛的情形。

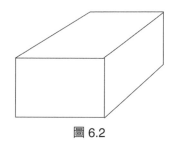

圖 6.2

182　　　　作為維根斯坦這些探討的背景的，有兩個相反的觀點經驗模型：在互相競爭的哲學和心理學傳統中互相連繫的兩個模型。站在一方的是由威廉・馮特（Wilhelm Wundt）和他的追隨者們所捍衛的內省主義觀點；站在另一方的是，由馬克斯・韋特海默（Max Wertheimer）、沃夫岡・科勒（Wolfgng Köhler）和其他人所創立的反對內省主義觀點的完形心理學。在內省主義者看來，呈現在我們面前的視覺經驗只不過是一些關於形狀和顏色的馬賽克。例如：當我看見一棵樹時，嚴格來說，我不是看到一棵樹，而只是在我看來，我的面前彷彿有一棵樹。我真正經驗到的只不過是一些形狀和顏色的模組。然而我基於那些經驗來進行判斷，我面前有一棵樹，因為我從過去的經驗當中知道如此這般的觀點經驗通常是由樹所引起的。與此類似的，對於內省主義者來說，將一個鴨兔頭看做一隻鴨子與將之看做一隻兔子之間的區別嚴格來說並不是一種經驗上的區別。在兩種情況下我擁有的經驗都是一樣的，這兩種情況的不同只不過是我對經驗的理解或解釋方式的不同。因此，儘管我們通常會說我們將一個鴨兔頭看成一隻鴨子或者兔子，那只不過是「說說而已」（façon de parler）——也就是話語的圖像。我們稱之為「看見一個面相」的現象，恰當地說，根本上就是一個經驗現象。

　　完形心理學家採取了與此相反的看法。他們認為，將一個鴨兔頭看做一隻鴨子與將之看做一隻兔子之間的區別，涉及了真正的感覺上的區別。這個視覺領域在本質上是「被組織的」或者「被安排的」；視覺經驗之所以能向我們呈現並不是單純由於關於形狀和顏色的馬賽克，而是由於它屬於這樣一個領域，其中「特定區域的內容『籠統』地被歸屬到特定環境中的單元當中」。柯勒認為，「這個領域中的組織是一個感覺上的事實」（Köhler, 1947: 137）。比如，物理對象都是被看做與它的周邊環境相區別的單元。這些經驗項目的聚集被看做是以特定的方式被組織分類。比如在下面

的圖 6.3 當中，我們看到了若干碎片，這些碎片被分成兩組，每組 3 塊，而不會看成碎片被分成 3 組，每組兩塊（Köhler, 1947: 142）。柯勒認為，與此類似，當我們從一個面相轉換到另一個面相時所發生的視野的組織的變化是我們經驗當中的真正變化：這是「從一種給定感覺事實到另一種給定感覺事實的轉換」（Köhler, 1947: 169）。

　　維根斯坦拒斥了這兩種關於經驗的理論。一方面，他認為每一種關於經驗理論的特定的主張存在一個清楚的反駁。另一方面，從更為基本的角度看，這兩種理論都共用了一系列關於經驗之本性的共同的假定，而這些假定在他看來是錯誤的。

183

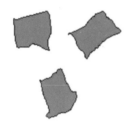

圖 6.3

　　針對內省主義的觀點，維根斯坦的反駁是簡單的。他認為，存在某種情況下，我們看到了一些圖像，並且基於這種或者那種方式為之提供解釋。也存在某種情況下，我們知道某些關係是關於如此這般的圖像的，而無須能夠以那種方式去看到它。比如：「當我只是知道它，但沒有看到它，我應當怎麼稱呼它呢？——可能當某人將圖像看做是正在繪畫的場景，將之解讀為一種藍圖。」（PPF, §192 [PI, II, xi, p. 204]；也參見 PPF, §169，本章上面第一節就引用了這句話）但是我們有證據表明，並不是所有情況都是如此。他說：「解釋，就是去想，去做某些事情。而且很容易就能認識到我

們正在給出解釋的情況。當我們給出解釋時，我們就會形成假說，而這些假說也許會被證明是錯的。」（PPF, §248-249 [PI, II, xi, p.212]）但是當我把鴨兔頭看做是一隻鴨子時，明白地說，我並沒有參與到任何的解釋活動中去。這個圖像是關於鴨子的表徵，這一點顯然不是一個假說；表徵一隻鴨子是這幅圖像的當下的經驗特徵。當我反思某人真的看到了某個東西並且將它理解或解釋為這種東西或者那種東西這個情況時，顯而易見的是，並不會總是出現這種情況。維根斯坦認為內省主義者犯了一個這樣的錯誤，即將某些在某種情況下真實發生的事情看做每種情況下都會發生的特徵。

　　針對完形心理學家們，維根斯坦認為，組織和其他的面相性質並不是而且不能以與形狀和顏色相同的方式被內置於經驗的特徵當中。他對此的探討是從下面的例子開始的：

184　　　　我突然之間看到了謎的謎底。剛才是些枝枝杈杈的地方，現在
　　　　是一個人形。我的視覺印象改變了，我現在認出它不只是顏色
　　　　和形狀，而且也有一種完全特定的「組織」。

　　　　　　　　　　　　　　　　　　（PPF, §131 [PI, II, xi, p.196]）

　　這就是完形理論家們的看法：當我們突然在圖上看到一個人像時，我就擁有了一個新的視覺印象；這種區別在於我的視覺印象以一種新的方式被組織這一事實。但維根斯坦立即對這個看法產生了質疑：

　　　　我的視覺印象改變了；—— 它剛才是怎樣的；它現在是怎樣
　　　　的？ —— 如果我用準確的複製來表現它 —— 難道不是很好的
　　　　表現嗎？ ——那就沒有任何改變顯現出來。
　　　　只請你別說「我的視覺印象不是繪畫；它是這個——是我無法

給任何人看的東西」。——它當然不是繪畫，但也絕不屬於我隨身攜帶之物的那個範疇。

（……）

誰把視覺印象的「組織」和顏色形狀並列在一起，那麼他從一開始就把視覺當作某種內建對象了。由此自然把這個對象弄成了幻影：一種稀奇古怪地搖來擺去的結構。因爲它和圖畫的相似之處現在被擾亂了。

（PPF, §131-134 [PI, II, xi, p.196]）

　　根據完形理論家們的看法，從一張迷幻般的圖畫中看出一個人來，這涉及感覺組織上的變化：正如維根斯坦所說，一種我的觀點印象中的變化。但是這是一種什麼樣的視覺印象，它又是如何變化的呢？如果一個觀點印象真的就像一幅圖畫一樣，那麼當我看到一個變幻般的圖畫時我的觀點印象就不會再有變化。畢竟當我以不同的方式看到這幅畫像時，外部的圖像並不會改變。因此，如果觀點印象只不過是外部圖像的內部複製，那麼觀點印象當中也不會有變化。因此完形理論家們必然會將視覺印象看做某種根本上不同於普通圖像的東西。一個普通圖像可以用不同方式來看，它並不是本然地就是一個東西的圖像，從而不能被看做別的東西的圖像。但是，根據完形理論家們的觀點，一個觀點印象是截然不同的；它會在本質上以一種方式而不是另一種方式被組織起來。這就是為什麼我有這個視覺印象而不是那個視覺印象，能夠解釋一幅圖畫可以用這種方式而不是那種方式來看這一事件的原因。但是維根斯坦反對這種觀點，他認為並不存在這樣的一種圖像，或者「任何一種作為圖像的相同範疇」，它在本質上就是以一種方式而不是另一種方式被組織起來的。關於這種東西的觀點是一種神話：一種以糟糕的方式理解經驗的人工品。（維根斯坦再一次對他的以下論證給予了回應，

185

即反對認為一種解釋可以經得起從不同的方式進行解釋。）

　　在一種顯而易見的意義上，關於經驗的內省主義理論和完形理論都是直接地彼此矛盾，但是維根斯坦認為，這兩種理論在重要的方面都是相似的。因為它們分享了兩種關鍵的預設。第一個預設就是認為看到一個面相的現象必須墜落到兩個範疇之中的這一個或者另一個之中：它必須要麼是一種經驗性的現象，要麼是一種認知性的現象。第二個預設與此相關，它假定在任何情況下都存在一個關於任何一種給定的現象的特徵都是經驗性的特徵的決定性的事實。維根斯坦拒斥這兩種預設。

　　考慮到下面的情形：

　　我遇見一個多年未見的人；我看他看得清清楚楚，但沒有認出他來。我忽然認出他來，在他已經改變了的臉孔上認出了從前的臉孔。我相信我如果會畫像的話現在就會把他畫得跟以前不同。我在人群裡認出一個熟人，也許我已經朝他那個方向看了好半天了──這是一種特殊的看嗎？既是看又是想？或我簡直要說──看和想的融合？

　　這裡的問題就在於：人們為什麼要說這個？

　　　　　　　　　　　　　（PPF, §143-144 [PI, II, xi, p. 197]）

　　維根斯坦認為，突然之間認出一個人，不是一種「特殊種類的看」，因為當我在人群中突然之間認出我的一個朋友，我並沒有在他的臉上看到我之前從未看過的新的東西。它也不是一種「同時既是看又是想」的情形，因為那裡並不存在兩種分開的過程：第一種過程就是看到他，然後就是在想我認識他的過程。與此相反的是，辨識的過程似乎滲透到了經驗當中去。因此，維根斯坦認為，我們會傾向於得出結論說，突然一下子就認出某人是看和想的「一種結

合」，但是他並不引出這樣一種誘惑人的結論。取而代之的是，他詢問是什麼東西使得這個結論那麼有誘惑力。他認為，使得它有誘惑力的是這樣的一種假定，即只存在兩種基本的心理現象：一種是經驗，另一種是思想。我們認為，所有的其他心理現象，都必須在這樣一種二分法的框架中被說明。現在這種突然認出某一個人的情況並不能輕而易舉地適合這種框架：它不是關於看的情形，也不是關於想的情形，而且也不是同時關於看和想的情形。如果我們接受這樣一種初始的假定，那麼我們只能把「辨識」當作一種「結合」了「看」和「想」的情形。但是，從特徵上來看，維根斯坦反駁了這樣的一種看法，因為他拒斥了這樣一種初始的假定，即每一個心理現象都必須在經驗和思想的二分法框架內得到說明。他堅持認為，突然之間認出一個人本身就是正當的現象。這個現象與其他一些包括看的現象和想的現象之間存在有趣的相似之點，也存在不同之處。但是這麼說並不意味著它實際上必須要麼是一種看，要麼是一種想，要麼是這兩者的某種結合形式。這個道理同樣適用於看到一個面相的其他情形。維根斯坦說：「存在大量的相互關聯的現象和可能的概念。」（PPF，§155 [PI, II, xi, p.199]）堅持根據看和想之間的一個簡單的二分法來描述每一件事情，是對現象的簡單化和扭曲。在維根斯坦看來，這種簡單化觀點同時對於內省主義和完形理論來說都是一個根本上的失敗。

　　內省主義和完形理論之間的爭論一次又一次地回到了這樣的問題上去：當我們注意到一個新的面相時，我們實際上是否看到了一個不同的東西？這時的視覺經驗是否有所不同？爭論的雙方都理所當然地認為，在每一種情況下，這個問題都會有一個明確的是或者否的答案。但是，正如往常一樣，維根斯坦拒斥了它們所共用的假定。他認為，並沒有一個說明經驗的簡單的、完全的方式，這種方式抓住了任何場合下實際經驗到的東西。他寫道：「視覺經驗的

標準是什麼？標準應當是什麼？對『看到了什麼』的一種表徵。」（PPF，§146 [PI, II, xi, p.198]）也就是說，某個東西是不是我經驗的一部分，事關它是否指向我們表徵我看到之物的方式。並且他還繼續寫道：「表徵看到之物的概念就如一個複製品的概念一樣，是非常具有彈性的，因此將這些東西弄成一起就是看到之物的概念。」（PPF，§147 [PI, II, xi, p.198]）在維根斯坦看來，我們應當拒斥這樣的一種觀點，就是認為存在某種對下列問題的確定回答，即明確地說，什麼是某個在任何給定場合下的經驗的一部分，什麼東西不是。假設我突然認出了一張臉。我以不同的方式描述這張臉：維根斯坦認為，在那種意義上，我以不同的方式經驗著這張臉。但是我可以平行地報告說，這張臉看起來與它之前的樣子極其相似：在那種意義上，我的經驗並沒有改變。維根斯坦認為，這兩種報告都是對的。它們使用關於看到之物或經驗到之物的不同的概念來攜手做一件事情。此外，這麼認為是錯誤的，即這些報告中正好相反的有一種觀點抓住了實際上看到的或者所經驗到的東西：這兩種報告都是同等精確的和同等正當的。

三、小結

　　感覺和感覺語言的主題是維根斯坦 1929 年回到哲學領域之後所探討的第一批主題之一。在那個階段，他提出了一種觀點，即每一個人實際上都擁有兩套感覺語言：一套是純粹私有的語言，它基於反思性，用來談論他自己的感覺；另外一套語言是與他人共用的公共語言，它基於行為，用來談論其他人的感覺。他很快就拋棄了這種觀點。

　　《哲學研究》中著名的私有語言論是對「笛卡兒的感覺觀點」的持續批判的一個要素。從那種笛卡兒的感覺觀點來看，感覺的同一性條件純粹是內省性的：感覺以一種完全獨立於任何對外在環境

或行為的方式被個體化了。感覺語詞是透過對一個人自己感覺的反省式連接而獲得意義的，因此每個人僅當他自己的情形中知道「疼痛」的意思。並且，雖然每個人知道自己感覺的特徵，但是沒有人知道他人感覺的特徵。針對笛卡兒的感覺觀點，維根斯坦認為不可能透過純粹內省性的方式，無須以任何方式依賴於與外在環境或行為的連繫就能獲得感覺語詞的意義，這是絕無可能的。因為他認為對於假定的私有語言學家建立一種真正的關於他自己的語詞運用的正確性標準是不可能的。正確性標準並不由實在來鋪設，它們依賴於人類關於分類的實踐。並且私有語言學家缺乏建立一種將他自己的私有感覺進行分門別類的真正實踐。針對笛卡兒的感覺觀點，維根斯坦也認為，我們對感覺被歸屬他人的理解涉及對一種純粹內省性的、第一人稱的感覺觀念的推斷。他也拒絕這樣一種笛卡兒的感覺觀點，即認為沒有人可以知道任何的他人感覺的本性。

188

　　維根斯坦對感覺語言的正面說明起始於這樣一個看法，即我們對感覺語詞的使用是我們自然的、前語言的行為的一種發展和擴展。這個觀點用以下方式解釋了感覺語詞的意義，即它並沒有使得它們依賴於內在的實指界說定義，它將感覺語詞的第三人稱使用視作它們的第一人稱使用那麼基本性的東西。同樣的一個一般原則形成了維根斯坦關於我們對信念、意向等等概念的說明。

　　維根斯坦後期關於心理學哲學的廣泛的著作，從 1946-1949 年這段時間，包括了對詹姆士和柯勒的重要的探討。維根斯坦批評詹姆士的這一觀點，即存在「關係的感覺」——對「並且」、「如果」、「但是」諸如此類的感覺。維根斯坦也反駁詹姆士對說出一個特定的事情的意向的說明，這種說明將它處理為一種「傾向的感覺」。維根斯坦對柯勒的完形心理學的處理是看見一個面相的現象的一個更為寬泛的探討的一個部分：比如，看見兩張臉之間的相似之處，或者看到其中一張臉的輪廓比另一張臉更為模糊。他同時反

駁內省主義的和完形的對現象的說明理論。他認為，看見一個面相是一種「自成一類的」（sui generis）現象：它與經驗和思想之間有著非常重要的關係；但是我們應當抵制這樣一種企圖，即用那些其他的概念來分析面相—感覺。

四、延伸閱讀

維根斯坦 1929-1930 年間對感覺語言的說明可以在下列文獻中找到：

Philosophical Remarks, pp. 88-89.

Ludwig Wittgenstein and the Vienna Circle: *Conversations recorded by Friedrich Waismann*, pp. 49-50.

關於上面這些文獻還有一些複雜的但是很有益處的探討：

Pears, D. (1987), *The False Prison*: *A Study of the Development of Wittgenstein's Philosophy*, vol. 2, Oxford: Oxford Uni-versity Press, ch. 12.

下面的文獻提供了另一個觀點：

Stern, D. (2010), "Another Strand in the Private Language Ar-gument", in A. Ahmed (ed.), *Wittgenstein's Philosophical Investiga-tions*: *A Critical Guide*, Cambridge: Cambridge University Press.

189　　關於維根斯坦後期對感覺和感覺語言的探討，包括他反對純粹的內省的、私有的感覺語言的可能性的論證（「私有語言論證」），參見：

Philosophical Investigations, §§243 315.

關於我們掌握關於他者痛的概念的闡釋性的評論，參見：

Zettel, §§532-565.

關於私有語言論證還有大量的二手文獻。下面的這些便於入手：

Budd, M. (1989) *Wittgenstein's Philosophy of Psychology*, London: Routledge, ch. 3.

McGinn, M. (1997), *Wittgenstein and the Philosophical Investigations*, London: Routledge, ch. 4.

Stern, D. (2004), *Wittgenstein's Philosophical Investigations: An Introduction*, Cambridge: Cambridge University Press, ch. 7.

Stroud, B. (2001), "Private Objects, Physical Objects, and Ostension", in D. Charles and W. Child (eds), *Wittgensteinian Themes: Essays in Honour of David Pears*, Oxford: Oxford University Press；也參見 Stroud, B. (2000), *Meaning, Understanding, and Practice*, Oxford: Oxford University Press.

這些探討都對維根斯坦的立場持一種廣泛的同情態度。對維根斯坦所論持更多懷疑態度的處理，參見：

Blackburn, S. (1984), *Spreading the Word: Groundings in the Philosophy of Language*, Oxford: Oxford University Press, ch. 3, sections 4-5.

最近出版的關於《哲學研究》中涉及私有語言段落的探討的專著，並且強調了文本的對話體和治療學上的形式，參見：

Mulhall, S. (2007), *Wittgenstein's Private Language: Grammar, Nonsense, and Imagination in Philosophical Investigations*, §§243-315, Oxford: Oxford Universtity Press.

關於維根斯坦對他心的概念問題的探討的清晰且頗有助益的解讀是：

Kripke, S. (1982), *Wittgenstein on Rules and Private Language*, Oxford: Blackwell. Postscript on "Wittgenstein and Other Minds".

關於維根斯坦在心靈哲學中對印象概念的使用的探討，參見：

Finkelstein, D. (2003), *Expression and the Inner*, Cambridge, MA:

Harvard University Press.

本章所探討的詹姆士和柯勒的著作參見:

James, W. (1890), *The Principles of Psychology*, Cambridge, MA: Harvard University Press, 1983; See especially ch. 9, "The Stream of Thought".

Köhler, W. (1947), *Gestalt Psychology*, New York: Liveright Publishing Company.

190 　　維根斯坦對詹姆士的探討散布在他後期心理學哲學的許多著述中。然而本章所討論的話題的相關評論集中在:

Philosophical Investigations, §§633-693.

Philosphy of Psychology―A Fragment, §§35-51, 298-300 [PI, II, vi, II, xi, p. 219].

　　關於維根斯坦對面相感覺的討論,以及他對內省主義和完形心理學的探討,特別是參見:

Philosphy of Psychology―A Fragment, section xi [PI, II, xi].

　　也有關於維根斯坦探討詹姆士的研究專著:

Goodman, R. (2002), *Wittgenstein and William James*, Cambridge: Cambridge University Press.

　　關於詹姆士《心理學原理》中的相關段落與維根斯坦著作相關段落之間的一個很有幫助的對照表,參見:

Coope, C. et *al.* (1971), *A Wittgenstein Workbook*, Oxford: Blackwell, P. 48.

　　關於維根斯坦對面相感覺的探討有兩份很好的研究文獻,參見:

Budd, M. (1989), *Wittgenstein's Philosophy of Psychology*, London: Routlege, ch. 4.

Mulhall, S. (2001), "Seeing Aspects", in H.-J. Glock (ed.), *Wittgenstein: A Critical Reader*, Oxford: Blackwell.

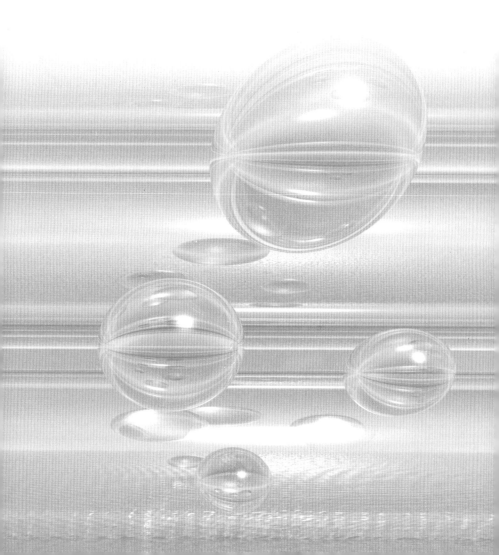

Chapter 7

知識與確定性

191　　維根斯坦生命中的最後 18 個月,是與家人和朋友在維也納、牛津,最後在劍橋度過的。他繼續在自己的筆記本中寫下大量的哲學評論,側重探討 3 個主題:知識與確定性;顏色;心理學哲學。在這 3 個主題當中,他對第一個主題的著述《論確定性》(*On Certainty*)得以出版,該書中超過一半的內容是在他去世前的 6 週內完成的。正如他在 1951 年 4 月的一封信裡所說:

> 我身上發生了一件非常特別的事情。大概在一個月前,我突然發現自己正處於哲學思考的正確的心智狀態當中。我絕對確定,我以後不再能夠做到這一點了。這是我的大腦中的窗簾被拉起兩年多之後第一次遇到這種狀態。
>
> (Malcolm, 1984: 134)

　　《論確定性》中的評論是從維根斯坦的筆記本中未經修訂就摘取出來的。因而這本書比後來出版的大多數維根斯坦遺著都更加粗略,更加提綱挈領。然而它包含著對知識、確定性和證成的觀察和洞察的豐富源泉。

　　《論確定性》是維根斯坦在 G. E. 莫爾的兩篇論文的反思的激勵下寫成的,維根斯坦在 1949 年在美國訪問朋友諾曼·馬爾科姆(Norman Malcolm)期間,跟友人對這兩篇論文有著廣泛的討論。莫爾的兩篇論文是〈外在世界的證明〉(Moore, 1939)和〈捍衛常識〉(Moore, 1925)。相似的主題出現在更早時期的著作中,包括維根斯坦的 1937 年筆記(參看 CE)和《哲學研究》§324-326 和 §466-486。因此,在維根斯坦哲學中,《論確定性》算不上一個全新的轉變;它只不過是發展了之前著作中業已出現的思想。

一、莫爾的〈對外在世界的證明〉

在〈對外在世界的證明〉一文中，莫爾提出了關於外在對象存在的下列證明（Moore, 1939: 165-166）：

(1) 這是一隻手（說著他舉起雙手，接著用右手做了一個手勢）。

(2) 這是另一隻手（說著他用左手做了一個手勢）。

因此：

(3) 有兩隻人類的手存在。

並且，由於人類的手是外在對象，莫爾因此說，從存在兩隻人類的手這個事實中可以得到：

(4) 外界對象是存在的。

莫爾意識到他的證明看起來不夠有力，或者避重就輕。但他堅決主張，這事實就是「一個完全嚴格的論證」（Moore, 1939: 166）。莫爾說，這個證明的前提（「這是一隻手，這是另一隻手」）畢竟不同於結論（「存在兩隻人類的手」，因而「外在對象存在」）。可知前提是真的，而結論又是從前提中提出的。因此他認為，這個證明是完全有效的。為了更加明白地說明這一點，莫爾提醒我們，「我們所有人都不斷地把類似這種證明當作特定結論的絕對有效的結論性證明」（Moore, 1939: 167）。例如：我們會接受某人「透過拿出這本書，翻到某一頁，指出其中的 3 個不同地方，說道：『這裡有一處印刷錯誤，這裡還有一處，那裡又有一處』」（Moore, 1939: 167），能夠證明在給定頁碼中至少存在 3 個印刷錯誤這個事實。

在《論確定性》一書的第一節，維根斯坦就開門見山地對莫爾

的證明提出了釜底抽薪式的批判：

> 當人們說不能證明如此這般的一個命題時，這當然並不是說它
> 不能從其他命題中推導出來；任何一個命題都可以從其他命題
> 中推導出來。但是這些命題卻不比該命題本身帶有更多的確
> 定性。

（OC: 1）

193　　他的基本論點就在這段話當中。莫爾的結論——「外在對象
存在」——可以從他的前提——「這是一隻手」並且「這是另一隻
手」（再加上人類的手是外在對象這個進一步的前提）——中得
出，這一點是對的。莫爾論證的前提蘊涵著結論。但是，維根斯坦
提出異議說，要讓外在對象存在這個證明在哲學上令人滿意，僅僅
強調論證的前提蘊涵著結論是遠遠不夠的；前提必須同時比結論更
加確定可靠。然而莫爾的證明未能滿足這個進一步的條件。因為
「這是一隻手，這是另一隻手」這個命題總體上並不比外在對象存
在這個命題更為確定可靠；我在我有兩隻手這個信念上出錯，甚至
比存在外在對象這個信念上出錯還要更容易。在維根斯坦看來，一
個證明必須能夠給出相信一件暫未知曉之事的根據；它必須能夠擴
展一個人的知識。莫爾的證明未能做到這一點，因為沒有人可以在
無需已經知道結論（「外在對象存在」）是真的情況下，被說服去
相信這個證明的前提（「這是一隻手，這是另一隻手」）。假如我們
本來就對是否存在外在對象一點也不確定，我們也不會求助於我們
自己雙手的存在作為我們認定外在對象存在的理由；因為我們用來
懷疑外在對象存在的不管什麼理由，都會同樣地成為我們懷疑自己
有兩隻手的理由。因此，維根斯坦得出結論說，莫爾對外在世界存
在的「證明」根本就不是一個真正的證明。

　　維根斯坦提出了對莫爾證明的第二個批判。這個證明用來針對莫爾想要駁斥的哲學上的對手，也就是那些否認存在外在的、獨立於精神的世界的唯心主義者，以及堅持認為即使存在一個外部世界，我們也無法知道的懷疑論者來說，是收效甚微的。莫爾從聲稱他有兩隻手開始：他說他知道這個聲稱是真的。但是，莫爾的對手們當然會要麼否認莫爾的前提是真的，要麼否認莫爾真的知道它是真的。我們不能僅僅透過重申這些對手所拒絕的常識觀點來與他們爭辯。即便莫爾是對的，唯心主義者和懷疑論者是錯的，對觀念論和懷疑論的一個理智上令人滿意的辯駁也不只是要求對莫爾所接受的，他的對手們所拒絕的某些東西的斷言，而是對觀念論者和懷疑論者究竟錯在何處的一種診斷。對此，維根斯坦是這樣說的：

> 如果莫爾是在攻擊那些說人們不能真正知道這樣一件事情的人，他是不能透過讓他們確信他知道某某事情來進行攻擊的。因為人們不一定要相信他。……
>
> 莫爾的錯誤在於他透過說出「我知道這件事情」來反駁關於人們不能知道這件事情的斷言。

194

（OC: 520-521）

類似的觀點還有：

> 「我知道」經常意指：我有恰當的根據支援我的陳述。所以如果另一個人熟悉這種語言遊戲，他就會承認我知道。……
>
> 「我知道這是一隻手」這個語句可以這樣接著說下去：「因為我正在看的就是我的手。」因此一個講道理的人是不會懷疑我知道的。——觀念論者也不會懷疑這一點；他大概會說他不是在講那種受到否定的實際的懷疑，而是講在那種懷疑背後還有

　　另一種懷疑。這是一種幻覺，必須用與此不同的方法來證明。

（OC: 18-19）

　　維根斯坦在這裡列舉了一個人也許會對聲稱我知道這是一隻手所持的兩種懷疑。有一些「實踐的」懷疑：某些內在於我們關於知識和證成的日常對話的懷疑；我們也許會對在真實生活中的這樣一個聲稱持某些懷疑態度。並且還存在「進一步的」懷疑：那些外在於我們日常實踐的懷疑；那些在日常生活中沒有預留位置的懷疑。如果某人基於某些內在的根據拒絕我「我知道這是一隻手」這個主張，他會承認知道這裡有一隻手的日常標準；但是他會認為我未能達到那些標準。（也許我已經被那些令人信服的蠟像包圍了，我無法區別一隻蠟像的手跟一隻真正的手。或者可能是，在我面前漆黑一片，使我難以說清面前的那塊東西到底是不是一隻手。）另一方面，拒絕知識要求外在基礎的某個人，承擔我已經達到了關於知識的日常標準。他承認，基於日常標準的判斷，我的確知道這裡有一隻手。但是，他堅持認為，這種日常標準與關於知識的哲學標準是有所不同的；並且，他會堅持認為，在那些嚴格的哲學標準看來，我並不知道這裡有一隻手。至此，維根斯坦的論點就是，195　莫爾的證明只不過回應了對我們關於外在世界知識的內在懷疑。莫爾提醒我們說，當我說「我知道這裡有一隻手」時，我持有一個我們所有人都會日常接受的對該信念的恰當根據：我正在盯著我眼前的這隻手；這是我的手；這裡的周邊環境也沒有任何異常之處，諸如此類。因此，基於知識的日常標準，「一個講道理的人將不會懷疑」，我的確知道這裡有一隻手。但是，維根斯坦堅持認為，莫爾的論點對於那些提出關於我們聲稱「知道」的外在懷疑的哲學家們來說，是收效甚微的。因為這些哲學家承認我達到了知識的日常標準──也就是我能夠反駁任何關於這裡是否有一隻手的「實踐上

的」懷疑。他提出了一個關於人類知識的「進一步的」懷疑——一個外部懷疑。因此我們對這些懷疑論的回應，必須以某種應付外部懷疑的方式來進行。

維根斯坦在上文引用的段落（OC: 18-19）中提出的應對策略是，懷疑論者的外在懷疑是「一種幻覺」；即使當我們回應了也許會對這裡是否有一隻手所產生懷疑的所有日常理由時，我們也無法理解仍然存在關於這個懷疑的進一步的哲學理由這個觀點。但是它即使是對的，也只不過是第一步。因為在維根斯坦看來，如果我們以懷疑論的眼光看待滿意性，我們也無法僅僅斷言外部的哲學懷疑是幻覺；我們必須表明為什麼它是幻覺。在這段話中，維根斯坦並沒有繼續走到下一步——表明懷疑論關於人類知識的外部懷疑為什麼是沒有意義的。但是他所做的這個論點斷然是對的。如果某人對關於外部世界的知識的每一種可能性提出一種外部懷疑，僅僅透過我們的日常內在標準來判斷，表明我們的確知道許多關於外部世界的事情，並不是一件富有成效的回應。我們需要以某種方式從事外部懷疑，並且展示為什麼它不會為我們添麻煩。

二、莫爾命題

在〈為常識辯護〉一文中，莫爾打算與唯心主義和懷疑論針鋒相對，為常識世界觀提供辯護。在該文中，他開門見山地給出了一個「公認的真理的名單」。他說，對於這些真理，他「確定無疑地知道，它們是真的」（Moore, 1925: 107）。他這樣寫道：

眼前存在一個活著的人類軀體，也就是我的身體。這個身體在過去的特定時間裡誕生，從那時起一直到現在都是持續地存在著……自從它誕生到現在，它要麼與地球的表面直接接觸，要麼從未遠離地球表面；並且，自從它誕生以來的每時每刻，同

時也存在著許多其他事物，它們有立體的形狀和尺寸……這些
事物都……形成了各自周邊環境的一部分……自從它誕生以來
的每時每刻，同時也存在著大量其他人類的軀體……（並且）
地球在我的身體誕生之前的許多年裡都一直存在著……

（Moore, 1925: 107）

　　莫爾所確認的那些命題類型具有特殊的地位，在這一點上，
維根斯坦同意莫爾。正如維根斯坦所說，地球存在並且一直存在了
許多年這個命題，我是人這個命題，我從未遠離於地球表面這個命
題，諸如此類，都屬於「作為我們所有的探討和斷言的基礎的世
界圖像」（OC: 162）。他還列舉了一系列有著相似地位的其他命
題：「這幾個月我一直住在 A 處」（OC: 70）、「所有人都有父
母」（OC: 240）、「汽車並不是從地上長出來的」（OC: 279）、
「我的名字是路德維希‧維根斯坦」（OC: 328）等等。

　　然而，儘管維根斯坦讚許莫爾在使得人們注意到這類命題時顯
示出了真正的洞察力，但他認為莫爾誤判了這種命題的重要性：

當莫爾說他知道某些事情時，他實際上是列舉許多我們無需特
別驗證就可以肯定的經驗命題；也就是說，這些命題在我們的
經驗命題體系中具有獨特的邏輯地位。
可是莫爾所列舉的這一類已知的真理的實例的確讓人感興
趣。這並非因為有誰知道這些命題的真實性，或者相信他知道
這些命題，而是因為這些命題在我們的經驗判斷體系中全都起
著一種類似的作用。

（OC: 136-137）

　　我們可以集中於維根斯坦對這些「莫爾命題」探討的兩個方

面。第一個方面是，維根斯坦在《論確定性》中提出，莫爾認為
我們知道他所列舉的「關於常識的公認的真理」，這是錯誤的。
可是，莫爾為什麼會這麼認為呢？他所列舉的那些理由是正當理由
嗎？第二個方面是，維根斯坦認為莫爾在某種程度上誤解了那些他
所確認的系列命題之本性。莫爾命題很重要，「並非因為有誰知道 197
它們是真的」，而是因為它們具有「在我們的經驗命題系統中的一
種獨特的邏輯地位」。可是，這種「獨特的邏輯地位」到底是怎麼
回事呢？

　　維根斯坦至少有兩種理由認為，說我知道我有兩隻手，或者
地球在我誕生之前多年就存在，或者我的名字是威廉·恰爾德，諸
如此類的命題，都是錯誤的。第一類理由是，他認為，如果某人
知道必定存在對某個問題的一個回答，「他是如何知道的」（OC:
550, 484）；他對自己所相信之事提出根據，這必定是可能的（OC:
243）；他必定能夠「使自己確信無疑」（OC: 3）或者「確信」
（OC: 23）他的信念是真的。但是維根斯坦認為，在正常情況下，
我們不能給出相信一個莫爾命題的根據。在他看來，相信一個命
題的根據，必定是某種比這個命題本身更加確定可靠的東西（OC:
243），並且在正常情況下，我們無法舉出任何理由相信一種莫爾
命題，使得這個理由比這些命題本身還更為確定可靠。比如：

　　在正常情況下，我有兩隻手，與我能為證實這件事所提供的任
　　何證據同樣確定。
　　這就是為什麼我不能把看到我的手作為證實我有兩隻手的證據
　　的理由。

（OC: 250）

接著他又說：

如果一個盲人問我「你有兩隻手嗎」，我是不會透過觀看來證實這一點的。如果我對此有任何懷疑，我就不知道爲什麼我應當相信我的眼睛。

（OC: 125）

相似地，維根斯坦認爲，我對自己從未登陸月球這個信念，並非基於某種證據。因爲「我不曾登陸月球就與我能爲此給出的任何一個理由同樣確定」（OC: 111）。在維根斯坦看來，由於知道某事根本上涉及持有相信它的根據，由此可見我們並不知道諸如「我有兩隻手」或「我從未登陸月球」這樣的莫爾命題。維根斯坦的觀點並不是我們無法知道它們──我們對於我們是否有兩隻手或者是否曾登陸月球一無所知。毋寧是，他認爲我們與這些莫爾命題之間的關係根本就不應該設想爲知道或者不知道這樣的表達方式。

第二個考慮是這樣的。維根斯坦提出，「我知道 p」這個命題，只有在存在某些主張或者意圖去斷言它的語境裡，才是有意義的。如果在表達的語境中，有著某些關於 p 是不是真的懷疑，或者關於某人是否能保證他相信 p 的懷疑，說「我知道 p」才有意義。考察「我知道那是一棵樹」這個命題。維根斯坦認爲，存在著某些語境，在這些語境裡，上述命題確乎無疑地有意義：例如在下面這個例子裡，存在一種對於問題中的事物是不是一棵樹的真正的懷疑。例如：

我觀看一棵植物，以爲那是一棵年輕的山毛櫸，而另一個人則以爲那是一棵黑醋栗。他說「那是一棵灌木」；我說那是一棵樹。──我們在霧中觀看某種東西，我們當中有人以爲是一個人站在那裡，而另一個則說「我知道那是一棵樹」。

（OC: 349）

　　但是設想，在那種對於問題中所說的東西是一棵樹，每個人都非常顯而易見的語境下，某人提出這樣的命題，「我知道那是一棵樹」。維根斯坦認為，在這種情況下，他的話語並不僅僅是不相干的，實際上它是毫無意義或者胡說八道的。再舉一種情況：想像某人說「我知道有一個病人躺在那裡」，而實際情況是，他坐在這個病人的床前，全神貫注地盯著他的臉（OC: 10）。莫爾會說他的話是真的：他的確知道有一個病人躺在那裡。但是維根斯坦並不同意：他提出，在這個情況下，「我知道有個病人躺在那裡」這句話實際上是「胡說八道」的。

　　因此維根斯坦給出了支持以下觀點的兩個理由：在正常情況下，我們並不知道莫爾命題，因為我們不能給出相信它們的任何根據；聲稱知道它們會是無的放矢的或者毫無助益的，因此他認為，這是胡說八道的。不過他又承認，存在某些其他的情況，在這些情況之下我們可以正確地說我們知道這類命題。比如，假設我剛剛做過一次手術，我的兩隻手或許在這次手術中被截肢了。在這種語境下，存在著關於我是否有兩隻手的真實懷疑。相應地，我真的可以發現自己還有兩隻手，並且我真的可以把看見自己的手當作我還有兩隻手的證據。維根斯坦說，在類似這種異常情況下，說我知道我有兩隻手，這是正確的（OC: 23）。根據維根斯坦，類似地，如果我整個上午一直坐在椅子上，所有的情況都是完全正常的，說我知道我現在坐在椅子上，這是錯誤的，甚至是毫無意義的。但是在其他某種情況下（比如，在一次地震過後，當我坐在自己辦公室的廢墟上時），我可以正確地說成是知道自己坐在椅子上（OC: 553）：因為在這些情況下，會有我發現自己坐在椅子上這種事情。維根斯坦認為，對於所有的莫爾命題而言，只要具備此類特殊情況，都可以是真的。對於每一個莫爾命題而言，我們都可以想像一種情況，在這種情況中，說我們知道它們，是正確的（OC:

199

622）。但是他堅持認為，在正常情況下，莫爾所說的公認真理並不是「確定為真地得知」的。

我們該如何看待這種主張呢？對維根斯坦的一種最容易想到的回應是，同意他對莫爾命題之特徵所做的具體要點，但是又拒絕在正常情況下我們並不知道它們這一結論。因此我們也許會認為，維根斯坦在這點上是對的：在通常情況下我們並沒有相信我有兩隻手的根據，而這些根據又是比這個信念本身更確定可靠的。但是，並沒有理由說我並不知道我有兩隻手。粗略地說，如果我認為，當我相信 p，p 是真的之時，我知道 p，以及我的相信毫無例外都是真的，這樣似乎是合理的。我有兩隻手這個信念的確符合這樣的情況：我相信我有兩隻手；我的信念是真的；我的相信無疑都是真的。對於其他莫爾命題，在類似情況下，我的信念同樣是真的。

與此類似，我們也許會認為，維根斯坦的這個觀點是對的：對我來說，在正常情況下說我知道我有兩隻手是無的放矢或者無所助益的。然而，他這麼認為又是不對的：正是這一點，使得「我知道我有兩隻手」這個命題在這種語境中毫無意義。因為對一個命題的斷定是否抓到要點是一回事，而命題是否有意義，則是另一回事。這樣一種異議依賴於區別一個命題的語義特徵與斷定它的語用特徵。並且，正如我們在第四章第三節裡看到的，在維根斯坦的著作中，透過把某個語境中的一個命題的意義直接貼到表達它的指向或用途上去（這就是命題的意義即其使用這一觀點的一個側面），始終堅持一條否認這種區分的主線。因此維根斯坦對這種異議的回應也許僅僅是堅持「我知道我有兩隻手」這個命題的表達的有意義性事實上的確依賴於它具有某種指向或者用途。然而，有趣的是，在某些地方他又暗示了不同的觀點。比如：

我知道我此刻坐在椅子上嗎？——我並不知道這一點嗎？在當

下的情況中，沒有人會說我知道這一點……但是現在，即使沒有人說到這一點，這麼做是否使它變得不真呢？

（OC: 552）

這段話裡所指出的是，我的確知道我現在坐在椅子上，即使它對於任何人要說我知道這一點都是無的放矢或者毫無助益的。因此維根斯坦可能會最終同情一種平常的觀點，即在正常情況下，我的確知道我此刻坐在椅子上。並且，不管維根斯坦事實上是怎麼想的，讓他接受這個平常的觀點都無疑是可能的，儘管他始終堅持認為我們不會正常地持有對於相信莫爾命題的根據，堅持認為我們不會正常地基於證據而接受它們，堅持認為說我們知道它們是真的，在正常情況下是無的放矢的，諸如此類。

我們現在可以轉到本節之初我所提出的第二個問題上去。維根斯坦說莫爾命題「在我們的經驗命題系統中扮演著一份奇特的角色」。這到底是一種什麼樣的奇特角色呢？他使用了一系列的形象去表達這種看法。例如：他將莫爾命題比作樞軸：「我們所提的問題和我們的懷疑依賴於這一事實，即某些命題不容懷疑，好像就是這些問題和懷疑賴以轉動的樞軸。」（OC: 341）我們轉向另外一個地方，又會發現他把莫爾命題描述為軸心：

把這些事情（莫爾命題）看做絕對穩固的東西，是我們進行懷疑和探索的方法的一部分。

我並不是明確地得知那些對我來說不可動搖的命題，我以後能夠發現這些命題就像物體圍繞它轉動的軸心一樣。說這個軸心是固定的，並不是說有什麼東西使它固定不動，而是指圍繞它進行的動物確定了它的固定不動。

（OC: 151-152）

在另外某處他又說莫爾命題構成了我們的世界圖像：

201　我得到我的世界圖像並不是由於我曾經確信其正確性，也不是
由於我現在確信其正確性。不是的；這是我用來分辨真偽的傳
統背景。

（OC: 94）

接著他又說道：

大體而言，我認為教科書裡所找到的就是真實的，比如說地理
教科書。為什麼這麼說？我的看法是：所有這些事實已經得到
了上百次的證實。但是我是如何知道這一點的？我相信它的證
據是什麼呢？我有一個世界圖像。這個世界圖像是真的還是假
的？首要的是，在於它是我的一切探討和斷言的基礎。

（OC: 162）

但是我們應當如何讓這些提法更加有血有肉呢？維根斯坦到底
是怎麼理解莫爾命題在我們信念系統中所扮演的角色的？

上面所引用的幾段話裡有一個主題特別引人注目，就是將我
們與莫爾命題之間的關係過於理智化或者過於理性化，都是一種錯
誤：「我並不是明確地得知那些對我來說不可動搖的命題。」維根
斯坦評論道：「我得到我的世界圖像並不是由於我曾經確信其正確
性。」維根斯坦在這裡的要點是說，我並不透過評價證據而獲得諸
如地球在我誕生之前多年就存在這樣的信念，並且讓自己確信存在
一個很好的理由去相信它們是真的：「我並不是有意識地遵循某一
特定思路而得到（這些）信念的。」（OC: 103）毋寧是說，我只
不過是在我的教育以及與他人的交往過程當中拾起了這些信念而

已；與我的世界圖像中的其他信念一起，我「繼承」了這些信念。類似地，並不是因為對於我繼續持有的這些信念，「我對它們的正確性已經心滿意足」；我只不過是在根本就未經過考慮贊成它們還是反對它們的理由的情況下，就保留了它們。這些關於我們習得和保留了對莫爾命題的信念的評論，看起來是完全正確的。並且它們對於哲學家們對形成並持有信念的過程的多年以來的過度理智化趨勢來說，是一種很重要的矯正。

維根斯坦反對關於莫爾信念的過度理智化的進一步的方面，是他對這種信念與行動之關係的著重強調。他這樣寫道：

> 然而為證據提出理由根據，為之辯解終會有個盡頭；——但是其盡頭並非某些命題直接讓我們感到其為真，即不是來自我們這方面的一種看，而是我們的行動，因為行動才是語言遊戲的根基。
>
> （OC: 204）

202

這個看法有反面和正面兩種因素。從反面來看，維根斯坦拒絕了這樣一個傳統意見，即證成終結於那些自明為真的基本信念。他認為，證成終結於我們達到那些「對我們來說不可動搖」的莫爾命題。但是他又寫道：「這些信念之所以占有穩固的地位，**並非由於其本身顯而易見或令人信服**；倒不如說是靠其周圍的信念才使它們不可動搖。」（OC: 144，著重號為引者所加）維根斯坦這一看法的正面因素是這麼一個觀點，即證成逐步達到一個「我們的行動」的終點。他說，給出根據的終點，「就是一個沒有根據的預設：它是一個沒有根據的**行事方式**。」（OC: 110，著重號為引者所加）舉個例子：「為什麼在我想從椅子上站起來時無須使自己確信我有兩隻腳？這裡並沒有為什麼，我只是不這麼確信，我就是這麼行事

的。」（OC: 148）接著，他又更加概括地提出，我們關於莫爾命題的確定性應當被設想為「某種處於有合理根據和沒有合理根據之外的東西；彷彿是某種動物性的東西」（OC: 359）。

到現在為止，維根斯坦已經告訴我們，我們對莫爾命題的接受並非基於推理，而是紮根於我們最基本的行事方式：「在具有充分根據的信念的基礎那裡，存在著沒有理由根據的信念。任何一個『講道理的』人都如此這般地行事。」（OC: 253-254）但是在這個階段，我們也許會想知道支撐維根斯坦這種反思的東西在面對我們的信念的知識論地位時會遇到什麼樣的問題。因為哲學上的懷疑論者仍然會同意維根斯坦，認為我們整個的信念系統歸根到底要基於「沒有根據的信念」；他會同意維根斯坦，認為我們並非基於證據而獲得我們的世界圖像；他也會同意維根斯坦，認為這幅世界圖像是在我們的行事方式中得到反思的。但是，他會堅持，我們並非歸根結柢有資格持有這些信念；我們沒有知識論上的權利去認為我們的世界圖像是真實的。在堅持認為我們無法證成我們對莫爾命題的信念——這些信念並非根據理由得到證成——這一點上，這個觀點或許是維根斯坦要承認的。但是，在懷疑論者把我們缺乏對自己最基本信念的證成看做一種失敗的情況下，維特根斯坦把它看做對於我們信念系統的一種完全可以被接受的特徵。如何解釋維根斯坦的這種態度呢？

203　　維根斯坦在他處說道：「用一個語詞而未擺明理由，並不意味著是錯誤地使用它。」（PI, §289；也參見 RFM: 406）這種關於我們使用語詞的觀點，與維根斯坦對莫爾命題的看法互相呼應：也許可以說，毫無理由接受一個莫爾命題，並不意味著錯誤地接受它。但是，我們應當如何理解這種觀點呢？為什麼我們無法為我們對莫爾命題的信念提供證成這個事實，並不暗含著我們根本就沒有資格去相信它們呢？《論確定性》一書的評論者們，在維根斯坦的

文本當中發現了對這個挑戰的多種可能的回應。在此我將側重於一個特別突出的觀點：莫爾命題的地位與邏輯和數學法則的地位是相類似的。看來這是維根斯坦談到對莫爾命題的「奇特邏輯地位」時的想法。

三、作爲探究法則的莫爾命題

在若干段落中，維根斯坦在莫爾命題的確定性與基本邏輯或數學命題的確定性之間做了一個類比。比如：「我要說：具有經驗命題形式的命題，而不僅僅是邏輯命題，屬於一切思想（語言）運作的基礎。」（OC: 401）（他心中所想的「具有經驗命題形式的命題」就是莫爾命題：「地球在我誕生之前很久就存在了」、「我有兩隻手」，諸如此類。）接著，他又寫道：「如果 $12 \times 12 = 144$ 這個命題是不容懷疑的，那麼非數學命題也一定不容懷疑。」（OC: 653）他還說過與此類似的話：「我要說：如果人們不對算術命題（例如：乘法表）是『絕對確定的』這一事實表示驚奇，那為什麼人們應該對『這是我的手』的同樣確定性感到驚奇呢？」（OC: 448）在這樣一些段落中，維根斯坦似乎受到這樣一種觀點的吸引，即關於物質對象的莫爾命題具有一種與諸如「$12 \times 12 = 144$」這樣的數學命題相似的地位。但是，在維根斯坦看來，這是一種什麼樣的地位呢？

讓我們來考慮數學發展過程中的某個非常原始的階段（下面的例子是從譚美特〔Dummett, 1959〕介紹的例子中改寫過來的。我自己的探討也要感謝賴特〔Wright, 2004〕）。在這個原始階段裡，我們擁有一種計算對象集合的實踐慣例。但是，迄今為止，我們還沒有關於加法的概念。因此，我們也許會在碗裡數 5 個核桃，然後再數 7 個腰果。但是，在數這些核桃和腰果時，我們沒有一種透過把核桃的數量與腰果的數量加在一起來確定果核總數的程序；我們

僅有的確定總數的辦法就是把核桃和腰果放在一起重新開始數。現在結果成為，在每一種情形中（或者差不多每一種情形中），我們計算有 5 樣東西的那一組和有 7 樣東西的另一組時，我們發現，當我們將這兩組東西放在一起數時，一共有 12 樣東西。這給了我們把「5 + 7 = 12」作為一項規則確定下來的想法。這項規則決定了 5 加 7 的正確加法。把它作為一項規則確定下來，就意味著我們不允許任何事物是以違反它的方式計數的。例如：假設在數 5 個核桃與 7 個腰果時，某人對核桃和腰果計算總數時得出的結果是 13。我們可以用多種方式解釋發生了什麼：也許他在數核桃時犯了錯誤，或者在數腰果時犯了錯誤，或者把將所有果核相加時犯了錯誤；或者在初始計算與最終結果之間還增加了一些別的東西。但是我們不允許發生的事情就是，在這個情況下，「5 + 7」並不等於 12。因為這就是一項「5 + 7 = 12」的正確計數規則：我們把「5 + 7 = 12」這個命題存入檔案中，我們決定不把任何事情看做是偽造它。基於這種數學命題的觀念，是什麼東西說服了我們相信「5 + 7 = 12」，這個問題的提法是不合適的，因為「5 + 7 = 12」這個命題並不是某種基於證據而使我們接受的東西，它是某種作為規定 5 加 7 等於多少而奠定下來的東西。維根斯坦認為，遵照這種想法，「5 + 7 = 12」這個命題就像是一個遊戲規則。我們不能詢問是什麼說服了我們接受了在西洋棋盤上移動一個騎士的規則，因為這個規則並不是某種正確或者不正確的東西，也不是某種我們基於證據而接受的東西。毋寧說，它是作為我們對西洋棋遊戲的定義的一個部分而奠定下來的東西。而這，無論如何就是維根斯坦的看法。

現在維根斯坦暗示，莫爾命題具有一種相似的地位：它們就是那些我們從作為「描述的標準」（OC: 167）來測試和對待中撤回的那些命題——它們是作為正確描述而被部分規定的。舉個例子：「我也許能說：『我有兩隻手是一個不可推翻的信念。』」這會表

達一個事實，即我不願意讓任何事情作為這個命題的否證。」（OC: 245）我們可以將維根斯坦的暗示以下述方式變得更加有血有肉一些：假設在那種完全平凡無奇的環境中，某人真誠地宣稱他沒有兩隻手。我也許會以多種方式解釋他的斷言。比如，我會想，他正處於某種幻覺之中，或者他有一些奇異的錯覺，導致他覺得自己遇到的許多人都沒有手，而只不過是假裝著有兩隻手；或者他認識的某個人只有一隻手，但他卻誤導了我。但是有一種事情我不能作為一個真正的可能性來看待：他的斷言是真的，也就是說，我的確沒有兩隻手。因為在當下的場合中，我有兩隻手對於我的信念系統來說是基本的，不管我遇到什麼樣的證據，我都會堅信維護這個信念的真實性。對於其他的莫爾命題，情況也是如此。基於這種看法，莫爾命題就是那些我們保證對於出現任何情況都會「緊緊抱住」的命題。我們不會把任何事情看做是對這些命題的偽造。這不是關於我們的一個單純心理學事實——正如它不是我們會把任何事情看成偽造「5 + 7 = 12」這個數學命題的一個單純心理學事實。毋寧說，它是莫爾命題在我們的經驗信念和探究系統中所起作用的一個邏輯學特徵。維根斯坦認為，在數學情形中，它是由我們的計算系統所部分規定的，在這個系統裡，我們不會把任何東西算作是對命題「5 + 7 = 12」之偽造。對於經驗命題來說，情況與此類似；它部分地由我們的經驗信念和探究的系統所規定的，在這個系統裡，任何東西都不被允許作為對莫爾式確定性的偽造。

維根斯坦似乎要強調莫爾命題與數學命題之間的這種類比性。儘管同時他又認識到，在這兩種命題之間有著重要的區別。第一個區別就是數學命題的無可爭辯性是絕對的；根本找不到一個讓我們有理由懷疑「5 + 7 = 12」這個命題之確定性的環境。但是存在某些環境，使得莫爾命題的確定性遭受質疑——也就是那些我們不會在出現任何情況時都會「緊緊抱住」其真實性的環境。在通常

情況下，「我有兩隻手」這個命題基本上是確定無疑的；我不會允許任何事情去否證它。但是，正如我們所看到的，維根斯坦承認在某些情況下，這個命題將會屈從於經驗的證據。在這樣的情況下，世界必須以某種維持「我有兩隻手」這個命題之真實性的方式來描述，顯然這不是一個探究規則了。

與此相關的第二個區別是，基本的數學命題的確定性是不可改變的。「5 + 7 = 12」的規則並不會隨著時間而改變。但是維根斯坦認為，莫爾命題將會隨著時間而改變，在不同的時間下，這些命題會作為經驗探究的基礎而無可非議地被接受，但有時這些命題也會屈從於懷疑和證據。他在一個著名的隱喻中表達了這個要點：

> 人們可以想像，某些具有經驗命題形式的命題變得僵化，並作為尚未僵化而是流動性的經驗命題的管道；而這種關係是隨著時間而變化的，因為流動性的命題變得僵化，而僵化的命題又變得具有流動性。
>
> （OC: 96）

因此，在我們的世界圖像中，某些東西在一個點上是一個堅實的因素：

> 這種神話可能變為原來的狀態，思想的河床可能移動；但是我卻分辨不出河床上河流的運動與河床本身的移動；雖然兩者之間並沒有什麼明顯的界限。
>
> （OC: 97）

維根斯坦的要點可以透過諸如「我從未登陸月球」與「從未有人登陸月球」這樣的命題的地位變化而得到較好的闡明。維根斯坦

說「我從未登陸月球就和我為此提出的任何證據一樣確定」（OC: 111），這句話是在阿波羅登陸的近 20 年前說出來的。他自己乃至任何其他人都未能登上過月球，對他來說，是根本上確定無疑的。但是他說，「假如有很多人到達過月球」（OC: 111），事情就會發生變化。對於 60 年之後的我們來說，沒有任何人登陸月球顯然不具有一種莫爾式的確定性了。因此現在維根斯坦會說，要求相信一個既定的人從未登陸月球的根據，這是合理的——但在某種程度上，在他寫下這些話的那個歲月裡，這麼要求並不是合情合理的。

那麼，根據維根斯坦，莫爾命題在我們的經驗信念系統中的作用，與基本的數學命題在我們的計數及加法實踐中的作用，這兩者之間存在著某種重要的類似。此外，這兩者之間也存在重要的區別。但是他似乎暗示，儘管存在種種區別，莫爾命題的地位在根本上是與基本數學命題的地位相類似的。它們現在是，過去也都是一些經過強化並決定了經驗世界的正確描述的規則。它們的確定性在於我們保證不把任何東西視為對其的偽造。但這是一個有說服力的觀點嗎？ 207

維根斯坦的這一觀點顯然是正確的，即任何的探究都必須以某些東西作為理所當然的前提：我們無法同時探究每一件事情。正如他說：「不管我們測驗任何事情，都已經預設了某種未經測驗之物。」（OC: 163）「如果沒有某些人們不加懷疑的事物，那麼人們就無法去做實驗。」（OC: 337）類似地，他說他探討的莫爾命題對我們的思想和探究系統來說是基礎性的，這也是正確的：我們無法提出任何的相信它們的辯護，而這些辯護又不是直接或者間接地把結論假設在前提之中。他認為自明性在知識論中並不占據什麼地位，這一點是對的。我們並不是透過任何有意識的推理過程而最終相信這些莫爾命題的，他這一點也說得對。但是，我們世界圖像中的這些相當基本的因素具有一種不同於日常的經驗命題的邏輯

地位，就像是數學命題那樣，它們是描述的規則，維根斯坦這麼認為是否正確呢？我們將在下一節當中對維根斯坦關於莫爾命題與規則之間所做的類比做出評論。在這裡，我們只需要注意到維根斯坦主張的一個自然的替代性看法。按照這個替代性看法，莫爾命題實際上是一些看上去偶然的經驗命題；它們在我們探究中的基礎地位只是起源於這樣一個事實，即它們很好地被建構起來，並且極不可能最終被證明是假的。的確很難設想那些讓我們拋棄對莫爾命題的信念的情況。但是，對此的理由也許不是我們已經決定不把任何東西視為對這些命題的否證。毋寧說，也許是莫爾命題是如此顯著為真，或者得到了如此好的構建，即使它們在原則上可以被否證，幾乎也很難想像它們在實際上最終被證明是假的。這樣一種關於莫爾命題的邏輯地位的替代性看法，似乎是相當可行的。但是，即使我們接受了這個替代性看法，正如前面所說，我們也可以同意維根斯坦關於證成的結構的許多說法；我們也可以接受他關於信念的獲得及保持的許多反智識主義觀點。

四、相對主義的威脅

維根斯坦說：「我的世界圖像，是我的所有探究和斷言的基礎」（OC: 162）；它是「我用來區分真偽對錯的傳統背景」（OC: 94）。

208　有關一種假設的一切檢驗、一切證實或否證都早已發生在一個系統之中。而這個系統並不是我們進行一切論證時所採用的多少帶有任意性或者不太可靠的出發點；並非如此，而是屬於我們稱之為論證的本質。

（OC: 105）

　　一個問題自然而然立即就出現了：如果不同的人或者人群擁有不同的世界圖像——如果形成我們的探究和斷言的命題系統的基礎，不同於形成他人的探究和斷言的命題系統的基礎，那會發生什麼情況？如果只有在一個系統內部才可能會有對一種主張的合理評價，那麼似乎就不存在一個對於相競爭的系統或世界圖像自身的合理評價的基礎了。當我們以自己的立場來考慮他人的世界圖像時，我們判斷自己的系統優於他人的系統。但是，儘管每一方都認為自己擁有自身系統比對方系統優越的可靠的理由，但每一方都無法提出任何理由，可使得相反方承認對方系統更為優越。因為每一個群體認為相信某些事情的良好理由，其自身就是該群體的世界圖像的一個特徵。這麼說並不意味著，一個人或者一個群體永遠無法被誘使放棄它們自己現在的世界圖像，採用另一個世界圖像。他們當然可以這麼做。但是，維根斯坦堅持認為，任何這樣的世界圖像的變化將最終取決於一個說服或皈依的過程，而不是取決於一個給出理由的過程。因此他說：

　　假定我們遇到一些不把這當作強有力理由的人。現在，我們如何來想像這種情況？他們不去請教物理學家，而是去求神拜佛。……如果我說這「錯了」，難道我們不是在用我們的語言遊戲為出發點來反對他們的語言遊戲嗎？
　　（……）
　　我說我會「反對」另一個人，——但是難道我不會給他講出理由嗎？當然會；但是這些理由能有多大效力呢？在理由窮盡之後就是說服。（想想傳教士讓土著改信宗教時所發生的情況。）

（OC: 609, 612；也參見 262）

假設我們接受維根斯坦的觀點，認為推理必然是在一個系統或世界圖像的內部進行的。並且我們接受了這樣一個觀念，即並不存在一個中立的、外在的觀點，任何人都能以此觀點來為不同的世界圖像的相關優點進行一個合理的評價——並不存在這樣的觀點，它自身並不涉及對任何一種世界圖像的接受。那麼會出現什麼呢？尤其是，會不會出現這樣的情況：並不存在客觀上對於認為一個世界圖像優於另一個世界圖像的較好的理由——也就是那些並不單純「內在於我們系統」的理由？會不會導致這種情況：並不存在哪一種世界圖像是真的或者錯的這樣的事實，也就是不存在關於這種信念系統接近於世界自身的原本特徵的事實？會不會再現這樣的情況，即一個信念為真或為假，乃是相對於持該信念者的世界圖像來說的——因此是在我們的信念系統當中，一個信念是真的或者假的，而永遠不能是無需任何限制條件而為真或為假的？這樣一種相對主義是高度反直覺的。但是，對於許多讀者來說，這在某種程度上就是維根斯坦在《論確定性》一書中所暗示的觀點。我們不禁要問：這真的就是維根斯坦的實際主張嗎？

《論確定性》中存在某些段落，很容易被解讀成暗示了某種相對主義。例如：

> 「但是這樣一來就沒有客觀的真理了嗎？有人登陸過月球這句話難道不是非真即偽的嗎？」如果我們在自己的系統內部思想，那就一定是沒有人到過月球。不僅沒有一個有理智的人認真向我們報告過這類事情，而且我們的整個物理學體系也不允許我們相信這件事情。因為這需要對「他怎麼克服引力」、「他離開大氣層怎麼生活」以及其他一千個無法回答的問題做出回答。但是假定我得到的不是所有這些問題，而是「我們不知道人們如何登陸月球，但是那些到達月球的人卻立即知道他

們到了月球；甚至你也無法說明一切。」我們會感到自己與說
這話的人在理智上有著很大的距離。

（OC: 108）

　　我們會很自然地同意這段話開始時那些問題的思想：我們要
說，當維根斯坦在 1950 年寫下這些話時，沒有人登陸過月球這是
客觀為真的。並且也會很自然地認為維根斯坦在這段話最後所做
的評論（「我們會感到自己與說這話的人在理智上有著很大的距
離」），是在 1950 年那個時候對某人的所做的適當反應的保守說
法：這個人相信人們登陸過月球，只是對於他們是如何登陸月球，
他們又是如何在那裡生存下來的，對於諸如此類的問題毫無所說。
當然，維根斯坦認為我們會感到與說這話的人「在理智上有著很大
的距離」，這是對的。我們要堅持主張的是，這還不僅僅是理智上
存在巨大距離的問題；另一個人的信念可能是錯的。他們不僅僅是
「在我們的系統內部」出錯了，而可能在絕對意義上或者客觀上出
錯了。

　　再來考慮第二段話：

　　對於某個想對不容置疑的命題提出反對理由的人，人們也許可
　　以乾脆說：「一派胡言！」這就是說，不是回答他而是斥責他。
　　這裡的情況類似於表明：說一種遊戲一直在錯誤地進行，這是
　　毫無意義的。

（OC: 495-496）

　　但是，某個反對相對我們而言非常基本的莫爾命題的人，這
個情況真的類似於某個人說了一種總是在錯誤進行的遊戲這一情況
嗎？設想有個人聲稱每個人都一直在錯誤地下西洋棋；我們一直在

210

遵守的規則是錯誤的規則。根據維根斯坦,對這種聲稱的正確回應是,說人人都總是在錯誤地下西洋棋是「毫無意義的」。他認為,這麼說之所以沒有意義,是因為正確地下西洋棋,無非就是按照我們將之作為正確規則接受下來的方式下西洋棋。正確的下西洋棋規則,只不過是我們將之作為正確規則接受下來的下西洋棋規則。如果我們直接把這種類比運用到諸如「地球在百萬年前就已經存在」這樣的莫爾命題上去,我們會隨之得出以下主張:「說我們所接受的莫爾命題不正確,我們理應接受一組與此不同的命題作為我們所有信念的不容置疑的基礎,這些都是毫無意義的。因為莫爾命題就像是一種遊戲規則。我們所接受的規則定義了我們正在玩的遊戲。並且,我們所接受的莫爾命題定義了我們的世界圖像。因此,正如正確地玩一場遊戲無非就是以我們所接受的規則來玩它,持有正確的信念無非就是持有與那些定義了我們的世界圖像的莫爾命題相當的信念。」但是,這樣的一種主張忽視了遊戲規則與世界圖像的基本特性之間的某種基本的不可類比性。在遊戲自身之外,關於遊戲規則提不出什麼問題。對於這種規則的正確性來說,沒有任何東西可以超越我們將之作為正確地而接受下來這一事實。但是莫爾命題則與此不同。不像遊戲規則那樣,的確可以提出某些超越莫爾命題自身的問題;世界原本之所是可以對莫爾命題提出問題。我們說「地球在百萬年前就已經存在」這個命題的正確性,並不單純是它在我們的信念系統當中具有基礎性地位的問題,它還是一個地球是否真的存在了上百萬年的問題。如果維根斯坦認為莫爾命題就像是遊戲規則,而這種遊戲規則並非可以對正確性的任何外在標準構成回答,那麼他的主張似乎就是一種澈底的、不可接受的相對主義。

211

然而,在《論確定性》中,這種相對主義的證據是隱晦不明的。我上面所引用的段落的確可以被視為暗含了某種相對主義。但是在另外一些段落裡,維根斯坦似乎很樂意聲稱我們的世界圖像是

正確的，而那些我們想像中的替代物則是錯的。比如：

> 我們都相信，到達月球是不可能的；但是也許有人相信這是可能的，而且有時真會發生。我們說：這些人不知道許多我們知道的東西。讓他們不要這麼確信自己的信念。他們錯了而我們知道這一點。
> 如果我們把我們的知識體系與他們的進行比較，那麼他們的知識體系顯然要貧乏得多。

（OC: 286）

在這個段落裡，維根斯坦似乎清楚明白地認為，在不同的信念體系之間存在基本差異的地方，一種體系是正確的，另一種體系是錯誤的，這麼說理所當然是對的。而這正是我們所採取的正確看法。我們應當同意維根斯坦說，對任何主張的合理評價必然憑藉整個的信念系統。我們也應當同意他說，並不存在這樣一個完全中立的觀點：它能在兩種相互競爭的世界圖像或信念系統之間進行一種合理的比較；對任何事物的合理評價只能在一種推理系統的內部進行。但是這麼說並不意味著，對一幅世界圖像的那些最基本的設定理所當然是真的或者是假的。這麼說也並不意味著，假如我們遭遇到一種與我們自身截然不同的世界圖像，將之與自己的世界圖像進行比較的過程，以及將其中一種世界圖像評價為比另一種更為優越的過程，無法成為一個推理的過程。如果維根斯坦認為，這些相對主義看法的確是由這樣一個洞見所產生的，即「有關一種假設的一切檢驗、一切證實或否證都早已發生在一個體系之內」（OC: 105），那麼他就錯了；但是沒有一個輪廓鮮明的、清晰可辨的證據支持他的確是這麼認為的。

212

五、小結

　　《論確定性》記錄了維根斯坦關於知識、確定性和證成的最後思考。G. E. 莫爾為外部對象的存在提供了一個證明：「這是一隻手，這是另一隻手；因此存在兩隻人類的手。」維根斯坦堅決主張，這不是一個對外部對象之存在的有效證明。第一點理由是，莫爾證明的前提並不比結論更加確定可靠，因此這個證明不能為任何人提供一個相信存在外部對象的證明，除非他已經相信了這一點。第二點理由是，維根斯坦認為，即使莫爾認為我們知道存在一個外部世界這一點是對的，他對懷疑論和觀念論的探討在哲學上也是難以令人滿意的，因為它未能診斷並且解釋懷疑論者和觀念論者錯在何處。

　　莫爾的著述也對一系列對於我們的信念系統相當基本的命題產生了注意：諸如「地球早在百萬年前就已經存在」和「我有兩隻手」這樣的命題。在莫爾看來，這些是我們可以確定地知道的真命題。維根斯坦同意這些「莫爾命題」在我們的信念系統中扮演著一個特別的角色。但是，他認為，說我們知道他們是真的，這就錯了。並且，更為一般地，他反對一種把我們與這些命題之關係作過於理智化處理的傾向。我們並不是透過確信這些命題的正確性而獲取我們的世界圖像的，而是透過非反思性地將之採納進來，作為我們探究的「傳統背景」的一部分。我們對莫爾命題的確定性並非基於推理，而是以將之寓於我們的行為方式之中。維根斯坦提出，莫爾命題具有一種類似於基本的邏輯或數學命題那樣的地位：它們是探究的法則，描述的準則，它們規定了怎樣才能正確的描述世界。然而，儘管維根斯坦認為莫爾命題對於我們的探究系統是基本的，我們不能透過訴諸任何更為基本的東西來之為提供證成，這個看法是對的，然而，這些命題的邏輯地位與任何其他的經驗命題之間實

際上存在某些差異，這一點似乎並不那麼合理。

所有的核對總和確證都是在一個推理系統內部進行的，維根斯 213
坦的這個暗示導致了一種相對主義的威脅。因為，推理只有在一個
系統或世界圖像內部才是可能的，這個觀點似乎意味著，在存在不
同的世界圖像相互衝突之處，就不存在對於哪種世界圖像正確哪種
又是錯誤的合理評價了。《論確定性》的許多讀者都察覺到，維根
斯坦在字裡行間包含著一絲相對主義的因素。但是，儘管在維根斯
坦說的某些話當中存在相對主義因素——比如，在他將莫爾命題與
遊戲規則進行比較時——《論確定性》中的相對主義整體來說是隱
晦不明的。

六、延伸閱讀

本章所討論的文本是《論確定性》。涉及類似主題的維根斯坦
較早著述，參見：

"Cause and Effect: Intuitive Awareness", in Wittgenstein, *Philosophical Occasions*.

Philosophical Investigations, § § 324-6, 466-86.

《論確定性》回應的莫爾著作是：

Moore, G. E. (1925), "A Defense of Common Sense", in J. Muirhead (ed.), *Contemporary British Philosophy* (Second Series), London: George Allen & Unwin；reprinted in Moore, G. E. (1993), *Selected Writings*, ed. T. Baldwin, London: Routledge.

Moore, G. E. (1939), "Proof of an External World", in *Proceedings of the British Academy*, 25: 273-300；reprinted in Moore, *Selected Writings*.

關於莫爾和維根斯坦對知識和懷疑論的評論，並且對維根斯坦
產生廣泛共鳴的探討的著作，參看：

McGinn, M. (1989), *Sense and Certainty*, Oxford: Blackwell.

關於《論確定性》的更多近期論文集有：

Moyal-Sharrock, D. (2004), *Understanding Wittgenstein's On Certainty*, Basingstoke: Palgrave Macmillan.

近來的一部論文集，著手於對《論確定性》提供了一系列形成對照的哲學上的和解釋上的處理，將會有所助益：

Moyal-Sharrock, D. and Brenner, W. (2005), *Readings of Wittgenstein's On Certainty*, Basingstoke: Palgrave Macmillan.

有兩篇最近的論文探討了《論確定性》的主要議題，並且將維根斯坦與當代知識論觀點連繫了起來，它們是：

Williams, M. (2004), "Wittgenstein's Refutation of Idealism", in D. McManus (ed.), *Wittgenstein and Scepticism*, London: Routledge.

Wright, C. (2004), "Wittgensteinian Certainties", in D. McManus (ed.), *Wittgenstein and Scepticism*, London: Routledge.

尤其在寫作本章時，我吸收了 Wright 論文的觀點。

另有一篇論文呈現出不同的風格：對莫爾或懷疑論輕描淡寫，認為維根斯坦的主要興趣只不過是提供「一種對於語言遊戲的認知結構的哲學上的闡釋圖像」，參看：

Kober, M. (1996), "Certainties of a World-Picture: The Epistemological Investigations of *On Certainty*", in H. Sluga and D. Stern (eds), *The Cambridge Companion to Wittgenstein*, Cambridge: Cambridge University Press.

Chapter **8**

宗教與人類學

215 ## 一、宗教

　　維根斯坦少有關於宗教哲學的文字，其中也幾乎沒有打算付諸出版的東西：《邏輯哲學論叢》包含兩條關於上帝的簡短評論（TLP: 6. 372, 6. 432）；在《哲學研究》中有關神學的片言隻語被放在括弧裡（PI，§373）。然而維根斯坦關於宗教和宗教信念之本性的看法對後來的神學家們和宗教哲學家們產生了重要的影響。那些看法的文獻證據有好幾處來源。維根斯坦 1938 年所做的關於宗教信念的 3 場報告保留在學生們的筆記裡（參見 LC: 53-72）。維根斯坦 1929-1951 年間在隨身攜帶的哲學筆記中寫下了關於宗教的種種評論，這些評論中的一部分後來被收錄到《文化與價值》（*Culture and Value*）一書中。此外，從他的許多朋友和學生那裡也能得到他關於宗教方法的某些評論。

　　在考察維根斯坦關於宗教的看法時，我們應當區分兩個問題：首先，如果有的話，維根斯坦自己的宗教信念是什麼？其次，維根斯坦對宗教信念之本性的哲學看法又是什麼？第二個問題將會是我們下面的主要關注對象。不過我們將從關於第一個問題的幾個簡短評論開始。

1. 維根斯坦的「宗教觀點」

　　有證據表明維根斯坦將其自身的思考方式和思考態度在某種意義上視為宗教性的──或者將其視為某種與宗教信念處於同等重要地位的東西。根據他人的紀錄，他在 1940 年代末期的一次談話中說過：「我不是一個有宗教信仰的人，但是我又不得不從一種宗教的觀點看待任何一個問題。」在同一場談話中，他又接著說：「我的思考模式並不是當下這個時代所想要的，我不得不使勁地游以抵
216 抗時代的潮流對我的壓力。」（Drury, 1981: 94）大概在同一個時

期，他說到將自己的工作看做是對上帝榮耀的一種奉獻：

> 我曾收到奧地利的一位老朋友的來信，他是一位牧師。他在這
> 封信裡說，他希望我的著作要是可以遵循上帝的意志，就會寫
> 得更好。這現在正是我想要的：但願它可以遵循上帝的意志。
> 巴哈在他的《小風琴書》①的主題頁上寫著：「獻給至高無上
> 的上帝的尊榮，希望我的鄰居們也能因此而受益」。那些就是
> 我關於自己的書想說的話。
>
> （Drury, 1981: 182）

那樣的一些情懷是他在此前 20 年寫的一些評論的迴響。他在
《哲學評論》的前言中說：

> 我想說「這本書是出於對上帝的尊榮而寫的」，但是現在這麼
> 說就顯得油腔滑調了，因而很可能不會被正確地理解。然而必
> 須指出，這本書是以一種善的意志寫成的，因此如果它不是出
> 於善意，而是出於虛榮或者其他的初衷來寫作的，那麼作者願
> 意知道對它的批判。如果作者不是虔敬的話，那麼這本書是不
> 可能免於不虔敬的成分的。
>
> （PR: 7）

---

① Orgelbüchlein（《小風琴書》）是德國作曲家巴哈（Johann Sebastian
　Bach）1708 年至 1714 年間寫的，那時他是威瑪宮廷裡的管風琴演
　奏家。原計畫包含 164 個樂章，但巴哈最終只完成了 46 個樂章。這
　部樂曲集同時也包括為教會服務的管風琴樂曲、一篇關於作曲的論
　文、一份宗教聲明論文和一份教學手冊。

　　這份很早出現的對上帝的提及再一次伴隨著這樣一個觀點，即維根斯坦著作的風格或精髓與當下占主導地位的思考方式是大相徑庭的：

　　本書是爲那些對它的精神持同情態度的人寫的，它的精神不同於我們置身其中的歐美文明大潮流。那種大潮流表現在一種進步之中，表現在越來越大、越來越複雜的結構的建造之中，而本書的精神卻表現在對那些結構的簡明而富於洞察力的不懈追求之中。那種潮流想要透過世界的外圍——在其多元性中——把握世界，而本書的精神則要在世界的中心——在世界的本質中——把握世界。因此那種潮流是把事物一個接一個地排列起來，彷彿是從一個臺階上升到另一個臺階，而前者卻總是停留在原地，而且它試圖去把握的總是同樣的東西。

(PR: 7)

　　在一份更早的手稿中，維根斯坦還明確指出他的思考方式與「科學家們」的思考方式之間形成鮮明的對照（CV: 7〔修訂版：9〕）。

217　　維根斯坦說過他的書是獻給「上帝的尊榮」。但這麼說並不等於他信仰世俗意義上的上帝。他剛出生就在天主教堂受洗爲教徒。但是他曾經這樣告訴一位朋友：「他在與姊姊格雷特（Gretl）談話之後就已經不再有之前那種孩子氣的信仰了。」（McGuinness, 1988. 43）羅素也說到過，當維根斯坦第一次來到劍橋時，他對有組織的宗教持一種猛烈的批判態度。但是在維根斯坦 20 歲出頭時發生在他身上的一些事件，使他感覺到關於宗教存在某種新的可能性。馬爾科姆是這樣報導的：

他告訴我，他青少年時期就對（宗教）有一種輕蔑的態度，
但是在他大概 21 歲時發生的一件事情讓他改變了之前的看
法。他在維也納看到一場戲劇，儘管這只是一場普普通通的演
出，但是其中的一個角色表達了這樣一個想法，即不管這個
世界上發生了什麼，對他來說都沒有什麼影響——他獨立於
自己的命運和環境。維根斯坦被這種斯多噶學派的思想深深地
衝擊了；因爲那是他第一次看到宗教的某種可能性。他說他在
第一次世界大戰服役期間，他對托爾斯泰關於福音書的著作情
有獨鍾，將所有内容看得滾瓜爛熟，這對他產生了相當深遠的
影響。

（Malcolm, 1984: 58）

維根斯坦受到托爾斯泰（Leo Tolstoy）的基督教精神的極大震
撼，他後來將托爾斯泰的《信仰教義》（*Gospel in Brief*）看了許多
遍，在第一次世界大戰期間將之隨身攜帶。並且他仍然受到維也納
的那場戲劇所表達的思想的深刻震撼（這場戲是路德維希・安曾格
魯伯〔Ludwig Anzengruber〕的 Die Kreuzelschreiber《十字路口製造
者》）（參見 McGuinness, 1988: 94）。在 1929 年的一場劍橋講座
中，他是這樣評論的：「絕對安全性的感覺的經驗……就是那種一
個人傾向於說這些話的心靈狀態：『我很安全，不管發生什麼，任
何事情都無法傷害我』。」（LE: 41）他說這種感覺有時候會給予
一種宗教般的體驗：「絕對安全性的經驗就是透過說我們在上帝之
手中感覺到安全而被描述出來。」（LE: 42）他說他自己一度有過
這樣的體驗。

維根斯坦是一個極度嚴肅並且極具精神氣質的人。他經常思考
原罪和罪行的問題，他對自己的卑微有一種極其強烈的感覺。這樣
一種性情強烈地滲透在了他朋友的證言當中。保羅・恩格曼（Paul
Engelmann），維根斯坦在一戰期間的一個密友，這樣寫道：

218　　維根斯坦有宗教信仰嗎？如果我們說他是一個不可知論者，那也不能把他理解為我們熟知的那些好爭論的無神論者——他們認為，人永遠也不可能認識關於上帝的事情，他們專注於此，並以此自傲。

《聖經》意義上的上帝，作為創造者的上帝，很難進入維根斯坦的注意視野之中……但是審判日的觀念對他來說也是一個深刻的關懷。他經常會說出這樣的話，「最後的審判之日我們會重聚」，這句話被他用在很多重要場合的談話當中。他說這些話時，眼神裡透露出一種難以名狀的內在的凝視，他的頭低下來，一看就像一個陷入沉思的人。

（Engelmann, 1967, 77-78）

當維根斯坦參與一些積極的爭鬥中，他心中滿是被最後的審判的觀念所占據著，這可能並不令人奇怪。但是馬爾科姆在認識維根斯坦20多年之後，注意到維根斯坦對最後的審判觀念的同樣的興趣：

如果「成為一位有宗教信仰的人」意味著過「一種有宗教信仰的生活」，那麼我認為他並不是一個有宗教信仰的人。然而他經常會反思並且會深入地思考過一種這樣的生活意味著什麼。他對自己的個性感到沮喪，他認為自己是一個虛榮的、膽怯的和虛偽的人。有些時候他承受著一種煩惱，而正是這種煩惱將其他人帶進了一種宗教的生活。可能他並未真正希望自己能夠過上一種全新的、「時來運轉」的生活。也可能他覺得他不能或者不會「打開自己的心扉」。有些時候他感覺到最後的審判的一種恐懼——正如當他（1940年）寫信給我時說「當我被審判時可以不要過於像黃鼠狼一樣」。

（Malcolm, 1984: 83）

馬爾科姆就像恩格曼一樣注意到維根斯坦對作為世界之造物主的上帝的觀念並沒有太大的興趣；他的興趣毋寧在於罪孽、救贖和諸如此類的觀念上：

> 維根斯坦（曾經說過）他認為就以下範圍來說，我們可以理解上帝的觀念，即它涉及一個人對其自身的原罪和罪孽的認識。他後來又說道，他無法理解造物主的觀念。我認為諸如神的審判、寬恕和救贖這些觀念對他來說還算是可以理解的，這些觀念與他對自己的厭惡的感覺連繫起來，以及對於純潔的激烈渴望、對人類讓自己過上更美好生活的無望連繫起來。但是創造這個世界的觀念對他來說是絲毫不能得到理解的。
>
> （Malcolm, 1984: 59）

因此維根斯坦在通常的意義上並不是一個宗教信仰者。但是他同時又對宗教思想的某些方面深表共鳴，他認為自己的世界觀與宗教信仰的觀念有一些很重要的相似之處。

2. 宗教與《邏輯哲學論叢》

在《邏輯哲學論叢》中，維根斯坦說「人生的意義」與「世界的道理」（the sense of the world）並不存在於世界之內的任何關於事情如何的單個事實或諸事實之中。相應地，他認為說人生意義何在是全然不可能的：因為人生意義是某種我們無法訴諸言語而只能由其自身顯現的東西。《邏輯哲學論叢》將這些關於人生意義的思路與對上帝的評論連繫在一起：

> 世界之中的事情如何，這個問題全然與超越於其上的更高者無關。上帝並不在這個世界中顯示自己。

219

（……）

世界上的事物是怎麼樣的，這一點不神祕，神祕的是世界上竟
然有事物存在。

（TLP: 6. 432, 6. 44）

　　上帝並不是世界之內的一個事項。上帝也不會以任何經驗事實
的方式顯示自身：換言之，上帝不會以任何關於世界之內的事物是
怎麼樣的這種方式顯示自身。維根斯坦提出，上帝毋寧是在世界如
此這般的存在中顯示自身。現在假設我們並非把「上帝」這個語詞
看做任何事物的名稱，而只是當作揭示世界意義或人生意義的一個
詞項。那麼我們上面從《邏輯哲學論叢》（TLP: 6. 432）中引述的
關於上帝的評論將成為《邏輯哲學論叢》中對世界的道理和人生意
義之看法的一種表述方式。而這一點正是維根斯坦在他 1914-1916
年的《筆記》中處理此類問題的方式：

關於上帝和人生的目的，我知道什麼？

我知道世界竟然存在……

220　　某些有關於此的事情是成問題的，我稱之為這類事情的意義。

這種意義並不存在其自身中，而是外在於它……

對於人生的意義，也就是說，世界的意義，我們可以稱之為
上帝。

（……）

對上帝禱告則是在思考關於人生意義的問題。

（NB: 72-73，1916 年 7 月 4 日）

接著，他在 4 天之後的日記裡又這樣寫道：

信仰上帝就意味著領會了關於人生意義的問題。

信仰上帝就意味著明白了世界的諸事實並不是終極要緊的事情。

信仰上帝就意味著明白了生活是有意義的。

（NB: 74，1916 年 7 月 8 日）

　　基於對上帝和宗教信念的這種看法，信仰上帝並不是一件關於相信實際事務的事情。毋寧說，信仰上帝事關從特定觀點看懂種種事實：信仰上帝意味著明白「世界的諸事實並不是終極要緊的事情」，或者明白「生活是有意義的」。類似地，「上帝」這個語詞並不是透過指涉任何事物而起作用的：上帝並不指涉任何世界之內的事項，也不指涉任何世界之外的事項。正如我們將要看到的那樣，維根斯坦早期宗教觀念的上述特徵，在他的後期思想中仍然是一以貫之的。

　　《邏輯哲學論叢》對於宗教信念持一種同情態度嗎？就宗教信仰牽涉到世界具有意義或價值的這個看法而言，可以這麼說。因為按照《邏輯哲學論叢》，陳述事實的命題——也就是自然科學命題——對於生活中真正要緊的任何東西都是無話可說的。於是，在這個意義上，維根斯坦同意宗教信仰者們的立場：世界的諸事實並不是終極要緊的事情。但是傳統意義上的宗教並不僅僅是單純認為存在一個生活的意義，它也透過訴諸於上帝來解釋為什麼世界是如此這般的，以及為什麼世界竟然存在。然而對於這種訴求，維根斯坦並不持同情態度：

　　整個的現代世界觀都建立在一種幻覺的基礎上，即認為所謂的自然法則就是自然現象的解釋。

　　所以，當代人們站在自然律面前，就像古代人們站在上帝和命

運面前一樣，把它視為某種神聖不可侵犯的東西。

221　　事實上他們兩者都是正確的，也都是錯誤的；雖然古代人們的
觀點更為清楚一些，因為他們承認有一個明白的界限，而現代
的系統則力求顯得似乎任何東西都已經得到了解釋。

（TLP: 6. 371-6. 372）

　　維根斯坦認為，自然法則只不過是對那些恆常發生之事的一種
概括：也就是關於世界為何如此運作的概括。但是科學並沒有解釋
為什麼最基本的自然法則就是它們所是的那個樣子。而這就是認為
自然法則解釋了自然現象之所以成為一個幻覺的原因。另一方面，
傳統的宗教信念企圖去解釋那些被後來的科學視為被給定的東西；
這種宗教觀念認為，自然法則就是如其所是，因為是上帝按照自己
的意志使其成為那個樣子的。但是維根斯坦認為，這樣一種解釋並
沒有什麼解釋力。因為自然界和上帝的存在本身都是一個未解之
謎，也就是那些根本無法解釋之物。並且，倘若我們對關於上帝究
竟是什麼樣子，以及為什麼我們應當相信上帝存在這回事無法說出
任何進一步的東西，那麼主張上帝創造了世界並且建立了自然法則
就沒有解釋任何東西了。於是，在維根斯坦看來，不管是科學還是
宗教都未能真正解釋為什麼世界就是如其所是的那個樣子。然而他
認為，由於「世界的現代觀念」認為自身給出了對自然現象的完整
解釋，而宗教承認其「解釋鍊條」必須終結於某種其自身無法得到
解釋之處──上帝的存在及其創世力量，因而在這一點上，宗教更
為可取。

3. 維根斯坦後期哲學中的宗教

　　人們常說，有宗教信仰的人們相信世界是由上帝所創造的，
或者相信有一個審判日，或者相信人們的靈魂可以在肉身死後復

活，諸如此類。然而這樣的一些信念如何才能得到理解？從表面上看，宗教信念只不過是對實際事物的信念：也就是那些與其他任何的信念在同樣一個層面上為真為假的信念。如果某人相信審判日一定會到來，他的這個信念的真或者假似乎取決於事實上是否存在一個這樣的審判日。關於什麼東西可以證成宗教信念這個直截了當的問題，在表面上看來同樣如此。我們可以詢問基於什麼理由相信有一個審判日的，如果並沒有一個充分的理由為此辯護，那麼我們就會認為這個信念就是未經證明的或者是不合理的。但是維根斯坦否認了這兩種從表面上看問題的常識立場。他認為，宗教信念並沒有牽涉到經驗事實如何。並且，這些信念既無法透過訴諸於證據來證成，也不能基於它們沒有證據支援而給予批判。

維根斯坦說：「在宗教的話語中，我們使用諸如此類的表達式：『我相信如此這般的事情終將發生』。」但是我們「是在全然不同於在科學上使用它們那樣去使用它們」（LC: 57）。特別是，我們並沒有使用那些語詞去表述一個特定種類的事件在將來發生的情況。毋寧說，我們使用它們來表述對某種看待事情的特定方式以及特定的生活方式的精神寄託（commitment）。因而「設想某人立下了這樣的生活原則：相信審判日。不管他在任何時候做任何事情，這個生活原則在他的頭腦中是先入為主的」（LC: 53），維根斯坦認為。這樣的一個人可以被說成是相信了審判日，但是在那些相信審判日和那些不相信審判日的之間的差異，並不是關於一個未來事件之發生的分歧，而是一個根據神聖審判的概念而明白他自己及其他人生活的事件，並將之視一種回報或者懲罰的人與另一個並不這樣看的人之間所發生的分歧。

設想你面對兩個人，其中一個人，當他不得不去做出某些行為決策時，他總是想到了上天的報應或者懲罰，而另外一個人從

　　來不這麼想。比如，一個人也許會傾向於將發生在他身上的每一件事情都看做是上天對他的報應或懲罰，而另外一個人根本不會這麼想。

　　如果有一天這個人生病了，他就會想：「我究竟是造了什麼孽，讓我受此報應？」這就是一種報應的思維方式。另外一種方式就是，不管他任何時候做了虧心事，他心裡都會想：「這一定會遭報應的。」

　　設想這兩個人，其中一個人以一種報應式的話語來表述自己的行為以及發生在他身上的所有事情，而另一個人從來不這麼做。那麼這兩個人之間以一種全然不同的方式在思考問題。

（LC: 54-55）

　　但是維根斯坦認為，這裡的分歧不是——或者說根本上不是——他們對於事實信念的分歧。類似地，那些相信上帝存在的人與另一些並不相信上帝存在的人之間的差異，也不是關於一個創造了宇宙的全能的、全知的行動主體是否存在這個問題上的分歧。相信上帝存在並且相信它是世界的造物主，毋寧說是接受一個這樣的「表徵系統」。對於這個系統，一個持同情態度的評論是這樣的：

223　　大自然和人類本性的所有方面都是根據它們在上帝那裡的來源以及它們在上帝的根據神意的與他的創造物（以及）所有的描述、決定等等之間的關係來理解的，它們根據上帝的創造力量、上帝的判斷、上帝的魅力或者上帝的愛和憤怒來得到闡明或者完成。

（Arrington, 2001: 176）

維根斯坦將自己的觀點總結如下：

宗教信念只能是某種對於一種指涉系統的充滿熱情的獻身，這
一點給了我強烈的衝擊。因此，儘管它是一種信念，它實際上
也是一種生活的方式或者一種評估生活的方式。它富有熱情地
奪取了這種解釋。

（CV: 64〔修訂版：73〕）

在維根斯坦看來，一種「指涉的系統」是一個概念系統，也就
是一個描述或評估這個世界的系統。宗教信念涉及一種對特定指涉
的系統的充滿熱情的獻身，這個觀點反應了宗教的概念系統在宗教
信仰者的生活當中占據著一種特定核心和基本的位置。這個觀點抓
住了這一點，即宗教信念並不僅僅涉及一種特定的思維方式，而且
涉及了一種如何生活的獨具一格的方式。

於是，在維根斯坦看來，宗教信念並不是關於事實信念，它
們並不聲稱世界曾經如何、現在如何以及未來如何。這就是為什
麼他認為，透過某些證據去證實宗教信念，或由於不存在充分的證
據而去批評宗教信念，這些都是誤入歧途的。他說，用那種方式
證明宗教信念的企圖是「荒唐的」（LC: 58）、「可笑的」（LC:
59），甚至是「讓人排斥的」或「令人討厭的」（CV: 29〔修訂版：
34〕）。

維根斯坦對宗教信念的看法從一些神學家和宗教哲學家那裡吸
引了強有力的和熱情的支持，但是同樣也招來強烈的反駁。

他的看法有說服力嗎？我們可以連繫到由維根斯坦的批所引起
的 3 個反駁來表達這個問題：他的說明錯誤地描述了宗教信念的本
性；他的批評錯誤地陳述了宗教信念證成的作用；他的說明涉及某
種難以令人接受的相對主義。

(1) 宗教信念的本性

維根斯坦認為宗教信念涉及他所說的那些東西，這無疑是對的。那些東西包括涉及使用一套獨特的宗教概念來描述和思考世界；一種以特定方式生活的承諾；對自己和他人的某種特定評價的模式。但是他說宗教信念的全部內容就是這些，這麼說對嗎？尤其是他否認宗教信念本質上涉及一大群事實性信念：關於特定歷史事件的發生的事實（比如耶穌的誕生、在十字架上受刑以及復活）的信念；關於某些種類的實體之存在的信念（比如上帝、不朽的靈魂等等）；關於實在之本性的信念，以及諸如此類的信念。所有這些信念都是與其他的信念在同樣的意義上為真或者為假嗎？

我們可以從這一點開始，即許多信念，包括基督教精神，都基於一個歷史事實的核心。維根斯坦對這一點之回應的部分原因是，即使宗教信念也需要接受特定的歷史事實，這種接受對宗教信念來說也是不充分的。因為一個人可能相信基督教精神的歷史內核，而無須擁有任何的宗教信念；他說，不管這個歷史內核有多麼的不容置疑，「這種不容置疑性也不足以讓我改變我的整個生活」（LC:57）。並且，宗教信念有一本質部分是，它的確改變了一個人的整個生活。但是維根斯坦走得比這更遠；他暗示道，關於基督教精神的歷史內核的真對於基督教信念來說根本就不是本質上的：

> 基督教並不是基於一個歷史上的真相之上的；毋寧說，它向我們提供了一個（歷史上的）敘述和說法：現在請你相信它！但是並不是相信這種帶有信念的敘述對於歷史敘述來說就是適當的，毋寧說，透過厚的或者薄的信念，你僅僅可以作為生活的一個結果來做到這一點。這裡你就擁有一個敘述，並不會以對待其他歷史敘述的態度來對待這個敘述！在你的生活中為它預留了一個全然不同的位置⋯⋯

這麼說聽起來很怪：從歷史學上講，對教義的歷史說明也許被表明是錯誤的，然而信念仍然不會因此而失去任何東西……這是由於歷史證據（歷史的證據遊戲）與信念是不相關的。這種預言（教義）是透過那些相信它的人（也就是摯愛它的人）而得以被把握的。而這就是表明這種特別的接受為真的確定性，而不是其他東西。

（CV: 32〔修訂版：37-38〕）

正如維根斯坦所說，現在可能有人會繼續持有那種特別的基督教信念，即使他接受福音書（Gospels）上對耶穌的說明在歷史上是假的──這種假並不僅僅表現在次要的細節上。也許這就是當代許多將自己視為基督徒的那些信仰者的一個立場。但是對於審判日的信念，情況又是怎樣的呢？維根斯坦認為，對於相信這樣一個審判日來的人說，一個人具有將會有這樣一天的經驗信念是不充分的，這個日子就是當審判的過程發生時的某個未來的一天。因為那個信念也許在宗教信念當中並不扮演著核心的或者重要的角色（參見 LC: 56）。這看起來是有道理的。但是因此而總結道，經驗信念對於宗教信念來說也不是必要的，就會出錯了。因此看起來非常合乎情理的一點是，這種宗教信念在總體上直截了當地涉及事實上的組成部分。不管關於審判日的宗教信念還涉及哪些東西，有一點似乎是清楚的，即它涉及一個關於未來事件之發生的經驗信念。事實上，如果從來沒有一個審判日的過程，在這種審判過程中一個超自然的存在者為人們已經做過之事算帳，這個宗教信念就是錯誤的。

維根斯坦會否認這一點。在他看來，相信審判日的信念或者是在尼西亞信經（Nicene Creed）中得以清楚說出的基督教基本信念，它們並不是關於現實之本性和過去以及未來事件之發生的信念。它們毋寧說是對以一種特定的方式看待世界並且以特定的方式生活的

承諾的表述。這麼回應也許是合理的，即那是關於宗教信念之本性的一種再解釋，而不是對作為被多數宗教信念者所持有的實際宗教信念的說明。因為它全然漂白這些信念的超自然的和形上學的內容。維根斯坦的說明也許可以是對某些複雜的當代宗教信仰者的信念的一個準確的說明：那些他們自己修訂或者再次闡釋了傳統的宗教信念的人們——以隱喻的方式對待那些在傳統上被當作字面上為真的某些核心理論。並且他的說明也許對於大多數在 20 世紀和 21 世紀被當作宗教信念的特徵的準確描繪；也許他準確地描述了宗教應當所是的樣子。但是，似乎可以合理地認為，他的說明並沒有準確地捕捉到多數人實際上所持有的宗教信念的特徵，不管是現在的還是之前時代的那些宗教信念。

226　　**(2) 證成與宗教信念**

　　正如我們看到的，維根斯坦認為宗教信念是不可以基於證據而得到證成或批評的。他這一點說得對嗎？神學家和宗教信仰者們事實上的確為上帝的存在提供了證明，他們的確嘗試去為他們的信念提出證據。這一點也許暗示了，證成和證據在宗教領域事實上的確占據了一定的位置。維根斯坦針對這種異議提出了幾點回應。第一點，他認為某人說他們認為他們的宗教信念基於證據這一純粹事實並不能表明他們的確擁有這樣的證據（參見 LC: 60）；那些透過為這些信念的真提出證據從而尋求為他們的宗教信念提供捍衛的人，也許曲解了他們自己和其他人的信念的特徵。與此相關的是，儘管哲學家們和神學家們真的為上帝存在提出了證明，但是任何人事實上相信上帝都不是基於這些證明之上的。維根斯坦還暗示道，沒有任何人可以基於這些證明最終相信上帝：

　　　　對上帝存在的證明實際上應當透過意指某人堅信他自己認為上帝存在。但是我認為那些相信者供給這些證明只不過是想要為

他們的「信念」提供一個理智上的分析和基石，儘管他們自己從來沒有去相信這些證明的結果。

（CV: 85〔修訂版：97〕）

　　維根斯坦同意人們會為宗教信念提供種種論證，他們會為自己相信這件事情或者那件事情提出理由，但是他說，在宗教上的觀點紛爭之中「這些理由看起來完全不同於那些通常的理由」（LC: 56）。什麼才能算作持有一個宗教信念的理由全然不同於怎麼才能算作持有一個通常意義上的，關於實際情況的理由。因此存在一個人們可以為他們的宗教信念給出理由的正當性意義，並不能表明宗教信念可以由那些與其他信念相適應地證成標準所支援或批評。與此類似，維根斯坦也同意說人們有時會將接受一個宗教信念當作是經驗的結果，但是他在此再一次認為這一點並不能表明宗教信念是基於證據之上的。因為引導人們走向宗教信念的經驗並不是那些感覺意義上的理解：並不是某種就像我們的視覺經驗揭示我們周圍的物質對象那樣，向我們揭示上帝的經驗。那些引導人們走向宗教信念的經驗，比如可能是一種遭受苦難或者遭受絕望的經驗。而這樣一些經驗並不能透過提供上帝存在的證據從而帶給人們宗教信念，它們在本質上是以一種非理性的方式而起作用的：

227

　　生活可以教導一個人去信仰上帝。經驗也同樣可以給人們帶來這樣的信念；但是我這麼說並不意指視覺和其他的感覺形式向我們表明了「上帝的存在」，而只不過是，比如說生活中的種種磨難。這些東西既不能向我們表明上帝是在一般的感覺印象向我們呈現一個對象那樣向我們呈現，也不能為關於上帝的信念提供任何的臆測。經驗、思想——生活可以在我們身上塑造上帝的概念。

（CV: 86〔修訂版：97〕）

(3) 宗教與相對主義

宗教信念是「某種類似於一種對指涉的系統統的富有熱情的承諾」，這個觀點對於常識思想來說具有一種重要的暗示，即宗教信念就像任何其他的信念一樣，都可以是真的或者假的，對的或者錯的。維根斯坦經常拿一種概念系統與另外一種測量系統相比照。對於長度或者距離的測量來說存在許多種系統的單位。現在一個測量系統可以比其他的測量系統更為簡單或者更為自然；它對一個給定的意圖而言也更為方便，諸如此類。但是維根斯坦堅持認為，認為這些系統當中的一種是對的並且其他的系統是錯誤的，這種看法是錯誤的；它們只不過是不同的系統而已。並且他認為，這個道理同樣適用於不同的概念系統。一套概念在使用上可以比其他的概念更為簡單或自然；它也可以比其他的概念系統更為方便或更為令人留戀，諸如此類。但是一個概念系統本身不能是對的或者是錯的，真的或者是假的。並且如果宗教信念是對使用特定的概念系統的一種承諾的話，那麼這個道理同樣適用於宗教信念。如果一個人相信審判日的存在，而其他人不相信，他們將會使用全然不同的概念系統：這個人將會在報應、懲罰和報復的框架內構成所有的行動，而其他人則不會這樣做。但是，在維根斯坦看來，說這些人當中的某一個人是對的而其他人是錯的，這是沒有意義的；說其中的某一套概念系統是正確的，而另外的概念系統是錯誤的，同樣是沒有意義的。這兩類人只不過是有不同的「世界圖像」和「生活形式」罷了，而這些世界圖像和生活形式本身不能是真的或者是錯的。

228　　維根斯坦的支持者捍衛了這個看法。他們捍衛了這一觀點，即宗教信念具有它自己的關於理由和論證的標準，而這些標準是內在於宗教的世界圖像的。並且他們也捍衛了這一觀點，即因此批評宗教信念未能達到那些從其他的世界圖像中提取出來的合理性標準，這是錯誤的，比如，從那些內在於科學的世界圖像中提取出來的標

準。批評者回應道，如果世界圖像和生活方式只需對它們自己的內在的證據和推理標準負責的，那麼我們將只會剩下一個澈底的相對主義。根據這種相對主義，任何一套信念系統，不管如何荒謬，只要它自身的標準是充分的，都可以免於接受批評從而可以算作是正當的（比如可以參見 Nielsen, 1967）。（這是與我們在《論確定性》中業已看到的批評相連繫的一個版本：維根斯坦關於證成和世界圖像的立場，特別是他關於證成只能發生在一個信念系統內部的看法，導致了一種有害的相對主義〔參見前文第七章第四節〕。）

維根斯坦認為信念不應當由不相稱的標準所判斷，這是對的：它們不會也不需要嘗試去達到這些標準。比如，我們在評估一個審美判斷時，不應當透過科學理論的證成的標準去評估它；我們也不應該透過一個演繹證明的標準來判斷一個歸納論證的力量，諸如此類。但是在宗教信念的情形中，什麼是證成和批判的相稱標準呢？

如果宗教是一個全然自我封閉的「語言遊戲」——一個我們生活中的孤立的隔間，與那些非宗教的信念和非宗教的推理形式分隔開來——那麼認為宗教信念不受我們運用其他領域的證據和證成標準所批判，這也許是對的。人們參與一種宗教實踐的確很有可能是用以下方式全然自我封閉的：這是一種涉及巫術和儀式的實踐，使用了特定的語詞形式，諸如此類，但是它與任何其他的行動和信念毫無關聯。但是，維根斯坦會這樣批評道，實際存在的宗教並不全然以這種方式與所有其他的非宗教信念和推理形態割裂開來。從一個方面看，宗教涉及關於實在之本性的信念，以及關於不同事件的原因和結果的信念。並且這些信念並不是全然孤立的和自我封閉的；它們是關於世界的實際信念，它們以與其他信念相同的方式為真或者為假。從另一方面看，如果宗教信念被預設為真，它們正如其他的信念那樣對於同樣的融貫性和合理性標準而言都是可以回答的。比如，如果三位一體的學說在邏輯上是不融貫的，那麼我們就

229

不能僅僅是聳聳肩然後說這些宗教信念並不能熱望去達到我們運用於其他領域的合理性標準；我們必須承認這些理論不是錯的。

　　我們應當得出什麼結論呢？如果宗教信念以與其他的信念同樣的方式被設定為真，它們就不能透過一套獨具一格的標準來判斷，這些標準又是內在於它們所屬的宗教的世界圖像的；它們也必須符合我們運用於其他領域的同樣的真理和合理性標準。另一方面，如果宗教是一個自我封閉的實踐活動，並沒有任何其他信念的含義——特別是如果宗教上的靜態和信念並不假定為在字面上為真時——那麼宗教就不必理會我們那些適用於非宗教信念的真理和合理性標準。於是問題就在於，宗教信念是否如其他信念一樣，假定了是在字面意義上的真。存在一種宗教實踐，而這種實踐是無須符合真理性和合理性的通常標準，這似乎是可能的，因為這些信念並沒有涉及對字面真理的熱望。這些的一種實踐與維根斯坦關於宗教和宗教信念的說明是相切合的。並且，如我們前文所說，可能維根斯坦對某些複雜的當代信仰者的宗教信念的說明是真的。然而，正如以前一樣，他的說明作為對大多數通常的宗教信仰者來說的宗教信念的描述而言似乎是不那麼確切的。

二、人類學

　　就像他對宗教信念的看法一樣，維根斯坦關於人類學的看法——特別是他關於人類學中的解釋的看法，以及關於儀式和禮節性行動的理解——在哲學領域之外產生了相當重要的影響。他關於人類學的著作，就像他對宗教信念的評論一樣，都是簡短的，也並不是為了出版而寫下的。但是這些著述顯示了強有力的洞察力——透過對弗雷澤關於巫術和儀式的不朽著作《金枝》的批評而得到清晰的表述。維根斯坦對弗雷澤這本書的回應——收錄在他的〈對弗雷澤《金枝》一書的評論〉中——在學界對弗雷澤的學術探討中占

據了一個相當重要的位置（維根斯坦的評論被近期弗雷澤著作的編輯者描述為「精華」）（Frazer, 1994: xlv）。這份評論有助於激發起對人類學解釋的一種研究方法——同時也有利於激發更為廣泛的社會科學解釋的方法——而這遠遠超出了對弗雷澤的批評本身。同時這份評論又以多種富有啟發的方式與維根斯坦哲學的其他領域發生連繫。

《金枝》（*The Golden Bough*）初版於 1890 年，12 卷本的第三版完成於 1915 年。在這部巨著中，弗雷澤描述了全世界各個地區的早期和前工業化社會的廣泛的儀式和禮節。他將巫術、宗教和科學當作對自然界的不同的理解系統和作業系統。他發展出一種更為簡明的同時也更為一般的論點，即人類思維的發展「乃是作為一個整體從巫術經過宗教階段再發展到科學的」（Frazer, 1994: 804）。他認為，考慮到人類逐漸變得更為有知識、人類行為逐漸複雜化，「巫術是逐步被宗教所取代的」，而宗教最終又「被科學所取而代之」（Frazer, 1994: 805）。在 20 世紀的兩次世界大戰期間，弗雷澤的著作受到廣泛閱讀和探討，對那個時代的文學和智力生活產生了深遠的影響。

據維根斯坦的朋友毛萊斯·杜魯里（Maurise Drury）1931 年記載：

> 維根斯坦告訴我，他急切地想讀到弗雷澤的《金枝》，要我從聯合圖書館弄來一個複印本然後大聲地朗讀給他聽。我拿到了這部書的全本的第一卷，在之後的 4 個星期裡，我們一直在讀著這本書。

> （Drury, 1984: 134）

在那段時期，維根斯坦為弗雷澤寫評論，其中有一部分評論後來合併到他在 1938 年收集的手稿當中，後來作為〈維根斯坦評論

弗雷澤的《金枝》》第一部分出版。這些評論的第二部分內容包括了維根斯坦在後來的幾年時間裡讀弗雷澤的刪節本時「用鉛筆寫在碎片紙上」的筆記。除了這些評論之外，維根斯坦 1933 年的講演中也記錄了關於弗雷澤的評論（參見 Moore, 1954-1955: 106-107；以及 WLC, ii: 33-34）。這些評論都不是有意為出版而記下的，它們全然不像一本業已完稿的書。我們有很好的理由認為維根斯坦對弗雷澤批評的主題本來就會在經歷修訂或改善之後仍然會保存下來。

231　　維根斯坦主要針對弗雷澤著作的 3 個特徵進行了批評。首先，充滿弗雷澤全書的一個思路是本質主義思想，比如弗雷澤意在為不同的儀式或實踐給出統一的解釋。其次，該書還有一種工具主義色彩，比如弗雷澤關於人們參與巫術和禮節乃是為了帶來特定效果的看法。第三，弗雷澤認為我們可以透過將儀式和禮節回溯到其歷史淵源而獲得對它們的解釋，比如，因而某個社群中的人們焚燒一座雕像的儀式可以透過表明它溯源於一個更為早期的實踐而得到解釋，而在這個更為早期的實踐中被焚燒的不是雕塑而是真人（參見 WLC, ii: 33）。我們下文不妨逐一分析這 3 個批評。

1. 維根斯坦對弗雷澤的批評：反對本質主義和工具主義

弗雷澤詢問道：「（古代凱爾特人的祭祀儀式的）意義何在？為什麼在這些節日當中活人和動物要被焚燒給死去的人們？」（Frazer, 1994: 748）為了回答這些問題，他首先發展了一種關於「近代」歐洲人的火焰節的目的理論：即使遲至 17 和 18 世紀，歐洲的許多地方也仍然這樣慶祝節口。然後他將古代凱爾特人的實踐與這些近代節日連繫起來：

當我們將近代歐洲人的火焰節詮釋為人們企圖透過焚燒或禁止女巫和男魔法師來打破巫術的力量，這種詮釋是正確的，這

似乎就意味著我們必須以同樣的方式來解釋（古代）凱爾特人所做的活人祭祀；也就是說，我們必須設想德魯伊人（Druid）所焚燒的人們⋯⋯就是由於他們是女巫或男巫而被判處死刑，而之所以選擇透過焚燒的方式來執行這種刑罰乃是因為⋯⋯焚燒被認為是去除這些汙穢或危險之物最有效的方式。

（Frazer, 1994: 748）

對近代節日和古代凱爾特人的祭祀儀式採取同一解釋方式的優點，弗雷澤明確地評論道：

以這種方式解釋古代凱爾特人的祭祀儀式的一個優點是，這種方式正如它一貫所做的那樣，將協調和一致性引入到從最早的時期一直沿續到大概兩個世紀以前的歐洲施加於女巫的折磨當中。

（出處同上）

維根斯坦對弗雷澤的這些看法的第一個異議就是，設想所有的像弗雷澤描述的那些近代火焰節都具有根本上相同的特徵或者動機，這是錯誤的——更遑論這樣一些特徵還同時被古代凱爾特人的實踐所共有的了：舉行這樣一個節日的動機可以從每一個案例當中找到。當然，他承認，在不同時期和不同地域所舉辦的形形色色的火焰節之間也許的確能找到某些相似之處。但是「在這些相似之處以外，對我來說最顯著的是這些儀式間的不同之處。在持續在這裡或者那裡所發生的種種事情之間也許存在一種帶著某些共同特徵的多樣性面孔」（RFGB: 143）。

維根斯坦在他的講演中圍繞同樣的問題展開了更深入的探討，他將之與另外一個不同的例子連繫起來，據莫爾描述，維根斯坦是這麼說的：

232

假設在關於「動機」的含義上只存在一種「理由」是錯誤的，
這種看法誤使人們形成一種特別的行動——假設存在「一種動
機，也就是那種獨一無二的動機」。他為弗雷澤的錯誤陳述類
型給出了一個例子。在說到巫術時，當原始人戳傷特定人的肖
像時，他們認為他們正在傷害這個人。他說原始人並不總是懷
抱著這樣一種「錯誤的科學信念」，儘管在某些情況下他們會
這麼做：他們也許持有一些非常不同的理由去戳傷那些肖像。
但是他說設想存在「一種獨一無二的動機」就是「那種動機」
的傾向非常強大，這種傾向也可以從下面這個例子中看到：有
許多種關於遊戲的理論，其中每一種理論都只為「為什麼孩子
們做遊戲」給出了唯一的回答。

（Moore, 1954-55: 106）

　　維根斯坦認為，這種有錯誤的傾向，「就是在下面這樣的問題
中出現的，為什麼人們會打獵？為什麼他們會建造高大的房子？」
（WLC, ii: 33）：這個問題預設人們擁有一個關於做這些事情的唯
一理由。

　　維根斯坦對弗雷澤的第二個異議，是從第一個異議中自然衍生
出來的。弗雷澤是用巫術和儀式的假定的效用來解釋這些現象的：
他認為，人們之所以會戳傷那些假人，是因為他們認為他們這麼做
將會導致對那個與假人相對應的人帶來傷害；他們從事一件求雨儀
式是因為他們相信那麼做可以帶來甘霖；他們點亮火把並且焚燒假
人是為了驅逐女巫，諸如此類。維根斯坦並不否認人們有時候由於
他們相信巫術和儀式有這些效果而參與其中。但是他聲稱要說人們
普遍地都持這個理由去參與這些實踐，這是不對的。他為這個主張
給出了若干種想法。

　　首先，他想，我們應當將原始的或巫術的行動與我們自己的行

動進行對照：

> 焚燒一個假人，親吻心上人的照片，這些行為顯然並不基於這
> 樣的信念，即這麼做將會對這些照片會代表的對象造成特定
> 的效果。這麼做是為了求得心滿意足和自我實現。或者毋寧
> 說，這麼做並不為了什麼。我們只是以這種方式行事，然後我
> 們感到了滿足。
>
> （RFGB: 123）

　　我們並不是基於相信親吻一個人的照片就能對照片上那個人
產生影響而這麼做的，我們的行動也並不是基於任何其他的信念之
上。這麼做只不過是一種行事的方式，對我們自身而言是自然而然
的。基於同樣的理由，維根斯坦論證道，並不存在一個這樣的假設
理由，即那些戳傷或焚燒假人的那些人相信他們的行動將會對假人
所代表的人產生什麼影響。就像我們自己親吻一張照片那樣，它們
的行動也許只不過是某些他們發現在那種情形下順其自然就會去做
的某些事情。

　　第二點，維根斯坦論證道，如果人們真的相信他們可以透過對
一個東西的代表物採取行動而產生什麼實際效果，那麼我們就可以
期待他們普遍地以那種信念去行事。因此，舉個例子來說，我們可
以期待他們認為修理一個模型小屋就可以導致對這個模型所代表的
小屋產生什麼影響，或者雕刻一支模型箭就會對那支真實的箭產生
影響。但是人們並不這麼認為：「同樣一群原始人，那些戳傷敵人
的照片的人們，顯然是為了要殺死他們，實際上他們也是用真實的
木材來建造自己的小木屋，靈巧地雕刻自己的箭，而不是對這些對
象的肖像上做這些事情。」（RFGB: 125）。維根斯坦提出，實際
情況是，人們以通常的方式去建造自己的小木屋，雕刻自己的箭，

這表明他們關於原因和結果的信念並不是大體錯誤的。因此認為這些人也完全知道戳傷一張圖片將不會導致對圖片上的那個人帶來傷害，因而戳傷一張圖片並不是為了假定的效果來做的，這麼說是合理的。

　　第三點，維根斯坦認為，弗雷澤自己的解釋的本身就暗含了這樣一層意思，即他所描述的某些實踐並不是基於錯誤的因果信念來從事的：

234　　在許多的類似例子中我讀到非洲的雨神，當雨季即將來臨之時，他們在雨神面前祈求下雨。但是肯定的是，這麼做他們實際上並不相信雨神可以普降甘霖，否則他們將會在一年當中的乾旱季節裡這麼做，而在這些季節裡，大地就像是「一片被烤焦的沙漠」。

（RFGB: 137）

　　因此祈雨的行為應當被看成是某種非工具性的行為。比如，也許這只不過是一個迫切希望下雨的一種慶祝，或者對於渴望下雨的這種期待的表達。

　　維根斯坦認為人們有時參加巫術和儀式全然沒有相信他們的行動會具有任何的工具性價值，這一點無疑是正確的。正如他所說，在許多情形下，完成一件巫術或儀式性的行動的目的就是其自身；我們做某些事情只是就其自身原因去做它們。我們自己的許多巫術和儀式活動，情況都是如此。我們自己在墓地裡擺放鮮花並不是因為我們認為死去的人將會聞到花的香味，也不是因為我們認為死去的人來世將會用上這些鮮花，也不是因為其他的工具性理由：我們擺放鮮花只不過因為當有人去世時，這麼做是表達我們的悲痛和同情的一種方式。然而，說完成巫術和儀式並不需要假定它們的行

動具有任何工具性價值是一回事情，說在這些或者那些實際的儀式
當中的參與者並不相信他們的行動具有這些工具性價值，則是另一
回事情。維根斯坦也許低估了他所提到的那些實踐現在或者曾經被
那些參與者所假定具有這些價值的程度。比如，他說人們只會在下
雨在某種程度上被期待時才會祈禱雨神降臨，這個事實表明了他們
實際上並不相信雨神具有力量讓天下雨。但是弗雷澤的說明的繼續
對這個看法投下了疑慮：「如果沒有大雨降臨，人們就會集結起
來，然後要求雨神賜予他們一場甘霖；如果老天爺仍然不為所動，
碧空萬里無雲，那麼他們就會撕裂雨神的肚子，人們相信雨神的肚
子裡裝著傾盆大雨。」（Frazer, 1994: 78）這一點暗示了人們實際
上是相信雨神能夠給他們帶來甘霖的，並且相信他們撕裂雨神的肚
子的行動將提升下雨的機率。任何一種實際上的巫術或儀式是否被
那些參與者相信具有一種工具性價值，這當然是一個經驗問題。但
是維根斯坦低估了參與者在許多的巫術和儀式中事實上所具有的在
那種方式所接近的程度，這也許是合理的。

2. 維根斯坦對弗雷澤的批判：因果解釋與可測量的表徵 235

　　維根斯坦對弗雷澤在《金枝》中關於巫術和儀式的探討的第三
個主要的批評是，弗雷澤錯誤地認為實踐的意義或重要性可以透過
將之追溯到其歷史起源上而得到解釋。據莫爾描述，維根斯坦曾經
這樣說道：

> 比如設想一下為什麼貝爾丹火焰節（Beltane Festival）「給了我
> 們這麼深刻的印象」，推測是因為它是「從一種被焚燒真人的
> 節日中演化而來」，這麼設想是錯誤的。他責備弗雷澤認為這
> 就是理由所在。他說我們關於為什麼這種節日給我們造成如此
> 深刻印象的迷惑並不是可以透過訴諸節日的起源從而給出原因

解釋就可以削弱的，而是要透過發現其他的相似節日來削弱這種迷惑：發現這些相似的節日也許可以使得這種習慣更加地「自然而然」，然而透過給出這種節日的歷史淵源無法做到這一點。

（Moore, 1954-1955: 106-107）

要理解維根斯坦在這裡的要點，我們需要知道五朔節是什麼節日，也需要知道弗雷澤是如何解釋它的，以及維根斯坦為什麼要反駁他的解釋，和維根斯坦自己認為應當如何理解這個節日。

弗雷澤寫道：

蘇格蘭高地中心的大篝火，也就是傳說中的貝爾丹火焰節之火；這個節日是在每年的 5 月 1 日正式點燃篝火的一種重要儀式。人類對這種篝火的祭祀程序特別清晰、毫不含糊。點燃大篝火的習俗直到 18 世紀還在許多地區維持著……

（Frazer, 1994: 716）

接下來他引用了 18 世紀後期對這個點火儀式的描述：

在用火種（tein-eigin）點燃大篝火之後，大家準備各自的飲食……在這項娛樂活動接近尾聲之際，在其中擔任宴會司儀的人會用雞蛋烘焙出一個巨大的蛋糕，蛋糕的邊緣呈扇形狀的，稱之為貝爾丹火焰節蛋糕（am bonnach beal-tinc）。這塊大蛋糕被分成很多個小塊，然後將其中的大部分分發給大家。其中有一塊最為特別的蛋糕，不管由誰得到，這個人都會被稱為「貝爾丹火焰節女巫」（cailleach beal-tine），這顯然是一個表示極大恥辱的稱號。在人們得知這塊特別的蛋糕被

236

誰取得之後，這夥人中的一部分將這個人舉起來，然後做出
將他扔到火裡去的樣子；但是這夥人中的其他人會出來干涉，
阻止他們這樣做，所以這個人就得救了。在某些地方，他們
會將這個人擺放到地面上，做出彷彿要把他撕成4塊的樣子。
再後來，這個人會被雞蛋殼包裹起來，在接下來的整整一年裡
都被保持著一種醜惡的稱號。當這場宴會在人們的記憶中淡忘
時，他們會說那些「貝爾丹火焰節女巫」已經死去了。

（Frazer, 1994: 718）

　　弗雷澤對此評論道，在這個節日裡，「延續至今的假裝著點燃
人體這個儀式……將它看做一種對更早的焚燒真人的古老儀式的緩
解的產物似乎是比較合理的」（Frazer, 1994: 744）。在古代，「基
於毫無疑問的證據，我們知道用火燒活人來祭祀已經被凱爾特人
當作一種系統化的實踐」（Frazer, 1994: 745）。弗雷澤還說，五朔
節的篝火展示了那些人類祭祀活動的「毫不含糊的痕跡」（Frazer,
1994: 745）。

　　關於貝爾丹火焰節，維根斯坦提出了兩個問題。第一個問題
是，這個節日有什麼含義？人們為什麼要過這樣一個節日？他跟弗
雷澤一樣，也認為原始人這麼做與用活人祭祀有關。但是他問道，
關於這個節日的哪些東西可以使得我們認為它與人類祭祀有關？第
二個問題是，為什麼這個節日給了我們那麼深遠的影響？為什麼這
個節日看起來像是可怕的或者是不吉祥的？

　　根據維根斯坦，弗雷澤的觀點是，關於18世紀的節日與人類
祭祀活動之間的關係是比一個用真人祭祀的更為古老的儀式那裡演
化而來的。在維根斯坦看來，弗雷澤也會類似地認為，當代的節
日具有那種會給它一種可怕的或不吉祥的特性，這是一個事實。從
弗雷澤的文本來看，他的確持有維根斯坦所認為的那些觀點，這一

點事實上並不明顯；但是由於我們的興趣在於維根斯坦在旁邊的解讀，以及集中於對維根斯坦為了拒斥他所認為的弗雷澤的觀點所給出的理由。

維根斯坦詢問道：

> 我們所說的這個不吉祥的東西，是正如它在千百年前所執行的那樣附屬於貝爾丹火焰節的實踐本身呢，還是貝爾丹火焰節只有假定它的起源最終被證明是真的時才會有那麼不吉祥？
>
> （RFGB: 143-145）

237　　　他對這個問題的回答是毫不含糊的：這個節日的那些不吉祥的特徵與導致它的起源是彼此獨立的兩回事情。「我相信，顯而易見的是，現代實踐的那些內在本性本身使得它看起來對我們不那麼吉利」（RFGB: 145）。他認為，一個實踐必須被追溯到一個更早的實踐，而這個更早的實踐裡，我們用真人來祭祀，這一點對於這種「內在本性」而言既不是充分條件也不是必要條件。從一個方面看：

> 即使這個實踐的史前來源和它從一個較早實踐那裡的起源都已經被證實是歷史事實了，今天這種實踐仍然可能不會有任何那種不吉祥的要素，史前的恐怖仍然並不會與之發生任何的連繫。今天的這種實踐可能只不過那些烘烤麵包和用奶油修飾麵包的小孩子之間的對抗。
>
> （RFGB: 145）

從另一個方面看，現代圖像的確具有某些不吉祥的東西，「那些深刻的、不吉祥的東西並不依賴於像這樣的一些實踐的歷史；也不依賴於可能像這樣的事實」（RFGB: 147），而是基於現

在給予它一種被人類祭祀所關注的外表的特徵。這種實踐活動現在牽涉到語詞和行動的事情，參與者投入其中的精神，它們的性格和意圖等等（參見 RFGB: 145）。這個節日的這些方面可以作為節日實際上是否從人類祭祀活動的歷史實踐當中溯源而來。

論證這種實踐活動的重要性事關它的「內在本性」而不是它的因果來源，維根斯坦將一個一般原則運用到這個情形中，他將這個一般原則運用到其他的背景中：一個事情的意義或重要性並不依賴於它的因果來源或者它與其他東西的因果關係。我們在維根斯坦反對羅素關於意向性的因果理論中看到了這個原則的另外一個運用（參見前文第五章第一節）。他認為，得到一個蘋果可以去除我的不滿足感，這一點既不是我的欲望成為想要一個蘋果的欲望的必要條件，也不是它的充分條件。毋寧說，對一個蘋果的欲望是這個欲望本身的一個內在的特徵。與此類似，在對美學解釋中，維根斯坦考慮了諸如「為什麼這是美的？」、「這首曲子哪兒不好？」、「為什麼低音會不行？」這樣的問題（參見 WLC, ii: 34-39; Moore, 1954-1955: 103-107）。他認為，這些問題並不能透過給出因果解釋就能得到回答：比如，使得某物是美的東西，不是帶來這種愉快的東西；使得一首曲子不好的東西，不是帶來不滿足感的東西。「當被問到是什麼使得一件東西是美的時，要除去一個感覺到的審美上的困惑」（WLC, ii: 38），我們需要一個說明，而不是一個事物的因果來源或者它所產生的影響，但是對它為什麼是美的理由。他在許多其他的文本中給出了與此相應的解釋。

如果這種實踐活動的特徵和重要性不能透過追述它的因果歷史來得到解釋，那麼它們應當得到怎樣的解釋呢？在維根斯坦看來，解釋一個實踐涉及看到它與其他事物之間的連繫：比如，這種實踐和其他人們已經熟悉的實踐之間的連繫；或者這種實踐與我們自己做的事情之間的關係。維根斯坦說，要在這種方式理解一個實踐

238

活動,就牽涉到達到對事實的一種「明白了當的」或「綜觀式的」表徵:

> 明白了當的表現的概念對我們來說具有基本的重要性。它意味著我們的表現方式,以及我們看待事物的方式……
>
> 這種明白了當的表現造成理解,這種理解精確地包括了我們「看到連繫」這一事實。因此包含了發現相互連繫的環節的重要性。
>
> (RFGB: 133)

　　(這個段落寫於 1931 年,在《哲學研究》§122 中幾乎逐字逐句地複製出來了〔第四章第一節有所引用〕)「明白了當的表現」或「可測量的表徵」(這是《哲學研究》的英譯本所使用的詞)是同一個德語表達式的可替換的翻譯。例如:理解五朔節的一種方式就是將它與「人類祭祀的其他熟悉事實」(RFGB: 145)連繫起來:看到那些人類祭祀活動「所伴隨而來的」實踐活動。在那種方式看到這一點,與任何關於這個節日的因果來源的假說並沒有任何關聯。與此類似,我們也許最終會透過發現我們已經理解的節日從而理解五朔節,將五朔節看做在許多方面與它們相似的東西(參見 Moore, 1954-1955: 107)。或者在維根斯坦看來,換句話說,我們最終可以透過看到它與我們自己做事情之間的連繫從而理解一個不熟悉的實踐活動。我們已經看到一種例子:維根斯坦將焚燒假人的實踐活動與我們親吻自己心上人照片的習慣相提並論,這麼做給了我們一個對於為什麼人們認為什麼其中不存在任何工具性的價值仍然會對焚燒假人這個現象有所同情的理由。與此類似,他說,假設我們想要理解一個人用棍子抽打一對沒生命的對象的實踐活動,我們應當反思我們自己的行為:

當我為某件事情深感憤怒時，有時候我會氣得用我的拐杖敲擊地面或者拍打樹枝。但是我顯然並不相信地面有什麼過錯，或者這樣去拍打可以解決什麼實際問題。「我只是藉此發洩自己的憤怒罷了。」所有的隆重儀式或典禮在性質上都必與此類似。這些行為也許可以被稱為本能行為……

一旦這種現象導致了與我自己所持有的某種本能發生連繫時，這正好就是我們的解釋想要達到的目標；這就是解決了特定困難的解釋。

（RFGB: 137-139）

　　我們透過根據一種我們身上原本就具備的自然而然的本能來看到它的方式解釋這種陌生的或者不熟悉的實踐活動。

　　獲得對一個現象的哲學理解是透過達到對事實的一種「明白了當的表現」或「可測量的表徵」、一種透過揭示令人困惑的現象的本性從而顯示待考察的現象與其他現象之間的連繫，這一觀點是維根斯坦後期哲學的一個核心主題。他首次清晰地表明這個看法是在1931年，當時他將弗雷澤和人類學中的解釋連繫了起來。他繼而看到了對於明白了當的或可測量的表徵的一個更為一般的運用。正如我們在前文的第四章裡所看到的，從《邏輯哲學論叢》到維根斯坦的後期著作的過渡的一個基本特徵，就是他關於對於哲學的恰當方法論的觀念的變化。《邏輯哲學論叢》正視了能夠揭示基本命題的清晰的、毫不含糊的結構的邏輯分析的計畫，而這種基本命題又是隱藏在我們對日常語言的引人誤解的結構之下的。在他的後期哲學中，並不是透過穿透現象中的隱藏的本質來達到對事物的澄清，而是透過一種已然向我們的觀點敞開的事實的可測量的表徵來達到這一點。維根斯坦對《金枝》的評論為他的可測量的表徵的概念提供了一個較早的演示和運用。

240 三、小結

　　維根斯坦並不是一位常規意義上的宗教信徒。他對那些成機構的宗教並沒有太大熱情，對作為宇宙創造主的上帝這個觀念也缺乏興趣。但是他強烈的責任感，他對自己的罪和無價值、自身人格上的缺點的這些感覺，以及他的救贖願望，這一切使得他對某種宗教觀念持有一種親近感。

　　在《筆記》和《邏輯哲學論叢》中，維根斯坦將「上帝」視為人生意義的一個語詞 —— 也就是世界的意義。他說，人生的意義並不是某種用語詞說得清楚的東西，而是在世界的存在中顯示其自身。因而信仰上帝並不牽涉到對實際事務的信念；它所牽涉到的是將人生看做有意義的那個層面。在後期哲學中，維根斯坦保持了宗教信念並非對實際事務之信念的看法，並且他說，這些信念是無法訴諸證據而被證成或者被批判的。一個宗教信念就是「某種類似於對指涉的系統的充滿熱情的獻身之物」：持有宗教信念就是以一種有特色的宗教概念系統來設想世界和人自身，以一種宗教的方式去生活。因此宗教信徒與非宗教信徒之間的差異並不是他們關於任何實際事務的差異，而是他們設想他們自己和世界的差異，也是他們過日子的方式的差異。對維根斯坦的這種看法的批評認為，即使宗教信念並不僅僅是實際事務，那麼它們仍然包含某些實際的因素在內，因此正如其他任何信念一樣是可真可假的。他們論證道，對證據的參照顯然會對宗教信念的證成產生直接影響。並且他們反對這個觀點，即世界圖像或指涉的系統，包括宗教的世界圖像，其自身無法成真或者成假，他們認為這個觀點會導致一個不可接受的相對主義。

　　維根斯坦對弗雷澤《金枝》的探討使得他對弗雷澤關於儀式和禮節的解釋提出了 3 條批評。維根斯坦拒斥弗雷澤的以下本質主義

假定，即不同時空條件下的實踐將會有不同的基本特徵，並且將無法由同一種方式所解釋。他反對弗雷澤的以下工具主義假定，即人們總是作為一種達到願望目標的手段來參加到儀式和禮節之中的，他取而代之地提出，這些儀式性的行為是其自身的一個目標而被完成的。並且他也拒斥了這個看法，即實踐的重要性的意義是透過追溯到其歷史淵源上而得到解釋的。在他看來，我們是透過獲得一個對於事實的明白了當的或可測量的表徵，而不是透過確定其因果起源來解釋一個實踐的。

241

四、延伸閱讀

《邏輯哲學論叢》關於上帝的評論見 6.372 和 6.432。

關於維根斯坦早期關於上帝和宗教的看法，維根斯坦的《筆記：1914-1916》第 72-79 包含了稍微充分的表述。

關於維根斯坦後期對宗教及宗教信仰的觀點，參見：

"Lectures on Belief" in Wittgenstein's *Lectures and Conversations on Aesthetics, Psychology and Religious Belief.*

Culture and Value.（貫穿全書的是維根斯坦對上帝、宗教、宗教精神等的評論，也穿插了他對其他話題的評論。該書的索引有助於找到相同的段落。）

關於宗教的一些簡短但重要的評論也包含在下述著作中：

"A Lecture on Ethics", in Wittgenstein, *Philosphical Occasions.*

維根斯坦對弗雷澤的評述著作可以在下述著作中找到：

"Remarks on Frazer's Golden Bough", in Wittgenstein, *Philosophical Occasions.*

關於弗雷澤《金枝》的單卷節錄本包含了維根斯坦評述的相關段落，參見：

Frazer, J. (1994), *The Golden Bough: A Study in Magic and*

Religion, new abridged edition, ed. R. Fraser , Oxford: Oxford University Press.

在下面的兩部傳記中包含了對維根斯坦本人與宗教之關係的探討：

McGinness, B. (1988), *Wittgenstein*: *A Life-Young Ludwig 1889-1921*, London: Duchworth; reprinted by Penguin Books, Harmondsworth, 1990.

Monk, R. (1990), *Wittgenstein*: *The Duty of Genius*, London: Jonathan Cape.

在許多回憶錄中也包含了對維根斯坦與宗教之關係的有趣評論，如：

Drury, M. O'C, (1981), "Some Notes on Conversations with Wittgenstein" and "Conversations with Wittgenstein", in R. Rhees (ed.), *Ludwig Wittgenstein*: *Personal Recollections*, Oxford: Blackwell.

Englemann, P. (1967), *Letters from Ludwig Wittgenstein with a Memoir*, ed. B. McGuinness, trans. L. Furmüller, Oxford: Blackwell, pp. 70-81.

Malcolm, N. (1984), *Ludwig Wittgenstein* : *A Memoir*, 2nd edtion, Oxford: Oxford University Press, pp. 58-60, 82-83.

von Wright, G. H. (1955), "Ludwig Wittgenstein: A Biographical Sketch", *Philosophical Reveiw*, 64: 527-545; reprinted in Malcolm, *Ludwig Wittgenstein*: *A Memoir*, pp. 17-18.

關於對維根斯坦宗教哲學的一個頗有共鳴的導論，參見：

Clack, B. (1999), *An Introduction to Wittgenstein's Philosophy of Religion*, Edinburgh: Edinburgh University Press.

242

尼爾遜（Nielsen, K.）在維根斯坦對宗教信念的討論方面是一個很有影響的批評者。他在 1960 年代出版了關於維根斯坦宗教哲

學的一部批評性文獻：

Nielsen, K. (1967), "Wittgensteinian Fideism", *Philosophy*, 42: 191-209.

最近的一篇論文是：

Nielsen, K. (2001), "Wittgenstein and Wittgensteinians on Religion", in R. Arrington and M. Addis (eds), *Wittgenstein and Philosophy of Religion*, London: Routledge.

菲力浦斯深表贊同地將維根斯坦的觀點運用到他關於宗教哲學家的廣泛著述當中。對此的一個代表性例子是：

Philips, D. Z. (1981), "Belief, Change, and Forms of Life: The Confusions of Externalism and Internalism", in F. Crosson (ed.), *The Autonomy of Religion Belief*, Notre Dame: University of Notre Dame Press.

下面這部論文集包括了對維根斯坦觀點的種種不同評價：

Arrington, R. and Addis, M. (eds) (2001), *Wittgenstein and Philsophy of Religion*, London: Routledge.

關於維根斯坦對弗雷澤探討的二手文獻並沒有像關於維根斯坦著作的大多數其他方面那樣受到廣泛關注。下面的文獻是這方面的比較好的樣本：

Bouveresse, J. (2007), "Wittgenstein's Critique of Frazer", *Ratio*, 20: 357-376.

Cioffi, F. (1981), "Wittgenstein and the Fire-festivals", in Block, I, *Perspectives on the Philosophy of Wittgenstein*, Oxford: Blackwell.

Clark, B. (2001), "Wittgenstein and Magic", in R. Arrington and M. Addis (eds), *Wittgenstein and Philosophy of Religion*, London: Routledge.

Hacker, P. M. S. (2001), "Developmental Hypotheses and Perspicuous Representations: Wittgenstein on Frazer's *Golden Bough*", in Hacker, *Wittgenstein: Connections & Controversies*, Oxford: Oxford University Press.

Johnson, P. (1989), *Wittenstein and Moral Philosophy*, London: Routledge, pp. 26-38.

Chapter **9**

遺產和影響

243 　　維根斯坦是一位偉大的哲學家;《邏輯哲學論叢》和《哲學研究》在 20 世紀哲學史上占有核心的位置。然而,在關於對維根斯坦著作的解釋以及關於他的觀點在當代哲學上的相關性或重要性等問題上,學界存在深刻的分歧。

　　許多哲學家看到了在維根斯坦後期哲學與當代英美哲學之間的某種基本張力。從這個觀點看來,當代哲學是系統性的、建構性的,它把哲學問題當作真正的問題,主張透過提出正確的哲學理論來解決這些問題。與此相對的是,維根斯坦的哲學是診斷性的、治療性的,它並不是把哲學問題設想成為一種真正的問題,而只不過把它看做理智困惑的徵兆,主張透過揭示這些困惑是如何提出以及如何避免它們而消解這些問題。因此有這樣一個說法:對哲學問題的一種道地的維根斯坦式探討,將與在當代主流哲學中所能看到的那種探討方式有著很大的不同。

　　在那些以這種方式看待維根斯坦著作與當代主流哲學之關係的哲學家們當中,關於維根斯坦觀點的優點或長處,也存在形成鮮明對比的各種觀點。站在一邊的是維根斯坦的支持者,感慨維根斯坦的觀點對眼下哲學研究工作的風格和內容所造成的影響仍然不夠;站在另一邊的是那些對維根斯坦後期哲學印象不深的哲學家,他們拒絕維根斯坦後期哲學的關鍵主張,他們認為,如果我們正在尋找對哲學問題的正確回答,維根斯坦的後期哲學是一位糟糕的嚮導。

　　我的觀點是,這兩種態度誇大了維根斯坦後期哲學與占據當代哲學的那些問題和爭論之間的距離,此外,他們還以一種不必要的、要麼全有、要麼全無的極端方式評估維根斯坦的貢獻。維根斯

244 坦的許多觀點都是頗富洞見並且深刻無比的。他的工作是關於語言、心靈和知識的尖銳洞察的豐富源泉;他的批評性的爭論總是值得嚴肅對待,有時甚至是決定性的;他的正面提示常常都是成果豐碩的。然而,與其他哲學家一樣,他並非總是正確的。他有時會從

一個真正地啟發性的直覺，把它推到一個無人保證的結論上去；舉個例子，當他從我們並非我們自身信念的觀察者這個洞見——我們不能發現我們基於證據所相信之物——推出我們與我們自己的信念之關係完全未觸及到知識這一結論。有時他的觀點看起來是缺乏說服力的，比如他關於宗教信念的某些說法。有時我們很難清楚地把握他心裡想的到底是什麼：在某些情況下，是因為他自己並不清楚自己在想什麼。因此我們應當用對待其他哲學家那樣的態度去對待維根斯坦。在維根斯坦的觀點看起來大有可為之處，我們應當看到它們是如何被運用以及被發展的，即便這種運用和發展引向了他本人並不同意的方向。在他的論證看起來並不那麼成功，或者他的結論並不那麼合理之處，我們應當嘗試著去理解他為什麼會這麼說；只不過我們無須盲目地遵循他的腳步罷了。總而言之，如果我們想要從維根斯坦那裡學到東西，我們應當不去把他的著作當作彷彿是它存在於一個孤立狀態之中；我們必須考慮到他能否為他人對他所說的批評提出一個很好的回應，以及當他針對自己所拒斥的主張的最好的和最為令人信服的版本時，他的論點是否有說服力。諸如此類，不一而足。

以這種精神來看待，維根斯坦的著作的確擁有一種對於當代哲學的持續相關性。但維根斯坦只是許多哲學家當中的一個：只是他去世之後繼續推進的那個哲學傳統的一部分。將他看做在哲學中占有一個獨一無二的位置，或者讚頌他為揭示「傳統哲學」的錯誤或者甚至是不連貫設計了一個全新的方法，則是不太正確的。

維根斯坦對 20 世紀哲學的影響是巨大的。這種影響肇始於他早年與羅素之間的互動，在《邏輯哲學論叢》出版之後，這種影響得到了加速；1929 年之後，透過他的講演、談話和打字稿，這種影響發生了新的轉變；直到他去世之後，隨著首先是《哲學研究》的出版，接著是大量其他著作的問世，這種影響一直在持續拓展。

本章無意於對這段影響史展開評論（對維根斯坦持有極大同情心的一位作者，為此給出一份綜合性的評論，參見 Hacker, 1996），而是作為一種闡明維根斯坦後期哲學之相關性的一種方式，我將強調某些關鍵主題，以及它們與當代哲學思想之間的關係。作為開場白，我從評論《邏輯哲學論叢》的當代地位開始。

一、《邏輯哲學論叢》與當代哲學

《邏輯哲學論叢》是一部極其精美典雅，用墨極其精簡的作品。這本書的觀點結合了令人著迷的簡潔性與深刻性、廣泛性，你對它研究得越深，越會發現這種驚人特徵。這部書造成了極其深遠的歷史影響。但是這部書的當代讀者當中，已經極少有人會接受他關於語言、邏輯和實在的觀點了。我們最好是把它看做是一部占有特殊歷史定位的一種強大的陳述：一種在對羅素與弗雷格為之苦苦拚搏的問題的回應中得到發展的定位，這種定位對那些問題提供了一種新奇的、獨創的解答，但是這種定位最終沒有可接續性。

《邏輯哲學論叢》中對語言的說明是受到命題的意義取決於其真值條件這一觀點所促使的：一個命題的含義是「它為真時事情是怎樣的」（TLP: 4. 022）。意義可以根據真值條件而得以理解這一觀點，仍然是當代最主流的語言哲學的一個核心的設定。《邏輯哲學論》與弗雷格的著作經常被當作對這種觀點的特別清晰、精準的陳述。但是，維根斯坦得出這個觀點的特別方式──他認為，一個基本命題作為事態的圖像，代表了一個特定事態──對當今的哲學研究影響甚少。對此的一個原因是，維根斯坦給出的說明太抽象、太簡略，以至於難以對日常命題的意義的說明提供太多幫助。另一個原因是，在圖示表徵和命題表徵之間存在一種重要的非類似性，這種非類似性破壞了命題就像圖像反映實在那樣代表事態的觀點：因為一個普通的圖像同時代表了大量不同的事態，但是一個命題只

能代表一個事態（參見 Dummett, 1981: 35-38）。此外，極少有當代哲學家同意《邏輯哲學論叢》裡的一個信念：我們無法使用語言來描述語言的邏輯特徵；憑藉這個特徵，語言代表世界。在為《邏輯哲學論叢》所寫的〈導論〉當中，羅素提出了以下可能性：

> 正如維根斯坦先生所說，每一門語言都有一個結構，關於這種結構，在該語言中是一點也不能說的。但是也許會有另外一門語言來處理第一門語言的結構，它本身具有一種新的結構，而且語言的這種等級系統可以是無限的。

（TLP: xxii）

羅素接下來說，《邏輯哲學論叢》拒絕了語言具有這樣一種等級系統的觀點。但是今天它被當作一種公認的正統觀點來接受。最後，當代語言哲學家們把《邏輯哲學論叢》中的意義理論視為對語言的說明給予了太多的侷限或者限制：一方面，它未能對顯然有意義的所有類型的命題的意義作出說明，《邏輯哲學論叢》把它們視為無意義的偽命題；另一方面，它除了真值條件方面的內容，對關於語言意義的任何方面都毫無所說。

類似地，《邏輯哲學論叢》中的一個核心主張是，每一個命題都是其基本命題的一個真值函數，命題之間的所有邏輯關係都是由基本命題構成複合命題的方式所造成的，因而唯一的必然性便是真值函數的必然性。但這些觀點都沒有什麼當代的擁護者。每一個命題都可以根據基本的、可能發生的基本命題的配置，從而能夠在真值函數上得到分析，並且每一個基本命題都是在邏輯上彼此獨立的，這個觀點很難站得住腳。（很難看到信念的歸屬能夠以那種方式分析為比如關於因果的陳述上去。）命題之間所有的邏輯關係都可以在真值函數上得到分析——正如維根斯坦自己後來看到，當他

意識到，把不同的顏色歸屬到基本的、不可分析的同一點上的命題之間在邏輯上是不相容的——這樣的觀點同樣是站不住腳的。認為所有的必然性和可能性都可以在真值函數上得到分析，也是相當不妥的。

因此，儘管當代仍然還有許多《邏輯哲學論叢》的仰慕者，這些人當中極少有人同意該書作者的一個觀點，即該書「包含了在所有本質的方面的對（哲學）問題的最終解決」（TLP: 4）。

二、維根斯坦的後期著作與當代哲學

在前面章節中我們探討了維根斯坦《邏輯哲學論叢》之後著作中所討論的一系列核心主題：意義與使用之關係；意向性；遵守規則；感覺與感覺語言；心理學哲學；知識與確定性；宗教與人類學。基於這些問題的討論，我們可以反思一些貫穿其後期著作的核心理智議題。這是把他對不同話題之探討放到一起觀察的一種很好的方式，同時也對評估維根斯坦與當代哲學之關係有所助益，因為維根斯坦對哲學問題之研究中許多最為重要的因素，在當代的哲學討論中仍然占有核心的位置。

1.反還原論

在 1938 年的一次講演中，維根斯坦引用了「每一個事物都是它自身而不是其他事物」這句「奇妙的格言」，對此深表贊同（LC: 27）。同樣的一句格言，也出現在 20 多年前的一個筆記當中（NB: 84）。這句格言源自巴特勒主教（參看 Butler, 1914：前言 §39），被莫爾引作其《倫理學原理》（*Principia Ethica*）（Moore, 1903）一書的扉頁獻辭。並且，這句格言也是對維根斯坦反還原論的完美表述：他反對所有的根據另外一個概念或者現象去分析或者解釋一個概念、一個現象的嘗試。反還原論是貫穿維根斯坦後期的一個核

心議題,例如:他堅持認為,對於「遊戲」這個概念,並不存在任何一種闡釋性分析:並不存在一組對於某物之所以是一個遊戲的充分且必要的非循環定義的條件。他說,也不可能用其他的術語來解釋正確地遵守規則是怎麼回事:正確地遵守一個規則就是做一些這個規則所要求的事情;但是規則所要求的如此這般的事情是基本的、不可分析的真理,它無法用其他術語來解釋。他認為,關於語詞意義的事實不能被還原為關於使用的事實,用純粹物理上的或者行為上的術語來做出描繪。他說,看見一種容貌的現象,是獨一無二的(sui generis),因而無法被還原為某種經驗和思想的結合體,諸如此類。

正如維根斯坦那樣,許多當代哲學家也拒斥還原論,例如:他們堅持認為,我們無法根據那些並未預設被分析概念的術語,分析諸如知識、真、意義、善、美這樣的概念;他們認為,心理現象無法分析為物理現象,倫理事實也無法分析為非倫理事實等等。但是,哲學中的還原論的誘惑仍然很強大。某些哲學家認為意義、思想等普通概念可以在還原論上解釋為其他的一些概念,也就是那些各自被視為更基本、更科學的概念。其他一些哲學家則接受了普通概念無法被還原為一些更為基本或者更為科學的概念這種觀點,但是他們基於這一點,進一步認為,這些普通的要領應當被拋棄,讓那些能夠以更為基本的概念解釋的其他概念取而代之。

因此,貫穿維根斯坦哲學的反還原論也對當下的哲學討論提供了很多資訊。不過,這並不意味著它得到了廣泛的接受。

2. 反科學主義

在 1930 年寫下的一段話中,維根斯坦將自己的思考方式與科學的思考方式做了對照:

至於我的著作能否被一個典型的西方科學家所理解或賞識，這對我來說是無所謂的，因為他根本不會理解我據以寫作的那種精神。我們的文明以「進步」這個詞為特徵，文明的特徵在於構造。它的活動在於構造一個越來越複雜的結構。基於明確性也只是一種用以達到這個目的手段，而不是它的目的本身。與此相反，在我看來，明確性、清晰性就是目的本身。

我對建造一座大廈毫無興趣，而有志於獲得一種對這座可能的大廈的基本的清晰認識。

因此，我的目標不同於科學家的目標，我的思考方式也不同於他們的思考方式。

（CV: 7〔修訂版：9〕）

維根斯坦並不主張，我們不能透過運用科學方法學到任何東西，他也不會拒絕科學發現本身。但是他對於他自己在現代文化中所發現的認為科學是對真理的一種壟斷這種趨勢充滿敵意；認為只有科學才能教會我們一些東西：「如今的人們認為科學家之所以存在，就是要指導他們怎麼生活的，而詩人、音樂家等等，只是給予他們愉悅罷了。」（CV: 36〔修訂版：42〕）尤其是，維根斯坦對那些哲學是或者應當是以與科學相同的方式來研究的觀念，更是充滿敵意。並且，他為哲學「被科學方法搶占地盤」而心痛不已：

我的意思是，把對自然現象的解釋還原為最小可能數量的初始自然法則。並且，在數學中，透過使用概括來統一對各種不同主題的處理。哲學家們在不斷地看到科學方法在自己眼前晃來晃去，不可抗拒地被引誘去像科學那樣詢問和回答問題。這種趨勢是形上學的真正源泉，並且把哲學家們引誘到了伸手不見五指的黑暗之中。我想說的是，把任何事情還原為其他事

情，或者把任何事情解釋為任何事情，從來都不是我們的本職
工作。哲學事實上是「純粹描述性的」。（思考諸如這樣的問
題「存在感覺與料嗎？」然後詢問：對此的回答取決於什麼方
法？是反省嗎？）

（BB: 18）

　　維根斯坦所看到的科學與哲學之間的對照包括許多方面。他認
為，科學是本質主義的，它要尋找同一類事物中所有不同個體的共
同特徵。科學具有一種對概括的渴望，它透過把個別情況統攝到一
般法則之下來解釋事物。就其特性而言，科學是還原性的，它透過
根據「最小可能數量的初始自然法則」追尋對事物的解釋。維根斯
坦認為，哲學必須拒斥所有這些趨勢。哲學所要追尋的理解，在本
質上與科學所要追尋的理解根本不同。當一個哲學家詢問，一個人
是否可能窮其一生在一個全然孤立的狀態中去遵守一個規則，他並
不是在詢問一個科學問題：這種事情在物理學上或者心理學上是否
可能；它是否曾經發生過。他在詢問的是一個概念問題：這樣一個
個體所做的任何事情能否被算作遵守規則。與此類似，當哲學家詢
問在一次頓悟或一閃念之中掌握一個語詞的完整意思如何可能時，
他不是在詢問人們是如何去這樣做的：是什麼因果性過程使得它可
能的。他想要一個對掌握一個語詞的意義的說明，表明為什麼在事
實上掌握一個語詞的完整意思是某種可以在一閃念之間完成的事
情，這一點沒有神祕之處。

　　維根斯坦哲學的反科學主義貫穿了我們所看到的所有探討。對
此的一個實例是，他堅決主張，所有的事情都必須被歸入一個概括
性的概念之下，以便發現一些共同特徵，這是毫無必要的。另外一
個實例是，他對由羅素、奧格登和理查所提出的意向性的因果理論
的拒斥，這種理論明確地受到以下事實所激發：顯示一個思想與它

的對象之間的「神祕」關係是如何在科學上的術語所分別解釋的。
與科學主義的對立，滲透了維根斯坦對弗雷澤《金枝》一書的所有
批評。這種批評的一個最核心的刺激源就是，弗雷澤把人類學當作
一門科學來對之從事研究（比如，他提供因果解釋，意在透過對每
種不同人類行為類型的說明，揭示人類行為的一般原則的某些細微
方面）。此外，維根斯坦也反對弗雷澤把巫術和宗教看做好像它們
本身就是科學的一種形式──關於世界因果結構的一系列信念，以
及帶來想要結果的被設計好的一系列實踐活動。與此形成鮮明對照
的是，在維根斯坦看來，理解一件實踐活動，並不一定要涉及它的
因果來源，而只需要看到這件實踐活動的參與者們的指向何在。並
且，人們參加巫術或者宗教問題的理由，並非一般地屬於工具上的
理由。

　　維根斯坦的反科學主義與當代的哲學觀之間形成了什麼樣的
對照？在那些把哲學視為旨在求得一份完全不同於科學的理解的
人們，與那些以為哲學與科學相連結的人們之間，存在著深刻的
分別：我們應當在何種程度上認為我們的自然觀念以及實在的範圍
是由科學所規定的，對此學界同樣存在深刻的分歧。站在一邊的哲
學家們，堅持認為並不存在科學所揭示的之外的實在；基於這個觀
點，實在的唯一真正的特性要麼是科學所直接研究的，要麼可以系
統化地映射到那些科學所研究之物上去的。例如：基於這個觀點，
關於人類心理的真理，就是神經科學家們所告訴我們的關於大腦
功能的那一套東西。因此，如果根據這種性質，我們平常理解他
人──他的信念、意向及其他──結果成為，並不是把這些性質投
射到神經科學所發現的特性上去，它將會認為人類並不真正擁有這
些特性：這麼說或許有利於或者便於在日常生活中談論信念、意向
及其他，而是這些談論並非確確實實就是真的。站在另一邊的哲學
家們，就像維根斯坦那樣，認為沒有理由把真實的東西限制在科學

揭示的範圍之內。他們認為，人類擁有信念和意向，這顯然是千真萬確的，並且這種真並不需要來自神經科學的任何證成或辯護。因此，如果最終表明信念和意向與神經科學所指出的任何特性之間並不存在系統性的連繫，這並不能表明人類並不真正擁有信念或者意向。這只能表明我們在常識心理學談論的描述性的或者解釋性的意圖與神經科學的意圖截然不同罷了。在當代哲學中，這兩種方法之間的爭論仍然非常活躍：根本的分界線之一就在於兩種不同的哲學思潮流派之間的分歧。

251

3. 反智識主義

　　關於我們的語言和信念乃是基於自然的、前語言的行為的觀點，是維根斯坦後期哲學中一個反覆出現的主題。「語言遊戲的起源或者原始的形式就是反應；只有從這裡出發，更為複雜的形式才能發展起來。語言──我要說──是一種提煉物。『就其起源來說，就是行為。』」（CE: 395）1937 年，維根斯坦如是寫道（最後那個句子引自歌德的戲劇《浮士德》（Faust），在《論確定性》中再次出現了〔OC: 402〕）。這種基本觀點在許多方面被運用到了維根斯坦的哲學當中。

　　維根斯坦批評奧古斯丁為語言習得提供了一種過於理智化的說明，基於這種說明，孩子們從一系列的概念開始，透過有意識的將人們的語詞與他們已經擁有的概念匹配起來的方式來學習語言。維根斯坦認為，真相在於，學習第一語言的過程根本不是一種理智的過程，而是一種訓練或制約的無理性的過程。

　　維根斯坦認為，我們學習和遵守規則的能力，取決於我們以與其他人相同的方式訓練的一種自然的、前語言的反應傾向。例如：我們所有人都發現，在以相同方式持續給出數列進行計算時，我們對通常的訓練方式起反應，這是自然而然的。如果我們並不這樣

做，那麼學習和遵守數學規則對我們來說就成為不可能的了。他堅持認為，運用熟悉的規則，在根本上是行動上的事情，而不是思想上的事情：當我們運用一個熟悉的規則，我們並不從事於任何的理智活動；我們並不像我們實際所做的那樣持有遵守規則的理由；我們盲目地遵守規則，無須理由。

維根斯坦認為，知識和信念的整個結構都是以相類似的方式基於行動而非思想或推理之上的。給出根據的結局「並不是一個毫無根據的預設：它是一個毫無根據的**行動方式**」（OC: 110，著重號是引者加的）。我們關於莫爾命題的確定性是「某種超越有合理根據或無合理根據之上的事情」，它是「某種動物性的事情」（OC: 359）。

最後一個例子來自維根斯坦對疼痛概念的探討。他提出，疼痛的自我歸屬，是對我們的自然的、痛的前語言表達的一種教會的附加物。把疼痛歸屬到他人身上，則是對自然的、前語言的同情或關心的反應的一種教會的附加物，透過這種同情或關心我們對他人的疼痛表達作出反應。

維根斯坦堅決主張思想和語言根植於原始的、前語言的行為，反對理性主義的、理智化的思想和語言模式，強調成年人的有意識的語言行為與幼兒和非人類動物的前語言、前概念行為之間的某種連續性，當代哲學完全同意這些觀點。這些興趣經常是以在某種程度上不同於維根斯坦精神的方式進行的。尤其是，許多現代哲學家不再像維根斯坦那樣，關心在經驗的、心理學上的探究與概念的、哲學上的探究之間保持某種明顯的區分。對維根斯坦來說，將注意力集中於兒童早期習得語言的無理性本性，並不是激勵一種對人類兒童實際上獲得第一語言的過程的細節的探究。他認為，從哲學的觀點來看，這些細節是無關緊要的。真正要緊的是這樣一種一般要點，即以某種並不預設持有一個豐富的概念系列的方式習得一

252

門語言是不可能的。並且他認為，為了達到這個一般要點，提醒我們兒童透過一種模仿和訓練的過程習得第一門語言的方式就足夠了；我們並不需要比這更多的細節。與此類似，維根斯坦提出的要點是，我們透過學會如何使用「我疼痛」這個表達從而學會了它，代替了我們的自然的、前語言的疼痛表達，並不是激勵一種對於那些實際上習得疼痛概念的過程的一種詳細的經驗探究。這只不過是要表明，這個要領是如何可以以某種並不在本質上取決於一種內在的表面定義而習得的，諸如此類。許多當代哲學家對於什麼東西應當被算在哲學說明之內採取並不那麼嚴格的看法，他們樂意在自己的哲學探討中結合經驗的心理學探究成果。但是，維根斯坦對思想和語言的無理性基礎的強調都是一種真正的洞見，不管這種強調是如何進行的。正是這個洞見，在當代許多的心靈哲學和心理學哲學研究中占據著核心的位置。

4. 反心靈主義

　　與維根斯坦的反智識主義緊密相連的，是他的反心靈主義：他反對這麼一種觀點，即思想和語言的性質都是根據內在心理狀態的性質得到解釋的；他著重強調行動和實踐在理解思想、語言和經驗中的重要作用。因此我們可以看到，他反對心靈主義的這一觀點，即一個語詞的意義涉及與人們心靈相關聯的印象。取而代之的是，他認為一個語詞的意義涉及它在「語言中的整個使用」：那些為其使用提供理由的情況，使用它的指向或者意圖，諸如此類。與此類似，他反對心靈主義的以下觀點：一個意向的內容取決於那個時候在思想者的心靈之前到來的東西。例如：我意圖玩一盤西洋棋類遊戲的事實，並不只是取決於在那時候呈現在我心靈之前的東西，它也取決於我的背景能力——包括我對棋類規則的掌握程度——以及取決於下西洋棋的社會實踐的實際存在：「意圖鑲嵌在處境、人類

習俗和機構之中。若沒有西洋棋技術，我就不可能有下西洋棋的意圖。」（PI, §337）維根斯坦也反對心靈主義關於有意識的經驗本身的觀點。他認為，使感覺個體化之物——使之成為某一種感覺之物——並不是感覺的一種內在的、純粹的反思性特徵：某些完全獨立於外部環境和主體行為的東西。它是與感覺的行為表達和它在其中得以經驗的環境「緊密牽連」的。

現在極少有哲學家嚴肅地持有這一觀點，即語詞的意義應當能透過指涉心靈意象而得到解釋。然而，仍然有許多哲學家反對維根斯坦，認為語詞的意義應當透過指涉思想的內容而得到解釋；他們認為，思想的意向性比語言的意向性更為根本，因而可以被用來解釋語言。但是仍然存在對維根斯坦觀點的突出的現代擁護者，他們認為語言的意義是與心靈的表徵等量齊觀的；在他們看來，持有信念、意向等等，以及掌握一門語言之間是相互依賴的（比如參見 Davdison, 1982; McDowell, 1994; Brandon, 2000）。

在最近心靈哲學中的個體主義（或內在主義）與反個體主義（或外在主義）的爭論中，又可以重新注意到維根斯坦對心靈主義關於思想的拒斥所涉及的某些觀點。在個體主義者看來，一個人思想的內容僅僅取決於內在於主體的諸因素：他的有意識的經驗、他的物理構成，以及他的行為傾向性。因此如果兩個個體在所有這些方面都極其相似的話，那麼他們的思想內容也會是極其相似的。與此相反，反個體主義者認為思想的內容部分地由外在於主體的因素所構成：由那些他生活於其中的物理的和社會的環境所構成。因此兩個在所有個體方面都相似的人，將不會必然擁有極其相似的思想；如果他們生活於非常不同的物理的和 / 或社會的環境中，他們思想相應地有所差別。維根斯坦對意向狀態取決於形形色色的社會實踐的存在（比如，下西洋棋的意向取決於下西洋棋的實踐的存在）的說明，使得他在這場論爭中顯然站在反個體主義者的那一

邊。當代反個體主義者所展開的某些觀點，顯著地相似於維根斯坦
的觀點。在反個體主義的著作中的一個流行的論證風格就是描述想
像的一個在所有個體方面都與我們相似的主體，但是處於與我們
截然不同的環境之中，訴諸直覺就能看出，它們的思想內容就會與
我們自己的思想內容截然有別。維根斯坦正是以這種方式來論證的
（例如：參見 RFM: 336; PI, §200）。令人驚訝的是，極少有當代
哲學論爭的參與者做出過與維根斯坦形成對照的評論。但是，它們
的確就在那裡，等待人們去發掘。

當代某些關於意識和經驗的觀點，與維根斯坦的反心靈主義
的感覺觀形成鮮明對照。許多當代哲學論爭的參與者關於意識所堅
持的看法與維根斯坦的相關看法正好相反：他們想當然地認為感覺
的內在特徵完全獨立於任何與外部環境或行為的關係；兩個人關於
紅色的感覺的內在屬性完全不同，這完全是可能的，即使這兩個人
在所有的物理和行為方面都極其相似，諸如此類。但是關於這個問
題的另外一邊觀點，則與維根斯坦相當接近。某些論者說道，正如
維根斯坦所說，我們完全無法理解在不同人的感覺的特徵之間的那
種絕對不可發現差別的觀點（參見 Dennett, 1991），仍然有人有力
地主張這一觀點，即一個人的感覺經驗的特徵在本質上與他的行為
傾向性（因此，比如聽到從遠處傳來的聲音，部分地由順序傾向性
所構成，然後望著那個方向）的本性緊密相連（比如，參見 Noë,
2004）。大體上說，維根斯坦關於意識和經驗的諸如這樣的觀點在
當前的哲學中仍然擁有嚴肅的持有者。

三、維根斯坦的哲學觀

我們業已評論了貫穿維根斯坦後期著作的大量關鍵主題。我
們也看到了這樣一些主題是何以能在當代哲學論爭的各種各樣地方
被發現的。在這些當代論爭當中，那些在維根斯坦著作中扮演著核

255

心角色的觀點，仍然被作為對哲學探究的嚴肅貢獻而得到討論。然而，維根斯坦自己也許不會歡迎他的觀點在當代哲學中所使用和發展的那種方式。部分原因是，這麼做是他所厭惡的職業哲學的派頭，而他認為所謂職業哲學大體上都是不誠實的：受虛榮和野心的驅使，而不是受對真理的發自內心的探索欲所驅使。他確確實實不喜歡他自己教學的效果：

> 他相信，自己身為一位教師的影響主要來說是有害的。
>
> 他對自己所看到的別人對他哲學觀點的一知半解，或者導致學生當中的膚淺的自作聰明的趨勢深惡痛絕，痛苦不堪。他感到自己是教師這個行當上的失敗者……他有一次用這句話總結自己一年的講課生涯：「我可能在播撒的唯一種子，不過是些確定無疑的行話。」

（Malcolm, 1984: 53）

但是，維根斯坦為什麼反對對他觀點的當代運用，另一個更為嚴肅的理由是，大多數當代哲學家並不採納他對哲學問題之本性和來源的觀念，以及它們應當被表述的方式。因此即使像維根斯坦那樣的觀點在當代哲學論爭中扮演著一定的角色，在其中得到運用的精神旨趣，他也會反對，因為這種精神旨趣與他自己所提出的精神迥然有別。

對於後期維根斯坦來說，正如我們在第四章第一節所看到的，當我們誤解了語言的「語法」時，哲學問題才會在本質特徵上被提出。這樣的誤解是「由我們語言的不同區域的表達形式之間的某些類似之處所導致的」（PI, §90）。因此哲學問題的解決辦法在於：

透過洞察我們的語言是如何工作的，而這種認識又是針對某
種誤解的衝動進行的。這些問題的解決並非依賴增添新的發
現，而是靠集合整理我們早已知道的東西。

256

（PI, §109）

由這種觀點來看，哲學是治療性的，它是透過指出導致特殊哲
學問題的概念混亂來工作的。有朝一日我們避免了這些混亂，那麼
我們將會看到，我們剛開始所著手的那些哲學問題根本就不算真正
的問題。

許多從事維根斯坦著作研究的學者都採納了他對哲學問題之
特徵的看法。但是在這個學術社群之外，很少有當代哲學家願意同
意維根斯坦對於哲學問題之來源和本質的觀念。毫無疑問，某些哲
學問題是由誤解和錯誤地假設所催生的。但是，難以相信所有的哲
學問題都是以這種方式所催生的；或者所有的哲學問題都可以透過
表明它們只不過是基於某些概念混亂而得以消解。例如：當語言哲
學家們詢問專有名詞與它所命名的人之間是一種什麼關係時——
對於一個作為特定人物名稱而起作用的給定證詞來說，什麼是真
的呢——這個問題看起來是一個真正的問題；它看起來並不依賴
於某些錯誤的假設；認為它有一個正確的回答，這是完全合情合理
的。類似地，當心靈哲學家們詢問一個人與他自己的信念之間的關
係，跟他與他人的信念之間的關係之間有何區別時，他們提出了一
個誠然不錯的問題：這個問題同樣並不基於概念混亂；認為它有一
個正確的回答，這也是合情合理的。（的確，在這種情況下，維根
斯坦對一個人與他自己的信念之間的關係的明顯特徵的評論，是對
給出正確回答的一個重要貢獻。）其他許多哲學問題的情況也是這
樣的。因此，儘管許多哲學家同意維根斯坦的著作包含著真正的洞
見，其中的大多數仍然選擇去發展他們自己的正面的哲學理論，而

不是去追隨維根斯坦自己的正統方法論。

　　此外，許多學者對維根斯坦本人是否真的僅僅只是以治療的態度看待哲學提出了疑問。他的著作純粹是描述性的嗎？他在避開所有正面理論主張的路上成功地走了多遠？也許他的正面觀點並不採取他稱之為「理論」的形式：它們並不是還原性的，也不是系統性的，也沒有提供一個因果解釋。但是，它們卻是經常引起爭論的。這些觀點遠不是顯而易見地正確。比如，維根斯坦把命題的意義和它被證實的方式之間的連接，以及命題的意義與使用它的指向或意圖之間的連接，這些都是引起爭論的，經常聚訟紛紜；這些觀點被許多語言哲學家所排斥。他關於社會實踐中的主體參與的意向狀態觀點，同樣引起很大爭論；這些觀點被心靈哲學中的個別人所拒斥。他反對私有感覺語言之可能性的論證，基於關於相似性標準和正確性的柏拉圖主義的對立面，而這種論證同樣引起很大爭論，被許多哲學家所拒斥。我們說維根斯坦的觀點引起很大爭論，當然並不是說它們都是錯的。只是說，在何種程度上，這些觀點在他的哲學避免所有正面理論的進程中引起了人們的疑慮。

　　於是，維根斯坦的著作並沒有帶來他所希望的對哲學的澈底修正。然而，他關於具體事項的許多觀點，在當代哲學論爭當中仍然影響深遠。他的著作被理所當然地閱讀，並不僅僅是出於人們對之的歷史興趣，還包括這些著作帶給人們的源源不息的洞見。

四、小結

　　維根斯坦是一位哲學巨人，他的著述對 20 世紀哲學產生了深遠的影響。然而，對於他的觀點與當代哲學的相關性，人們卻持有種種截然相反的看法。

　　許多當代哲學家接受了《邏輯哲學論叢》中關於意義是根據真值條件來得到解釋的觀點。但是《邏輯哲學論叢》中提出的命題在

實際上是實在的圖像，以及所有命題都是基本命題的真值函數，這些觀點被廣泛地拋棄。

維根斯坦的後期哲學貫穿了一系列重要的論題：反還原論；反科學主義；反智識主義；以及思想和語言植根於自然的、前語言的行為的觀點；反心靈主義，以及在對思想、語言和經驗的性質的理解中，對行動和實踐的著重強調。在許多當代的哲學研究當中，這些仍然是中心議題：有時是在維根斯坦著作的影響之下從事研究；有時則以維根斯坦獨立發展出來的方法進行研究。維根斯坦本人會比較厭煩這些觀點在當前哲學論爭中被廣泛地運用的方式。極少有當代哲學家採納了他關於哲學問題之來源和本性的觀念，或者他對這些問題的解決的治療性路徑。然而，即使是維根斯坦本人也會不贊成它們被廣泛運用的做法，他的觀點仍然在許多方面對當代哲學做出了嚴肅的貢獻。

五、延伸閱讀

關於維根斯坦著作對 20 世紀哲學之影響的綜合研究，以及關於他的觀點與其他哲學家之觀點的關係的研究，可以參考一位與維根斯坦心有戚戚焉的作者，參見：

Hacker, P. M. S. (1996), *Wittgenstein's Place in Twentieth-Century Analytic Philosophy*, Oxford: Blackwell.

對維根斯坦後期哲學觀的有益探討，參見：

Hacker, P. M. S. (1986), *Insight and Illusion*: *Themes in the Philosophy of Wittgenstein*, Revised Edition, Oxford: Oxford University Press, chapter 6.

McGinn, M. (1997), *Wittgenstein and the Philosophical Investigations*, London: Routledge, chapter 1.

對維根斯坦後期方法論的批評性考察，參見：

Dummett, M. (1977), "Can Analytical Philosophy be Systematic, and Ought it to Be?" in Dummett, M. (1978), *Truth and Other Enigmas*, London: Duckworth.

為紀念維根斯坦逝世 50 週年而彙編的兩部文集，近年得以問世。這兩本文集為維根斯坦的哲學遺產提供了相當多的評價，並舉例說明了維根斯坦觀點在當代哲學論爭中被繼續從事的方式：

Kölbel, M. and Weiss, B. (eds) (2004), *Wittgenstein's Lasting Significance*, London: Routledge.

Zamuner, E. and Levy, D. (eds) (2009), *Wittgenstein's Enduring Arguments*, London: Routledge.

術語解説

259　**反本質主義（anti-essentialism）**：一種認為類和範疇大體上並不具有本質屬性的觀點：或一個或一套屬性為該類事物中的每一個成員所共有，並且一個事物根據其所具有哪種共有屬性而歸入某一類事物。在反本質主義者看來，任何一個事物都無需具有共同屬性而被歸入某一類或範疇——這一點並不影響它作為某類事物之一員的身分。反本質主義在《哲學研究》裡是一個很重要的主題，維根斯坦在該書裡所持看法與《邏輯哲學論叢》相反，認為並不存在語言的本質或命題的本質這種東西。《哲學研究》中的反本質主義的一個著名闡明就是，維根斯坦關於並不存在對於某件東西成為一個遊戲的本質的性質的爭辯：並沒有任何一個屬性是為所有體所共有的，並且只有這個東西的存在才規定了某件活動算作一種遊戲。（也參見：家族相似。）

　　反個體主義（anti-individualism）：這是心靈哲學的一個觀點，認為個體的心靈屬性並不僅僅依賴於他的內有屬性——他會與任何從分子到分子（molecule-for-molecule）的複製品所共用的屬性——：諸如物理構造、意向現象學和行為傾向性——，但是也要取決於他的物理的和社會的環境。

　　反智識主義（anti-intellectualism）：這一觀點與以下傾向相反，即過度強調推理和有意識的思想在我們生活中的作用，以及將實際上出自本能的或者非理性的行為表示為遵守邏輯思索的過程的行為。反智識主義在維根斯坦的後期哲學中是有一個頗有說服力的主題，這一點在他的下述主題中得到貫徹：對遵守規則的探討、對信念的習得和保持的探索，對巫術和儀式性行為的探討等等。維根斯坦反智識主義的一個重要方面就是他對如下觀點的強調，即語言和思想基於自然的、前語言的行為之上。

反心靈主義（anti-mentalism）：與心靈主義相反。維根斯坦 260
的反心靈主義是透過他對行動和實踐在對思想、語言和經驗的屬性
的理解中所扮演的角色的強調從而一步一步地得到闡釋的。

有關規則之反實在論（anti-realism about rules）：參見關於
規則的建構論。

反還原論（anti-reductionism）：與還原論相反。維根斯坦的
反還原論在他的哲學中是一個廣泛滲透的主題。這個主題貫穿了他
關於意義、意向性、遵守規則以及其他大量問題的探討。比如他認
為，關於意義的事實無法根據那些並不預先假定意義的東西而得到
解釋。關於什麼可以被看做正確地遵守一個給定規則的東西的規範
性事實，不能被還原為那些關於當人們嘗試去運用那條規則時同意
去做的東西的非規範性事實。反還原論在「每一個事物都是它自身
而不是其他事物」這一箴言中得到了很好的表述。

反科學主義（anti-scientism）：與科學主義相反。維根斯坦的
反科學主義尤其是指他說到的哲學家傾向於運用科學的假說和理論
來從事哲學探究。

笛卡兒的感覺觀點（Cartesian view of sensations）：感覺的同
一性條件是純粹內省，並且完全地獨立於任何與外部環境的連接的
觀點；因此這種觀點認為「一部分人類關於紅色有一種視覺印象，
而另一部分人類關於紅色有另一種視覺印象」（PI，§272），這是
完全可能的。關於感覺的這種觀點與這一觀點很自然地連繫了起
來，即認為感覺語言是透過與某人自己的感覺發生內省式附屬從而
獲得意義，因此比如每一個人只有從他自己的觀點才能知道語詞

「疼痛」意指什麼。同時也與這一觀點有一個自然的連繫，即認為每個人都確定地知道他自己的感覺的本性，但是沒有人能夠知道他人的感覺的本性。維根斯坦在《哲學研究》提出論證反駁笛卡兒的看法的各個方面。

複雜命題（complex proposition）：在《邏輯哲學論叢》中，複雜命題指那些由兩個或更多的簡單命題所構成的命題。

有關規則的建構論（constructivism about rules）：（也被稱作關於規則的反實在論）認為運用一個規則的正確性的標準是由我們實際上在運用那個規則時拿什麼東西當作正確的而接受下來的東西所建構起來的。對於建構論者來看，從給定的一點正確地繼續一個數列的標準，取決於我們實際到達那一點並且繼續這個數列時是拿什麼當作正確性的東西而接受下來的。什麼可算作在特定情形下的對一個描述語詞的正確運用，這取決於我們在考慮這個情形時實際上是接受什麼作為正確的東西。

261

壓縮主義 & 寂靜主義（deflationism; quietism）：指這樣的一種哲學立場，它從字面意思理解現象，認為它們具有我們所有人通常給予它們的那些特徵，拒絕任何透過訴諸哲學理論去解釋那些特徵的嘗試。在特徵上，維根斯坦後期的哲學在總體上是壓縮主義的或寂靜主義的。某些研究者甚至認為《邏輯哲學論叢》對形上學問題也持一種壓縮主義態度。

規則的壓縮主義（deflationism about rules）：關於規則的壓縮主義認為什麼可算作正確地運用一個規則只不過是一個字面意義上的問題。他會認為關於規則和正確性標準的事實是基本的，不可

還原的；它們無法透過訴諸任何哲學理論而得到解釋。因而壓縮主義者拒絕建構論的觀點：他會認為，在「+2」數列中可算作是在某一點上的正確繼續的東西，並非事關我們在到達那一點時判斷什麼是正確的東西，而只不過是一件在那一點上加 2 會得出一個什麼數字的事情。此外，壓縮主義者也反駁柏拉圖主義的這一主張，即認為只存在一種繼續這個數列的方式，並且這種方式是絕對正確的：它比其他的任何方式都更為簡單或者更為自然。

基本命題（elementary proposition）：在《邏輯哲學論叢》中，基本命題是那種最為簡單的命題。基本命題包含名稱。它們在邏輯上是彼此獨立的；一個基本命題的真或者假不能推出另一個基本命題的真或者假。

經驗實在（empirical reality）：在觀念論者看來，經驗實在就是向我們呈現出來的實在：那些透過我們的概念而塑造和支配的實在。它與本體的實在觀相反：這種本體論實在觀認為，實在就如其自身之所是。

本質主義（essentialism）：認為類和範疇與本質屬性相連繫，並且一個事物是根據其所具有的那些本質屬性而被歸入相應的種類中的觀點。基於這種觀點，《邏輯哲學論叢》發展了一種比如關於命題的本質、描述句的本質以及世界的本質的看法。

事實（fact）：在《邏輯哲學論叢》裡，事實指事態的存在。（維根斯坦有時會使用不同的表達方式，說事實就是存在的事態。）

家族相似性（family resemblance）：這是一個維根斯坦在《哲學研究》中用來描述一個範疇或種類的不同例示之間的關係的短語，這些範疇或種類的成員並不存在一個或一套共同的性質。比如維根斯坦說，不同的遊戲形成了一個家族；這個家族的諸成員之間透過「一個彼此重疊交叉的相似性的複雜網路」而互相關聯。他將這些相似性稱作「家族相似性」（PI, §67）。在文獻中，一個「家族相似性概念」是一個指示出這種範疇或種類的概念：這種範疇或種類並沒有一個或一套性質是共同的，但是它們又以家族相似的方式相互關聯。

完形心理學（Gestalt Psychology）：一個 20 世紀早期由馬克思・沃爾海默（Max Wertheimer）、沃夫岡・柯勒（Wolfgang Köhler）及其他人所創建的心理學學派，它與內省主義針鋒相對。完形心理學家們反對內省主義者的這一觀點，即認為視覺經驗向我們呈現的只不過是形態和顏色的馬賽克，此外別無他物；這些完形心理學家們認為經驗組織成對象和模式，其本身就是一個真正的感覺現象。

觀念論（idealism）：認為實在在某種方式上是由我們的心靈所支配或者所決定的理論。觀念論的極端版本認為實在完全是由這些心智現象所構成的：心靈及其所包含的經驗和思想。不那麼極端的版本允許存在物質世界，但是同時又堅持認為物質實在的形式——比如它的組織對象的形式——依賴於我們的概念或語言。

個體主義（individualism）：是心靈哲學的這一主張，即認為一個人的心智屬性唯一地取決於他的內在性質——那些他會與任何分子複製品所共用的物質：諸如物理構成、意識現象學和行為傾向性。

意向性（intentionality）：由思想和語言所具有的一種性質，它由對象和事態所表徵。有時稱之為思想和語言的「關指性」（aboutness）或「表徵特性」。

內省主義（Introspectionism）：一個 19 世紀後期威廉・馮特（Wilhelm Wundt）和其他人所創建的心理學學派。內省主義者認為觀點經驗僅僅由形狀和顏色的馬賽克所構成。我們不能將身邊的對象看做單個的對象，我們毋寧將這種或那種視覺區域看做或者解釋成一個對象的表徵。與此類似地，我們不能將一個謎圖——比如說一個鴨兔圖——一會兒看成這個，一會兒看成那個：在此過程中有變化的只不過是我們解釋經驗的方式；視覺經驗的特徵本身自始至終仍然是一樣的。

263

邏輯原子論（logical atomism）：羅素為他自己在寫作與維根斯坦《邏輯哲學論叢》思想相近時期關於語言和實在之看法貼上的一個標籤。這個標籤也經常被運用於《邏輯哲學論叢》身上。邏輯原子論認為實在的本性可以透過一個邏輯分析的過程而得到揭示。實在最終是由原子所構成的，這些原子以種種不同的結合方式構成了不同的實在。但是這些原子是由邏輯分析所揭示的「邏輯原子」，而不是由科學所揭示的物理學原子。

邏輯常元（logical constants）：諸如「並且」、「並非」、「或者」和「如果……那麼…… 」這樣的表達式。《邏輯哲學論叢》中的一個關鍵理論是，邏輯常元並不代表對象：「我的基本觀點是，『邏輯常元』並不是某些東西的代表；並不存在對事實的邏輯的代表。」（TLP: 4. 0312）邏輯常元告訴我們命題是如何結合在一起成為複雜命題的；但是它們自身並不代表實在的任何元素。

心靈主義（mentalism）：認為語言和思想的屬性可以透過訴諸於內在的心理狀態的特徵而得到解釋的觀點。關於語言的心靈主義透過訴諸思想的內容解釋語詞的意義。關於思想的心靈主義透過訴諸當一個思想者擁有某些思想時什麼東西呈現在他的心智內部來解釋思想的內容。

莫爾命題（Moorean proposition）：這是對 G. E. 莫爾在〈為常識辯護〉中所突出的那種命題的稱呼：諸如「地球存在了數百萬年了」或者「我有兩隻手」這樣的命題。維根斯坦在《論確定性》中說，這樣的命題在我們的經驗命題系統當中「扮演著一種奇特的邏輯角色」。它們並不基於證據而是作為我們的探究活動的「繼承下來的背景」的一部分而被相信的；它們是我們的懷疑得以進行的就像是「鉸鍊」一樣的東西。

本體的實在（noumenal reality）：即作為其自身的實在。它與經驗論實在的觀念論相對，這種經驗實在觀認為，實在正如它們向我們呈現的那樣。

對象（object）：在《邏輯哲學論叢》中，對象是事態的基本組成部分。對象是簡單的：它們不能被分解為更小的成分。它們對於所有可想像的或可描述的世界都是一視同仁的——因此維根斯坦認為，它們對於所有的可能世界都是一視同仁的。相關研究者對《邏輯哲學論叢》中的對象的形而上學地位持有異議。有些研究者認為維根斯坦採取了一種關於對象的實在論看法：將實在劃分為《邏輯哲學論叢》中的那種對象是實在作為其自身的一個特徵。其他一些闡釋者認為《邏輯哲學論叢》是觀念論的一種形式：實在劃分為對象是我們用來表徵實在的語言或思想系統的一種人工製品。

第三種解讀認為維根斯坦採取了一種關於對象的壓縮主義看法，因此同時拒斥實在論和觀念論解讀。

明顯的表徵（perspicuous representation）：參見可測量的表徵。

圖像理論（picture theory）：《邏輯哲學論叢》中提出的一種表徵理論。根據《邏輯哲學論叢》，命題是實在的圖像；它以一種與普通圖像完全相同的方式表徵了事態。基於這個看法，一個命題是由與對象相對應的名稱所構成的。名稱以特定的方式安排，它們表徵了對象，由它們所代表的對象以同樣的方式被安排。

有關規則的柏拉圖主義（Platonism about rules）：一種認為與語言的和數學的規則的相連繫的正確性的標準由實在的本性所規定的觀點。在柏拉圖主義者看來，關於正確地繼續一個被給定的數列，或者與之前同樣的方式繼續使用一個特定的描述語詞，存在一個絕對的、客觀的標準。那些標準並非取決於我們，而是取決於實在自身。

實用主義（pragmatism）：一種認為命題的意義可以根據斷言它的主旨或功能的方式而得到解釋的看法：用它來達到的目標是什麼，或者斷言它的實踐後果是什麼。在實用主義者看來，理解一個命題事關掌握它的後果或功能：使用它帶來哪些後果，或者以正確的方式對他人對命題的使用有所反應。

私有語言的論證（private language argument）：維根斯坦在《哲學研究》§243-325 中提出的論證，結論是沒有一門私有的感覺語言。這個論證的一個核心要素就是認為，對於設想當中的私有

語言學家建立一門關於他的私有感覺語詞的使用的真正的正確性標準是不可能的。

私有感覺語言（private sensation language）：某人用來談論他的「內在體驗」的語言，他用這些語詞來「指涉只有說話者自己能夠知道的東西──也就是指涉那些他的當下私有感覺」（PI, §243）。一個說話者的私有感覺語言被認為只有說話者本人可以理解；其他人是不可能理解它的，因為其他人無法知道這些語詞的指涉什麼意思。維根斯坦在《哲學研究》裡論證道，並不存在這樣的一門感覺語言。

他心的問題（problem of other minds）：關於他心的知識論上的問題集中於以下問題：我們是如何知道他人擁有思想和經驗的？關於他心的概念上的問題提出了一個先驗問題：我們為何甚至還能夠理解他人擁有思想和經驗？

寂靜主義（quietism）：參見壓縮主義。

實在論（realism）：認為世界的總體結構特徵取決於實在的本性而非依賴於我們的任何心智和語言活動的觀點。

還原論（reductionism）：以另一種更為低級或基本的彼現象來解釋較為高級或複雜的此現象的一種哲學研究方法。比如，一位關於心智現象的還原論者也許會試圖將心智狀態還原為大腦狀態或行為傾向性。一個關於意義的還原論者或許會試圖將關於語詞意義的事實還原為關於語言使用的事實，而這種對使用的陳述無須預設任何關於其意義的東西。

指涉論（referentialism）：一種認為語言的意義應當根據語詞的指涉和命題的真或假來得到說明的觀點。《邏輯哲學論叢》採取了一種根本上屬於指涉論的語言觀。對這種指涉論的反駁構成了《哲學研究》前半部分的一個主要的議題，這本書中著重強調了「語詞和句子類型的多樣性」。

相對主義（relativism）：認為命題的真或命題的證成相對於特定的「世界圖像」或「信念系統」的觀點。根據這種觀點，一個命題在此信念系統中為真但在彼信念系統中為假；一個命題從來不會簡單自明地為真或者為假——也就是真值從來不會與限定條件無關。基於類似立場會認為，在這個系統中對於相信一個特定命題來說屬於好的理由，到了另一個系統中也許不再是相信該命題的好的理由。

科學主義（scientism）：將科學看做探究活動的唯一正當形式的趨向，以及將科學推理看做唯一真正的推理形式，將科學解釋看做所有真正的解釋的模範的傾向。

看見一個面相（seeing an aspect）：這是維根斯坦關於將某物看做某種諸如此類之物的現象的術語。這方面的例子包括將一張臉看做與此類似的另一張臉；將一個鴨兔頭看做一幅鴨子圖畫；將一幅插圖看做一幅玻璃晶體的圖畫。

事態（state of affairs）：在《邏輯哲學論叢》中，事態是諸對象的一種可能結合或可能的構造。 266

可測量的表徵（surveyable representation）：在其後期著作

中，維根斯坦認為哲學的目標是獲得某種透過達到對作為考察對象之現象的一種「可測量的表徵」（或者在某些翻譯中被稱為「一種明白了當的表徵」，而產生的一種澄清或闡明。達到可測量的表徵涉及某種透過使它們「可測量的」方式安排熟悉事實。它「清楚明白地產生了某種包括『看到連繫』的理解類型」：以一種把原先令人困惑的變成可理解的方式看到此現象與彼現象之間的連繫。

套套邏輯（tautology）：在《邏輯哲學論叢》中，如果一個複雜命題對於它所包含的基本命題的所有真和假的結合可能性而言，該複雜命題都是真的，那麼它就是一個**套套邏輯**。**套套邏輯**的例子包括「p 或者非 p」以及「如果（p 並且〔如果 p，那麼 q〕），那麼 q」這樣的命題。《邏輯哲學論叢》認為套套邏輯命題並沒有表達任何新的東西：它們並沒有意義。但是不能說它們胡說八道，因為它們是符號系統中的一個正當部分。根據《邏輯哲學論叢》，所有的邏輯命題都是**套套邏輯**的。

意義的真值條件觀點（truth-conditional conception of meaning）：認為一個命題的意義事關它為真時是怎麼一回事的觀點。根據這一看法，理解一個命題涉及知道該命題為真時的實際情況如何。

真值條件（truth-conditions）：為了使一個命題為真我們必須去獲得的那些條件。

真值函數（truth-function）：一個複雜命題是由簡單命題組成的，整個複雜命題的真或假以某種方式取決於它所包含的簡單命題的真或假。

檢證主義（verificationism）：認為一個命題的意義要根據那些可以確立該命題之真值的證據來解釋，或者（在一個更為溫和的版本中）要根據那些可以證成對該命題的斷言的來解釋的觀點。在檢證主義者看來，理解一個命題牽涉到知道要讓該命題為真必須確立一些什麼東西，或者斷言該命題必須證成什麼。

世界（world）：在《邏輯哲學論叢》中，世界是「一切實情之所是」。它是「事實的總和，而非事物的總和」。

世界圖像（world-picture）：根據維根斯坦在《論確定性》中的看法，對世界的總體看法，是「（我們）藉以區分真和假的傳統背景」（OC, 94），以及「（我們）所有探究和斷言的根據」的形式（OC: 162）。我們的世界圖像部分地包含了抓住我們對世界之理解的命題——在我們的所有研究活動中將之當作理所當然之事接受下來的命題——的總體特徵：例如：地球已經存在了上百萬年，或者人類並不是從樹上長出來的。它也包括我們關於理由和證成的觀念，我們關於什麼是可理解的以及什麼是需要解釋的觀念，以及我們關於什麼可以算作是一個好解釋的觀念。因此，譬如一般真理可以對透過特定的情形的觀察建立起來，科學研究比先知般的宣言為我們的信念提供了一個更好的基礎，這些都是我們世界圖像的一部分。

267

參考文獻

268　一、維根斯坦的第一手文獻

BB　*The Blue and Brown Books*, 2nd edition, Oxford: Blackwell, 1969.

BT　*The Big Typescript*, eds. and trans. C. Luckhardt and M. Aue, Oxford: Blackwell, 2005.

CE　"Cause and Effect: Intuitive Awareness", in Wittgenstein, *Philosophical Occasions.*

CV　*Culture and Value*, 2nd edition, ed. G. H. von Wright and H. Nyman, trans. P. Winch, Oxford: Blackwell, 1978; revised 2nd edition, ed. A. Pichler, trans. P. Winch, Oxford: Blackwell, 1998. (Quotations in the text are from the 1978 translation. But page references to both editions are supplied.)

LC　*Lectures and Conversations on Aesthetics, Psychology and Religious Belief*, ed. C. Barrett, Oxford: Blackwell, 1966.

LE　"A Lecture on Ethics", in Wittgenstein, *Philosophical Occasions.*

LFM　*Wittgenstein's Lectures on the Foundations of Mathematics, Cambridge*, 1939, ed. C. Diamond, Chicago: Chicago University Press, 1989.

LW i　*Last Writings on the Philosophy of Psychology* Volume I, eds. G. H. von Wright and H. Nyman, trans. C. Luckhardt and M. Aue, Oxford: Blackwell, 1982.

LW ii　*Last Writings on the Philosophy of Psychology* Volume II, eds. G. H. von Wright and H. Nyman, trans. C. Luckhardt and M. Aue, Oxford: Blackwell, 1992.

NB　*Notebooks* 1914-1916, 2nd edition, eds. G. H. vonWright and G. E. M. Anscombe, trans. G. E. M. Anscombe, Oxford: Blackwell, 1979.

NL　　"Notes on Logic", in Wittgenstein, *Notebooks* 1914-16.

OC　　*On Certainty*, eds. G. E. M. Anscombe and G. H. von Wright, trans. D. Paul and G. E. M. Anscombe, Oxford: Blackwell, 1969.

PG　　*Philosophical Grammar*, ed. R. Rhees, trans. A. Kenny, Oxford: Blackwell, 1974.

PI　　*Philosophical Investigations*, 4th edition, eds. P. M. S. Hacker and J. Schulte, trans. G. E. M. Anscombe, P. M. S. Hacker, and J. Schulte, Oxford: Blackwell, 2009.

PO　　*Philosophical Occasions* 1912-1951, eds. J. Klagge and A. Nordmann, Indianapolis: Hackett Publishing Company, 1993.

PR　　*Philosophical Remarks*, ed. R. Rhees, trans. R. Hargreaves and R. White, Oxford: Blackwell, 1975.

RC　　*Remarks on Colour*, ed. G. E. M. Anscombe, trans. L. McAlister and M. Schättle, Oxford: Blackwell, 1977.

RFGB　"Remarks on Frazer's *Golden Bough*", in Wittgenstein, *Philosophical Occasions*.

RFM　*Remarks on the Foundations of Mathematics*, 3rd edition, eds. G. H. von Wright, R. Rhees, and G. E. M.Anscombe, trans. G. E. M.Anscombe, Oxford: Blackwell, 1978.

RLF　　"Some Remarks on Logical Form", *Proceedings of the Aristotelian Society Supplementary Volume*, 9: 162-71, 1929; reprinted in Wittgenstein, *Philosophical Occasions*.

RPP i　*Remarks on the Philosophy of Psychology* Volume I, eds. G. E. M. Anscombe and G. H. von Wright, trans. G. E. M. Anscombe, Oxford: Blackwell, 1980.

269

RPP ii   *Remarks on the Philosophy of Psychology* Volume II, eds. G. H. von Wright and H. Nyman, trans. C. Luckhardt and M. Aue, Oxford: Blackwell, 1980.

TLP   *Tractatus Logico-Philosophicus*, trans. D. Pears and B. McGuinness, 2nd edition, London: Routledge, 1971.

WIC   *Wittgenstein in Cambridge*: *Letters and Documents* 1911-1951, ed. B. McGuinness, Oxford: Blackwell, 2008.

WLC i   *Wittgenstein's Lectures*: *Cambridge,* 1930-32, ed. D. Lee, Oxford: Blackwell, 1980.

WLC ii   *Wittgenstein's Lectures*: *Cambridge,* 1932-35, ed. A. Ambrose, Oxford: Blackwell, 1979.

WVC   *Ludwig Wittgenstein and the Vienna Circle*: *Conversations recorded by Friedrich Waismann*, ed. B. McGuinness, trans. J. Schulte and B. McGuinness, Oxford: Blackwell, 1979.

Z   *Zettel*, 2nd edition, eds. G. E. M. Anscombe and G. H. von Wright, trans. G. E. M. Anscombe, Oxford: Blackwell, 1981.

　　包含維根斯坦所有手稿和打字稿的光碟（以其所用的語言書寫：大部分是德語，部分是英語）是維根斯坦的《遺稿》（*Nachlass*），卑爾根電子版（The Bergen Electronic Edition），牛津：牛津大學出版社，2000 年。

二、其他著作

Anscombe, G. E. M. (1959), *An Introduction to Wittgenstein's Tractatus*, London: Hutchinson University Library.

Arrington, R. (2001), "'Theology as Grammar': Wittgenstein and Some Critics", in Arrington and Addis 2001.

Arrington, R. And Addis, M. (eds) (2001), *Wittgenstein and Philosophy of Religion*, London:Routledge.

Augustine (1961), *Confessions*, trans. R. S. Pine-Coffin, Harmondsworth: Penguin Books.

Baker, G. P. and Hacker, P. M. S. (1984), *Scepticism, Rules and Language*, Oxford: Blackwell.

Baker, G. P. and Hacker, P. M. S. (2009), *Wittgenstein: Rules, Grammar and Necessity*, 2nd edition, extensively revised by P. M. S. Hacker, Oxford: Wiley-Blackwell.

Black, M. (1964), *A Companion to Wittgenstein's Tractatus*, Cambridge: Cambridge University Press.

Blackburn, S. (1984), *Spreading the Word: Groundings in the Philosophy of Language*, Oxford: Oxford University Press.

Block, I. (ed.) (1981), *Perspectives on the Philosophy of Wittgenstein*, Oxford: Blackwell.

Bloor, D. (1997), *Wittgenstein: Rules and Institutions*, London: Routledge.

Bouveresse, J. (2007), "Wittgenstein's Critique of Frazer", *Ratio*, 20: 357-76.

Brandom, R. (2000), *Articulating Reasons: An Introduction to Inferentialism*, Cambridge, MA: Harvard University Press.

Budd, M. (1989), *Wittgenstein's Philosophy of Psychology*, London: Routledge.

Butler, J. (1914), *Fifteen Sermons Preached at the Rolls Chapel*; and *A Dissertation Upon the Nature of Virtue*, with introduction, analyses and notes by W. R. Matthews, London: Bell.

Canfield, J. (1996), "The Community View", *Philosophical Review*, 469-88.

Clack, B. (1999), *An Introduction to Wittgenstein's Philosophy of Religion*, Edinburgh: Edinburgh University Press.

Clack, B. (2001), "Wittgenstein and Magic", in Arrington and Addis 2001.

Conant, J. (1989), "Must We Show What We Cannot Say?", in R. Fleming and M. Payne (eds), *The Senses of Stanley Cavell*, Lewisberg, PA: Bucknell University Press.

Coope, C., Geach, P., Potts, T., and White, R. (1971), *A Wittgenstein Workbook*, Oxford: Blackwell.

Craig, E. (1990), *Knowledge and the State of Nature*, Oxford: Oxford University Press.

Crary, A. and Read, R. (eds) (2000), *The New Wittgenstein*, London: Routledge.

Davidson, D. (1982), "Rational Animals", *Dialectica*, 36, 317-27.

Davidson, D. (1988), "The Myth of the Subjective", in Davidson, *Subjective, Intersubjective, Objective*, Oxford: Oxford University Press, 2001.

Day, W. and Krebs, V. (eds) (2010), *Seeing Wittgenstein Anew*, Cambridge: Cambridge University Press.

Dennett, D. (1991), *Consciousness Explained*, Boston, MA: Little, Brown.

Diamond, C. (1991a), "Throwing Away the Ladder: How to Read the *Tractatus*", in Diamond, *The Realistic Spirit*, Cambridge, MA: MIT Press.

Diamond, C. (1991b), "Ethics, Imagination and the Method of Wittgenstein's *Tractatus*", in R. Heinrich and H.Vetter (eds), *Wiener Riehe: Themen der Philosophie*, Vienna: Oldenbourg;

reprinted in Crary and Read 2000.

Drury, M. O'C. (1981), "Some Notes on Conversations with Wittgenstein" and "Conversations with Wittgenstein", in R. Rhees (ed.) 1991.

Dummett, M. (1959), "Wittgenstein's Philosophy of Mathematics", *Philosophical Review* 68: 324-48; reprinted in Dummett 1978.

Dummett, M. (1977), "Can Analytical Philosophy be Systematic, and Ought it to Be?" in Dummett 1978.

Dummett, M. (1978), *Truth and Other Enigmas*, London: Duckworth.

Dummett, M. (1981), "Wittgenstein and Frege", in Block 1981.

Dummett, M. (1993), "Wittgenstein on Necessity: Some Reflections", in Dummett, *The Seas of Language*, Oxford: Oxford University Press.

Dummett, M. (1994), "Reply to Pears", in B. McGuinness and G. Oliveri (eds), *The Philosophy of Michael Dummett*, Dordrecht: Kluwer.

Engelmann, P. (1967), *Letters from Ludwig Wittgenstein with a Memoir*, ed. B. McGuinness, trans. L. Furtmüller, Oxford: Blackwell.

Finkelstein, D. (2003), *Expression and the Inner*, Cambridge, MA: Harvard University Press.

Fogelin, R. (1996), "Wittgenstein's Critique of Philosophy", in H. Sluga and D. Stern 1996.

Frazer, J. (1994), *The Golden Bough*: *A Study in Magic and Religion*, new abridged edition, ed. R. Fraser, Oxford: Oxford University Press. (Third edition first published in 12 volumes, London: Macmillan, 1906-15.)

Frege, G. (1964), *The Basic Laws of Arithmetic*, ed. and trans. M. Furth, Los Angeles: University of California Press.

271 Hacker, P. M. S. (1986), *Insight and Illusion: Themes in the Philosophy of Wittgenstein*, Revised Edition, Oxford: Oxford University Press.

Hacker, P. M. S. (1993), *Wittgenstein: Meaning and Mind: Part II Exegesis*, Oxford: Blackwell.

Hacker, P. M. S. (1996), *Wittgenstein's Place in Twentieth-Century Analytic Philosophy*, Oxford: Blackwell.

Hacker, P. M. S. (2000), "Was He Trying to Whistle It?", in Crary and Read 2000.

Hurka, T. (2006), "Games and the Good", *Proceedings of the Aristotelian Society, Supplementary Volume*, 80: 217-35.

Ishiguro, H. (1969), "Use and Reference of Names", in P. Winch (ed), *Studies in the Philosophy of Wittgenstein*, London: Routledge.

James, W. (1890), *The Principles of Psychology*, Cambridge, MA: Harvard University Press, 1983.

Janik, A. and Toulmin, S. (1973), *Wittgenstein's Vienna*, London: Weidenfeld and Nicolson.

Johnston, P. (1989), *Wittgenstein and Moral Philosophy*, London: Routledge.

Kenny, A. (1981), "Wittgenstein's Early Philosophy of Mind", in Block 1981.

Kober, M. (1996), "Certainties of a World-Picture: The Epistemological Investigations of *On Certainty*", in Sluga and Stern 1996.

Koffka, K. (1935), *Principles of Gestalt Psychology*, London: Kegan Paul, Trench, Trübner & Co.

Köhler, W. (1947), *Gestalt Psychology*, New York: Liveright Publishing Company.

Kölbel, M. and Weiss, B. (eds) (2004), *Wittgenstein's Lasting Significance*, London: Routledge.

Kripke, S. (1982), *Wittgenstein on Rules and Private Language*, Oxford: Blackwell.

Kusch, M. (2006), *A Sceptical Guide to Meaning and Rules*, Chesham, Bucks: Acumen.

Lewis, D. (1983), "New Work for a Theory of Universals", *Australasian Journal of Philosophy*, 61: 343-77.

Lewis, D. (1984), "Putnam's Paradox", *Australasian Journal of Philosophy*, 62: 221-36.

McDowell, J. (1984), "Wittgenstein on Following a Rule", *Synthese* 58: 325-63; reprinted in McDowell 1998, and in A. Miller and C. Wright (eds), *Rule-Following and Meaning*, Chesham: Acumen, 2002.

McDowell, J. (1992), "Meaning and Intentionality in Wittgenstein's Later Philosophy", in P. French, T. Uehling, and H. Wettstein (eds), *Midwest Studies in Philosophy XVII: The Wittgenstein Legacy*, Notre Dame: University of Notre Dame Press; reprinted in McDowell 1998.

McDowell, J. (1994), *Mind and World*, Cambridge, MA: Harvard University Press.

McDowell, J. (1998), *Mind, Value and Reality*, Cambridge, MA: Harvard University Press.

McGinn, C. (1984), *Wittgenstein on Meaning: An Interpretation and Evaluation*, Oxford: Blackwell.

McGinn, M. (1989), *Sense and Certainty*, Oxford: Blackwell.

McGinn, M. (1997), *Wittgenstein and the Philosophical Investigations*, London: Routledge.

McGinn, M. (2006), *Elucidating the Tractatus*, Oxford: Oxford University Press.

McGuinness, B. (1981), "The So-Called Realism of the *Tractatus*", in Block 1981; reprinted as "The Supposed Realism of the *Tractatus*", in B. McGuinness, *Approaches to Wittgenstein*, London: Routledge, 2002.

McGuinness, B. (1988), *Wittgenstein*: *A Life-Young Ludwig* 1889-1921, London: Duckworth; reprinted by Penguin Books, Harmondsworth, 1990.

McManus, D. (ed.) (2004), *Wittgenstein and Scepticism*, London: Routledge.

Malcolm, N. (1984), *Ludwig Wittgenstein*: *A Memoir*, 2nd edition, Oxford: Oxford University Press.

Malcolm, N. (1986), *Nothing is Hidden*, Oxford: Blackwell.

Malcolm, N. (1993), *Wittgenstein*: *A Religious Point ofView?*, London: Routledge.

Monk, R. (1990), *Wittgenstein*: *The Duty of Genius*, London: Jonathan Cape.

Moore, G. E. (1903), *Principia Ethica*, Cambridge: Cambridge University Press.

Moore, G. E. (1925), "A Defence of Common Sense", in J. Muirhead (ed.), *Contemporary British Philosophy* (Second Series), London: George Allen & Unwin; reprinted in Moore 1993.

Moore, G. E. (1939), "Proof of an External World", in *Proceedings of the British Academy* 25: 273-300; reprinted in Moore 1993.

Moore, G. E. (1954-55), "Wittgenstein's Lectures in 1930-33", *Mind*, 63: 1-15, 289-315, and *Mind*, 64: 1-27, 264; reprinted in Wittgenstein, *Philosophical Occasions*.

Moore, G. E. (1993), *Selected Writings*, ed.T. Baldwin, London: Routledge.

Morris, M. (2008), *Wittgenstein and the Tractatus Logico-Philosophicus*, London: Routledge.

Mounce, H. (1981), *An Introduction to Wittgenstein's Tractatus*, Oxford: Blackwell.

Moyal-Sharrock, D. (2004), *Understanding Wittgenstein's On Certainty*, Basingstoke: Palgrave Macmillan.

Moyal-Sharrock, D. and Brenner, W. (eds) (2005), *Readings of Wittgenstein's On Certainty*, Basingstoke: Palgrave Macmillan.

Mulhall, S. (2001), "Seeing Aspects", in H.-J. Glock (ed.) *Wittgenstein: A Critical Reader*, Oxford: Blackwell.

Mulhall, S. (2007), *Wittgenstein's Private Language: Grammar, Nonsense, and Imagination in Philosophical Investigations* § § 243-315, Oxford: Oxford University Press.

Nielsen, K. (1967), "Wittgensteinian Fideism", *Philosophy*, 42: 191-209.

Nielsen, K. (2001), "Wittgenstein and Wittgensteinians on Religion", in Arrington and Addis 2001.

Noë, A. (2004), *Action in Perception*, Cambridge, MA: MIT Press.

Ogden, C. K. and Richards, I. A. (1923), *The Meaning of Meaning*, London: Routledge & Kegan Paul.

Passmore, J. (1966), *A Hundred Years of Philosophy*, London: Duckworth.

Pears, D. (1987), *The False Prison: A Study of the Development of Wittgenstein's Philosophy*, vol. 1, Oxford: Oxford University Press.

Pears, D. (1988), *The False Prison: A Study of the Development of Wittgenstein's Philosophy*, vol. 2, Oxford: Oxford University Press.

Phillips, D. Z. (1981), "Belief, Change, and Forms of Life: The Confusions of Externalism and Internalism", in F. Crosson (ed.), *The Autonomy of Religious Belief*, Notre Dame: University of Notre Dame Press.

Proops, I. (2001), "The New Wittgenstein: A Critique", *European Journal of Philosophy*, 9: 375-404.

Proops, I. (2004), "Wittgenstein on the Substance of the World", *European Journal of Philosophy*, 12: 106-26.

Quine, W. V. (1960), *Word and Object*, Cambridge, MA: MIT Press.

Rhees, R. (ed.) (1981), *Ludwig Wittgenstein: Personal Recollections*, Oxford: Blackwell.

273   Ricketts, T. (1996), "Pictures, Logic, and the Limits of Sense in Wittgenstein's *Tractatus*", in Sluga and Stern 1996.

Russell, B. (1903), *The Principles of Mathematics*, London: Allen & Unwin.

Russell, B. (1910), "On the Nature of Truth and Falsehood", in Russell's *Philosophical Essays*, London: Routledge, 1994.

Russell, B. (1912), *The Problems of Philosophy*, Oxford: Oxford University Press, 1976.

Russell, B. (1913), *Theory of Knowledge: The 1913 Manuscript*, London: Routledge, 1984.

Russell, B. (1914), "The Relation of Sense-Data to Physics", reprinted in Russell, *Mysticism and Logic*, London: Routledge, 1989.

Russell, B. (1918), "The Philosophy of Logical Atomism", reprinted in Russell, *Logic and Knowledge: Essays* 1901-1950, London: Allen & Unwin, 1956.

Russell, B. (1921), *The Analysis of Mind*, London: Allen & Unwin.

Russell, B. (1922), "Introduction", in Wittgenstein *Tractatus Logico-Philosophicus*.

Russell, B. (1959), *My Philosophical Development*, London: Allen & Unwin.

Sheffer, H. (1913), "A Set of Five Independent Postulates for Boolean Algebras, with Application to Logical Constants", *Transactions of the American Mathematical Society*, 14: 481-8.

Sluga, H. and Stern, D. (eds) (1996), *The Cambridge Companion to Wittgenstein*, Cambridge: Cambridge University Press.

Stern, D. (2004), *Wittgenstein's Philosophical Investigations: An Introduction*, Cambridge: Cambridge University Press.

Stern, D. (2010), "Another Strand in the Private Language Argument", in A. Ahmed (ed.), *Wittgenstein's Philosophical Investigations: A Critical Guide*, Cambridge: Cambridge University Press.

Stroud, B. (2001), "Private Objects, Physical Objects, and Ostension", in D. Charles and W. Child (eds), *Wittgensteinian Themes: Essays in Honour of David Pears*, Oxford: Oxford University Press; also available in Stroud, B., *Meaning, Understanding, and Practice*, Oxford: Oxford University Press, 2000.

Suits, B. (1978), *The Grasshopper: Games, Life and Utopia*, Toronto: University of Toronto Press.

Sullivan, P. (2004), "What is the *Tractatus* about?", in M. Kölbel and B. Weiss (eds), *Wittgenstein's Lasting Significance*, London: Routledge.

Thomas, K. (1978), *Religion and the Decline of Magic*, Harmondsworth: Penguin.

von Wright, G. H. (1955), "Ludwig Wittgenstein: A Biographical Sketch", *Philosophical Review* 64: 527-45; reprinted in Malcolm 1984.

von Wright, G. H. (1993), "The Wittgenstein Papers", in Wittgenstein, *Philosophical Occasions*.

Wertheimer, M. (1944), "Gestalt Theory", *Social Research* 11: 78-99.

White, R. (2006), *Wittgenstein's Tractatus Logico-Philosophicus: A Reader's Guide*, London: Continuum.

Williams, M. (2004), "Wittgenstein's Refutation of Idealism", in D. McManus (ed.), *Wittgenstein and Scepticism*.

Williamson, T. (2000), *Knowledge and Its Limits*, Oxford: Oxford University Press.

Wittgenstein, H. (1981), "My Brother Ludwig", in Rhees 1981.

Wright, C. (1980), *Wittgenstein on the Foundations of Mathematics*, London: Duckworth.

Wright, C. (2004), "Wittgensteinian Certainties", in McManus 2004.

Wundt, W. (1907), *Outlines of Psychology*, Leipzig: Engelmann.

Zamuner, E. and Levy, D. (eds) (2009), *Wittgenstein's Enduring Arguments*, London: Routledge.

索　引

（頁碼均為原書頁碼，即本書邊碼）

譯後記

　　關於維根斯坦的研究文獻層出不窮。恰爾德的這本《維根斯坦哲學導論》英文版於 2011 年問世，成為當今英語哲學界綜合介紹維根斯坦哲學最新成果之一。要在一部分量不能太厚的著作中深入淺出地探討一位哲學巨擘一生思想的多個重要領域，即便並不要求百無一漏、面面俱到，也並非一件容易之事。本書徵引了國外維根斯坦研究界的大量最新文獻，其探討的話題也在許多方面超出了之前出版的同類圖書，此外還多有作者個人新見，因此可以說它兼有導論和研究的雙重性質，既適合初學者入門，也可供研究者參考。

　　作者的寫作風格很契合當代英語哲學中的論證方法，他始終將問題置於「批判」的視野中。這種「批判」包含兩個層面，其一是維根斯坦對其他思想家的批判，比如他對奧古斯丁的語言想法的拒斥、對羅素和理查等人關於意向性的因果理論之批判、對弗雷澤在《金枝》中關於巫術和儀式起源理論的批判；在《論確定性》中「左右開弓」，同時對莫爾和懷疑論者關於信念的確定性觀點的批判。當然最不應該忽略的是對他本人前期思想的自我批判。在關於規則、意義、「看見一個面相」等大量問題上，作者首先圍繞相關主題展開正反種種觀點，然後列出維根斯坦的立場——維氏通常不輕易同意其中任何一種觀點，而是提出自己的立場，並且作者還會分析維氏為什麼不同意他們的立場，列出維氏對這些觀點的反駁意見。其二是作者和其他研究者圍繞維根斯坦哲學的批判——常見的是持不同解讀的研究者之間互相批判。在對維氏思想的不同的甚至相反的解讀之間，作者會以一種中立態度對待各方解讀，並且條分縷析，指出其論證理路以及對相反觀點的反駁，然後作者會慎重地贊成其中的某一個解讀。最後作者常常會說，維根斯坦的立場雖然

大致如此這般，但也能在維根斯坦著作中找到反例，總之，要清楚明白地理解維根斯坦並不是一件容易之事，或者有時維根斯坦自己也未必對此有一個清楚明白的交待。

本書除了強調論證和批判，還比較強調維根斯坦哲學的方法和原則。比如：作者以《邏輯哲學論叢》等前期哲學為例，探討了維根斯坦的邏輯分析方法；以《哲學研究》等後期著作為例，探討維根斯坦的概念分析方法，尤其重視「可測量的表徵」。此外，作者還考察了維根斯坦哲學的描述性和治療性方法論特徵，著重挖掘維氏哲學中的反還原論、反科學主義、反心靈主義、反本質主義和反智識主義等方法論原則。

本書大量引用維根斯坦本人的著述。在翻譯這些引文時，譯者一方面拿維根斯坦著作的英文本或德英對照本，逐一核查了這些引文的文獻出處，以便翻譯時連繫上下文。另一方面，譯者還不時參考中國時賢的譯本，比如賀紹甲先生的《邏輯哲學論叢》譯本、涂紀亮先生主持翻譯的《維根斯坦全集》多卷本，尤其是陳嘉映先生的《哲學研究》譯本。有時譯者出於譯名統一和行文風格的考慮，或有所斟酌取捨，或完全重譯，因此譯者當對本書引文的翻譯品質負全部責任。但無論如何，都理應對上述譯本的前輩譯者們致以誠摯的謝忱！（＊編按：本書譯名以臺灣慣用譯名為主。）

譯事歷經半年有餘，感謝出版社對譯者的信任、鼓勵和耐心等待！關於拙譯仍然存在的問題，敬請學界前輩和讀者諸君不吝賜教！

譯者
2012 年 3 月

大家觀點

1B2W

維根斯坦哲學導論 —— 在可說與不可說之間
Wittgenstein

作　　　者 —— 威廉·恰爾德（William Child）
譯　　　者 —— 陳常燊
發　行　人 —— 楊榮川
總　經　理 —— 楊士清
總　編　輯 —— 楊秀麗
主　　　編 —— 蔡宗沂
封 面 設 計 —— 王麗娟、陳亭瑋
出　版　者 —— 五南圖書出版股份有限公司
地　　　址 —— 106 臺北市大安區和平東路二段 339 號 4 樓
電　　　話 —— 02-27055066（代表號）
傳　　　眞 —— 02-27066100
劃 撥 帳 號 —— 01068953
戶　　　名 —— 五南圖書出版股份有限公司
網　　　址 —— https://www.wunan.com.tw
電 子 郵 件 —— wunan@wunan.com.tw
法 律 顧 問 —— 林勝安律師
出 版 日 期 —— 2023 年 10 月初版一刷
定　　　價 —— 530 元

國家圖書館出版品預行編目資料

維根斯坦哲學導論：在可說與不可說之間 / 威廉·恰爾德
(William Child) 著；陳常燊譯. -- 初版. -- 臺北市：五南圖
書出版股份有限公司, 2023.10
　面；　公分
譯自：Wittgenstein
ISBN 978-626-366-549-1(平裝)

1.CST: 維特根斯坦 (Wittgenstein, Ludwig Josef Johann,
1889-1951) 2.CST: 學術思想 3.CST: 哲學

144.79   112014214